AI · 디지털 교육
트렌드 리포트 2026

디지털 교육
트렌드 리포트
2026

초판 1쇄 발행 2026년 1월 9일

자문위원 김수환, 김진숙, 정성윤, 조기성

집필진　　박기현, 김현철, 김진숙, 김수환, 정성윤, 도재우, 손찬희,
　　　　　　조기성, 윤성혜, 류은진, 이경남, 오규설, 이동국, 이은상

발행인 이형세
발행처 테크빌교육㈜
테크빌교육 출판 서울시 강남구 언주로 551, 5층 | **전화** (02)3442-7783 (333)

편집 한아정 | **디자인** 어수미

ISBN 979-11-6346-785-4　03370

테크빌교육 채널에서 교육 정보와 다양한 영상 자료, 이벤트를 만나세요!

티처빌 teacherville.co.kr	**체더스** www.chathess.com
쌤동네 ssam.teacherville.co.kr	**마이클** mycl.io

AI 에이전트 시대, 교육자를 위한 AI 리터러시
11대 키워드로 읽는 2026 핵심 이슈

AI 디지털교육
트렌드 리포트
2026

박기현, 김현철, 김진숙, 김수환, 정성윤, 도재우, 손찬희,
조기성, 윤성혜, 류은진, 이경남, 오규설, 이동국, 이은상 지음

테크빌교육

달려가는 기술, 숙고하는 교육

지난 2025년, AI는 인간의 삶을 또 한 번 다음 장으로 넘기며 사회에 새로운 장면들을 만들어냈다. 전에 없던 기능과 사용자 수 확대로 연신 놀라움을 안기던 생성형 AI 서비스들은 확산과 실험의 국면을 지나 일상적 도구로 자리 잡았고, 구독료는 디지털 월세라는 이름의 생활비이자 고정비 항목으로 인식되기에 이르렀다. 옅어진 놀라움과 긴장감은 AI 에이전트와 피지컬 AI, 바이브 코딩으로 이동해 재점화됐다. AI가 사회 전 영역에 스며든 상태에서 시작된 지난 1년의 변화는 디지털 전환이나 AX라는 이름으로 주로 불리던 전환의 국면을 지나 그 이후로 나아갔다. 기술은 교육계의 목전에서 가차 없이 페이지를 넘겼다.

이 책의 전편을 내놓은 이후 1년은 에듀테크의 변화 역시 진일보라는 말로 간단히 요약하기 어려울 만큼 맥락이 깊고 첨예했다. AI 디지털교과서의 법적 지위가 교과서에서 교육자료로 조정되었고, 학교에서 생성형 AI가 본격적으로 활용되며 불거진 윤리 문제와 저작권, 기계학습 데이터의 권리와 교육 데이터 보안 이슈가 교육을 넘어 사회 전반의 핵심 쟁점으로 떠올랐다. 기대와 우려가 바쁘게 교차했다. 이러한 이슈들은 기술의 가능성만큼이나 우리가 어떤 기준과 책임 위에서 이를 사용해야 하는가, 즉 AI 공존의 조건에 대한 질문을 더욱 선명하게 드러냈다. 2025년이 '도입과 체감'의 해였다면, 2026년은 공존을 위한 '판단과 정착'의 해다.

지금, 공교육과 AI의 좌표

이러한 흐름 속에서 공교육은 또 한 번 큰 선택을 했다. 열한 개 시 · 도교육청이 공동 개발한 인공지능 맞춤형 교수 · 학습 플랫폼(AIEP)이 12월 말 정식으로 출범했다. 각 교육청이 플랫폼을 서로 다른 이름으로 각기 운영하지만 전체 공교육 차원에서 AI 기반 학습 플랫폼을 본격적으로 구축 · 운영하기 시작했다는 사실은 의미가 작지 않다. AI가 공교육 안에서 더 이상 실험적 도구에 머무르지 않고, 교육 인프라의 한 요소로 인식되기 시작했다.

이 선택은 답해야 할 질문을 여럿 마주하고 있다. 플랫폼의 핵심 기능을 빅테크 기업의 서비스에 상당 부분 의존하는 구조, 국내 에듀테크 생태계와의 관계 설정, 그리고 무엇보다 학습 데이터의 관리와 활용에 관한 원칙에 이르기까지, 이 선택들이 과연 충분한 사회적 합의 위에서 이루어지고 있는가 하는 물음이다. 민간이 축적해 온 전문성과 역량을 공공은 어떤 지점까지 존중해야 하며, 공공이 책임져야 하는 역할의 정의는 어디에서 시작되어야 하는가. 산업계라는 한 축에 몸담고 있는 입장에서, 그리고 디지털 교육 생태계를 오랫동안 지켜본 사람으로서 이 질문은 결코 가볍지 않다. 공교육이 AI를 받아들이는 방식은 곧, 우리 사회가 기술 산업과 공공성의 관계를 어떻게 설정할 것인가에 대한 하나의 선언이기 때문이다.

한편 정책의 흐름이 가리키는 방향은 더 선명해지고 있다. 2025년 새 정부 출범 이후, 교육부는 12월 인공지능인재지원국을 신설하여 AI를 학교 교육의 범위를 넘는 평생교육의 핵심 과제로 끌어올렸고, 국가인공지능전략위원회는 〈대한민국 인공지능 행동계획(안)〉에서 AI를 국가적 사회 인프라로 규정했다. 자연히 인공지능과 관련된 정책 자금과 공공투자의 규모 또한 상당하다. 공적 자금의 용처와 규모는 우리 사회가 어떤 가치를 우선적으로 확보하고, 이를 어디까지 증폭시키고자 하는지를 보여준다. AI에 대한 접근과 활용이 국가와 교육이 책임을 지는 시민 기본권의 영역으로 이동하고 있다.

지금, 필요한 책이 있다면
: 좌표를 움직이는 교육 현장의 힘

이러한 변화 속에서 우리 교육 현장의 교사들은 이미 첫 번째 단계를 지나왔다. AI 디지털교과서 연수와 디지털 선도학교, 선도교원 등 다양한 이름의 정책 하에서 많은 교사들이 생성형 AI를 수업과 평가, 업무와 자료 제작 등에 활용해 보았다. 이제 이어지는 과제는 '어떻게 사용하는가'가 아니라 '어떤 관점으로 판단할 것인가'에 가깝다. 교사를 위한 AI 에이전트를 사용하기 시작한 이 시대에 교사의 전문성은 AI 도구의 '숙련'이 아니라 교육적 판단과 윤리적 감각, 데이터에 대한 이해, 즉 AI를 이해하고 해석하는 '숙고'의 힘으로 이동하고 있다.

그래서 지금 우리에게 필요한 것은 더 쉬운 설명이 아니라 더 진지한 성찰이다. AI를 둘러싼 정책과 기술, 산업과 현장을 연결해 읽어낼 수 있는 교양과 관점, 그리고 다양한 전문가들의 생각이 필요한 이유가 여기에 있다. 이 책이 단순한 활용법 안내서가 아니라, AI 시대 교육을 바라보는 정직한 언어를 제공하고자 하는 이유 또한 여기에 있다.

이러한 문제의식 끝에, 책의 이름을 다시 생각하게 되었다. 이제 '디지털 교육'이라는 말로는 현재의 변화를 충분히 설명할 수 없다고 판단했다. AI가 디지털 기술의 한 영역을 넘어, 교육의 구조와 판단 방식을 재편하는 중심 축으로 자리 잡았기 때문이다. 그래서 이번 편부터 책의 제목을 《디지털 교육 트렌드 리포트》에서 《AI 디지털 교육 트렌드 리포트》로 바꾸어 내놓는다. 이는 명칭의 변경이 아니라, 우리가 기록하고자 하는 시대인식의 변화에 대한 선언이다.

이 책이 AI를 둘러싼 기술과 정책, 현장의 고민을 차분히 연결하며, 교육계와 산업계, 그리고 교사와 연구자 모두에게 의미 있는 좌표를 제공하기를 바란다. 기술의 속도와는 다를 수밖에 없는 교육의 속도를 찾아가는 지금의 시대적 과제를 풀어 나가는 데 있어서, 적정 속도에 관한 사유와 조정에 이 책이 어느 정도 유의미한 역할을 할 수 있기를 기대하며, 올해의 정직한 지식들을 독자 여러분께 조심스럽게 건넨다.

분주한 전환의 한가운데서도 현장의 질문을 놓지 않고 교육적 사유를 지켜 온 저자들의 귀한 글이, 이 책의 단단한 토대가 되었다. 각 주제를 기꺼이 맡아 주신 집필진과, 키워드와 구조를 함께 숙의하며 책의 방향을 잡아 주신 자문위원 여러분께 깊이 감사드린다

2026.01.
테크빌교육(주) 대표이사
한국디지털교육협회 회장
이형세

가속의 시대,
교육의 주체성을 지키기 위하여

2026년은 AI·디지털 교육 분야의 새로운 흐름이 본격화되는 시기가 될 것이다. 미래학자 레이 커즈와일(Ray Kurzweil)이 제시한 '특이점(Singularity)' 그래프는 2029년 이전 어느 시점부터 변화가 급속히 가속화되는 형태를 보인다. OECD〈미래교육 나침반〉(2019)에서 제시한 교육과 기술의 간극 또한 비슷한 궤적, 즉 기하급수적으로 증가하는 양상을 보여준다.

2025년 본격적으로 도입된 AI 기술의 중요한 특징 중 하나는 '에이전트(agent) 기능'이다. 이를 통해 사람이 해야 할 일을 인공지능에 보다 명확하게 위임할 수 있는 환경이 열리기 시작했다. 인공지능이 수행할 수 있는 작업의 범위가 확대되면서, 인간과 인공지능이 각각 담당하는 일의 경계는 점점 모호해지고 있다. 특히 인공지능 모델이 로봇과 같은 물리적 기계에 탑재되면서 피지컬(physical) AI 기술도 빠르게 발전하고 있다. 최근 중국에서는 피지컬 AI 기술을 매우 빠른 속도로 개발하고 있으며, 2025년 4월에는 마라톤을 완주하는 로봇을 선보이기도 했다.

교육 분야에서도 AI 기술이 도입된 교실 현장을 '미래 교실의 모습'으로 가정한 국제 보고서(OECD Teaching Compass)[1]가 발간되었다. 이 보고서는 교실에서 AI 보조교사, AI 튜터, AI 동료 학습자가 활용될 수 있음을 제시하고, 교사에게 필요한 주체성을 '공동주도성(co-agency)'으로 제안한다. AI 에이전트와 피지컬 AI 기술은 2026년에 더욱 가속화될 조짐을 보이고 있으며, 교육에도 커다란 변화의 바람이 본격적으로 시작될 것이다.

AI에게 일을 위임하고 수행하게 하는 사회가 가능해질 때, 교육은 어떤 모습으로 변화하게 될까? 2025년 12월 정부가 발표한 〈인공지능 행동계획(안)〉을 살펴보면, 이러한 사회를 'AI 기본사회'로 가정하고 있다[2]. 이 문서는 '모두가 AI의 혜택을 누리고, 기술 발전이 곧 포용적 사회로 나아가는 동력이 되는 사회'를 AI 기본사회로 정의한다. AI 기본사회에서 교육은 어떤 모습이어야 하는가에 대한 연구와 준비가 필요하다.

얼마 전 출간된 장강명 작가의 《먼저 온 미래》는 교육의 미래를 가늠할 하나의 시사점을 제공한다[3]. 이 책은 바둑 AI 모델 '알파고'가 바둑계에 미친 영향을 프로 바둑기사 인터뷰를 통해 조망하며, AI가 글쓰기를 업(業)으로 삼는 작가들에게 어떤 영향을 미칠지에 대한 저자의 생각도 함께 담고 있다. 이를 교육에 대입하면, 미래를 준비하는 데 필요한 교훈을 얻을 수 있다. 알파고 이후 바둑을 가르치는 기원(棋院)에서는 수업의 풍경이 180도 바뀌었다고 한다.

"... '나 때는 어땠다' 하고 옛날이야기 하는 선생님들이 도태되고, 그다음에는 정답을 가르치려고 하는 사람들이 도태됐어요. 지금은 토론식 수업으로 해요. 선생님이 1분 가르치고, '이건 왜 그렇게 됐어. 저건 왜 그랬어' 묻고 아이들이 답하게 하는 데 9분을 쓰는 식이죠. 정답을 알려주는 게 아니라 정답까지 가는 추론 과정을 검증하는 식으로 수업 방식이 바뀌었어요. 거기에 적응하지 못하는 프로기사 육성기관은 문을 닫았어요."

(장강명, 2025, 전자책 53%)

물론 초중등 교육은 바둑을 가르치는 기원과는 다르다. 초중등 학교의 목적과 지향은 프로기사를 양성하는 기원의 목적과 다르며, 초중등 교육이 지향하는 바는 학습자의 전인적 성장이다. 그럼에도 가르치고 배우는 장면이 변화하는 방식은 우리에게 적지 않은 시사점을 준다.

고등교육에서도 이와 비슷한 현상을 경험한 《듀얼 브레인(Duel Brain)》의 저자 이선 몰릭(Ethan Mollick)은 "AI를 제대로 알게 되면 누구나 3일 밤은 잠 못 이룰 것"이라고 말하며, 아이들의 미래와 교육의 변화에 대한 걱정을 여러 관점에서 분석하고 조망한다[4]. 책의 말미에서는 나니아 연대기의 저자 J.R.R. 톨킨(Tolkien)의 '좋은 파국(Eucatastrophe)' 개념을 빌려 희망의 메시지를 던진다. AI를 올바르게 사용하면 '지엽적인 좋은 파국'을 만들 수 있으며, 소수에 의한 방향성이 아니라 모두가 참여하는 올바른 방향성을 함께 만들어 가자고 제안한다.

칸 아카데미 설립자 살만 칸(Salman Khan)도 유사한 문제의식을 공유한다. 그는 AI가 교육에 도입될 때 나타날 긍정·부정적 측면을 함께 제시하는 한편, 칸 아카데미에 적용된 챗봇 '칸미고(Khanmigo)'의 개발 과정과 맞춤형 교육의 실제 사례를 소개한다[5]. 그리고 AI의 영향에 대비하기 위해 교사·학생·학부모가 가져야 할 자세로 '교육받은 용기(Educated Bravery)'를 제안한다.

이번 책《AI 디지털 교육 트렌드 리포트 2026》은 AI 기본사회에 대비하기 위한 교육계의 노력과 전망을 분석하고 제안하고자 했다. 가속화되는 AI 기술이 교육을 집어삼키지 않도록, 무엇을 어떻게 준비해야 하는지에 대한 통찰을 담고자 했다. 국내 AI · 디지털 교육 전문가들이 AI로 인해 가속화될 사회와 교육의 변화를 다각도로 분석하고 조망한 내용을 각자의 전문성을 바탕으로 집필하였다.

이번 도서는 2026년에 다가올 AI · 디지털 교육 분야의 큰 흐름에서부터 교육 현장에 직접 영향을 미칠 주제들까지 폭넓게 다룬다. 크게 3가지 주제를 중심으로 11가지 키워드를 선정했다. 첫째 주제는 AI로 인한 사회 변화와 인간의 역할 변화, 그리고 그에 따른 학교의 변화를 다뤘다. 세부 키워드는 AI 공존, AI 교육정책, 학습자 · 교육자의 역량, 학교 문화 변화이다. 둘째 주제는 교육 내용과 방법의 변화로, AI 기반 교수 · 학습 변화, 학습권의 확대, 어린이를 위한 AI 교육, 교육 데이터와 윤리로 구성했다. 셋째 주제는 2026년에 더욱 중요해질 교육의 지향점을 다루며, 사회정서교육, 기초학력 향상 방안, AI 활용 평가를 포함했다.

각 주제를 관통하는 질문은 "어떻게 하면, 인간의 주체성을 잃지 않으면서 AI를 교수와 학습의 파트너로 활용할 수 있는가"이다. AI 가 교육의 희망이 될 것이라는 낙관론과 교육을 위협할 것이라는 비관론 사이에서, 교육자로서 바른 안목과 균형을 찾고자 했다. 대한민국의 AI·디지털 교육 전문가들이 그려 보는 교육의 미래는 어떤 모습인가. 이 책을 통해 그 가능성을 살펴보고, 미래를 준비하는 교육자로서 자신의 입장과 태도를 정립해 보시기를 바란다.

자문위원을 대표하여

김수환

---

1) OECD (2025), "OECD Teaching Compass: Reimagining teachers as agents of curriculum changes", OECD Education Policy Perspectives, No. 123, OECD Publishing, Paris. https://doi.org/10.1787/8297a24a-en.
2) https://www.aikorea.go.kr/upload/contents/contents_01.html
3) 장강명. (2025). 먼저 온 미래. 동아시아.
4) 이선 몰릭. (2025). 듀얼 브레인. 신동숙 역. 상상스퀘어.
5) 살만 칸. (2025). 나는 AI와 공부한다. 박세연 역. 알에치코리아.

 AI가 가르치는 시대라는 착각에 대하여

Part 1

DIGITAL EDUCATION
TREND REPORT 2026

AI 에이전트 시대,
에듀테크 지형 읽기

: 2026 에듀테크 이슈와 흐름,
그리고 AI·디지털 교육 11대 키워드

AI 에이전트 시대, 에듀테크 지형 읽기

: 2026 에듀테크 이슈와 흐름, 그리고 AI·디지털 교육 11대 키워드

박기현 (테크빌교육㈜ 에듀테크부문 대표)

1. AI 에이전트 시대, 인공지능 윤리와 법규
2. AI·디지털 교육 2026 당면 이슈 3
3. 2026 에듀테크 현재 지형
   : AI 디지털교과서^{AIDT}를 돌아보며
4. 2026 AI·디지털 교육 11대 키워드

1. AI 에이전트 시대, 인공지능 윤리와 법규

디지털 교육의 핵심이 AI 디지털교과서(AIDT)에서 인공지능 교육으로 이동하였다. 인공지능이 이끄는 빠른 변화 속에서 AI 에이전트는 교실과 학교, 그리고 교육 행정의 일상 속으로 빠르게 스며들며 교육의 새로운 동반자로 자리 잡고 있다. 학습 설계와 평가, 행정 처리, 상담과 피드백까지 담당하는 AI 에이전트의 확산은 교육의 효율성을 비약적으로 끌어올리고 있지만, 동시에 이 강력한 기술을 어떻게 통제하고, 누구의 책임 아래, 어떤 원칙으로 활용할 것인가라는 근본적 질문을 제기한다.

이러한 흐름 속에서 최근 각국이 마련하고 있는 AI 관련 법과 제도는 공통적으로 두 가지 목적, 즉 위험을 관리하기 위한 '규제'와 혁신을 촉진하기 위한 '진흥'을 동시에 지향하고 있다. 인공지능을 무조건 억제하거나 통제의 대상으로만 보지 않고, 신뢰할 수 있는 기준과 질서를 세움으로써 오히려 산업과 활용의 확산을 뒷받침하겠다는 접근이다. AI 에이전트가 교육 현장의 파트너로 자리 잡기 위해서는 기술적 완성도만큼이나 윤리적 안전장치가 필수적이다. 이에 AI 윤리 기준 및 AI 규제의 표준이 되고 있는 유럽연합(EU)의 움직임과 대한민국의 입법 동향을 살펴보고자 한다.

인공지능 윤리 기준

AI 기술의 비약적 발전과 확산은 교육과 산업, 행정, 일상생활 전반에 걸쳐 새로운 가능성을 열어 주었지만, 동시에 인권 침해, 편향·차별, 프라이버시 침해, 책임 불명확 등 다양한 윤리적 문제를 동반한다. 이러한 기술적·사회적 변화 속에서 법적 규범만으로는 빠르게 변하는 환경에 대응하기 어렵고, 과도한 규제가 혁신을 저해할 수 있다는 현실적 한계가 존재한다.

이러한 상황에 대처하기 위한 움직임의 한 축이 바로 과학기술정보통신부가 2020년 12월에 작성하고 대통령 직속 4차산업혁명위원회에서 심의·의결한 〈국가 AI 윤리 가이드라인(National Guidelines for AI Ethics)〉[1]이다. 〈사람이 중심이 되는 「인공지능(AI) 윤리기준」〉이라는 이름의 이 가이드라인은 법률적 강제성이 있는 규제 조항이라기보다, 기술을 사회적으로 수용 가능한 방향으로 이끄는 기본적, 포괄적 기준으로 설계되어 있다.

이 가이드라인은 '인간성을 위한 AI(AI for Humanity)'를 지향하고자, 최고 가치로 '인간성(Humanity)'을 설정하고 이를 구현하기 위한 인공지능 개발 및 활용의 3대 기본 원칙과 10대 핵심 요건을 제시하고 있다. 10대 핵심 요건은 3대 기본 원칙을 구체화한 것으로, 인공지능이 개발·운용되는 전 생애주기(lifecycle)에서 반드시 충족되어야 하는 기준으로 설계되어 있다.

인간 중심 AI 3대 기본 원칙

- 인간 존엄성 원칙 : AI는 인간의 존엄과 권리를 침해하지 않고, 사람 중심의 서비스를 지향해야 한다.
- 사회의 공공선 원칙 : AI 기술은 사회 구성원 전체의 복지와 공공의 이익을 증진할 수 있어야 한다.
- 기술의 합목적성 원칙 : 기술은 목적에 부합하게 적절히 활용되어야 하며, 불필요한 위험을 야기해서는 안 된다.

인간 중심 AI 10대 핵심 요건

1. 인권 보장 : AI는 인간의 기본권과 자유를 존중해야 하며, 민주적 가치와 인권법상 보장된 권리를 침해해서는 안 된다.
2. 프라이버시 보호 : 개인정보의 수집·사용 과정에서 사생활 보호와 오용 금지가 보장되어야 한다.
3. 다양성 존중 : 다양한 사용자 특성을 반영하여 편향이나 차별

---

1) 과학기술정보통신부 '인공지능 윤리 소통채널(ai.kisdi.re.kr) 〉 정책저장소 〉 보고서/정책자료
https://ai.kisdi.re.kr/aieth/bbs/B0000085/view.do?nttId=325&menuNo=400014&searchCnd=1&searchWrd=&pageIndex=3

을 최소화하고, 접근성을 보장해야 한다.

4. 침해 금지 : AI는 사람에게 직접적·간접적 해를 끼치지 않아야 한다.

5. 공공성 : AI가 사회적 이익을 증진하고 순기능을 확대하도록 설계되어야 한다.

6. 연대성 : 사회 구성원 간 연대와 참여를 보장하고 국제적 협력의 기반을 마련해야 한다.

7. 데이터 관리 : 데이터는 목적 외 활용을 금지하고, 편향 및 품질 위험을 체계적으로 관리해야 한다.

8. 책임성 : 개발자, 서비스 제공자, 사용자 등 각 주체의 역할과 책임이 명확히 규정되어야 한다.

9. 안전성 : 잠재적 위험을 예방하고 사용자가 시스템을 제어할 수 있는 안전장치를 제공해야 한다.

10. 투명성 : AI의 작동 원리와 위험요소에 대해 사전에 설명하고 적절한 정보를 제공해야 한다.

이러한 윤리 기준은 AI 개발자, 사업자, 정책 담당자, 사용자가 각자의 영역에서 실천해야 할 구체적 토대를 제시한다. 특히 AI 윤리 교육의 중요성을 강조하는 이유는, AI가 사회적 이익을 극대화하고 역기능을 최소화하는 방향으로 활용되도록 시민과 현장 주체의 윤리적 성찰 능력을 강화하는 데 있다. 이처럼 인공지

사람이 중심이 되는 〈인공지능(AI) 윤리기준〉의 구조와 내용

(출처: 과학기술정보통신부(2025). 2025 인공지능 윤리기준 실천을 위한 자율점검표(안).)

능 윤리는 포괄적이고 체계적인 기준을 통해, AI 에이전트가 교육 현장에서 책임 있고 신뢰할 수 있는 방식으로 운용되도록 하는 기준점 역할을 한다.

유럽연합의 〈AI Act〉

유럽연합(EU)의 〈AI Act〉는 유럽연합 집행위원회(EC, European Commission)가 2021년 4월 21일 제안하고, 유럽의회(European Parliament)가 2024년 3월 13일 가결, 유럽이사회(Council of the European Union)에서 2024년 5월 21일 승인한 법률이다[2]. 이 법률은 AI에 대한 조화로운 규율안으로 특정 산업에 한정하지 않고 전 분야에 공통으로 적용되는 세계 최초의 전 영역(horizontal) AI-규제 법안으로 향후 글로벌 AI 거버넌스의 나침반 역할을 할 것으로 평가받는다. 2024년 8월 1일부로 발효되었지만, 대부분의 조항 적용은 2026년 8월 1일까지 유예된다.

EU 〈AI Act〉의 가장 큰 특징은 위험 기반(risk-based) 접근법이다. 모든 AI를 일률적으로 규제하는 것이 아니라, 사회와 개인에게 미치는 위험 수준에 따라 다음과 같은 네 가지 범주로 구분하고, 그에 맞춰 규제 강도를 달리한다.

· 허용 불가능 위험(unacceptable risk) AI : 금지됨. ⑩ 사회적 점수 매기기 시스템 등
· 고위험(high-risk) AI : 엄격한 의무를 적용함. (안전성, 투명성, 품질관리 등)
· 제한 위험(limited risk) AI : 투명성 의무 등 경미한 규제를

적용함. ⓔ 챗봇, 딥페이크 등

· 최소 위험(minimal risk) AI : 대부분의 일반 AI 애플리케이션으로 규제 부담이 상대적으로 낮음.

특히 교육은 EU가 민감하게 보는 영역이다. 〈AI Act〉는 교육·직업훈련 분야의 인공지능을 고위험 AI 시스템으로 분류하고, 입학 허가, 교육·훈련 프로그램 배정, 학습 성과 평가, 적정 교육 수준 판단, 시험 부정행위 감지 등 교육 의사결정에 영향을 미치는 활용 사례에 대해 수명주기 전반의 관리 체계를 요구한다. 예컨대 위험관리 시스템 구축, 고품질 데이터세트 사용 및 데이터 보호 원칙 준수, 정확성·탄력성·사이버보안 확보, 기술 문서화 및 로그 관리, 적합성 평가 및 품질경영 체계 운영이 핵심 의무로 제시되며 반드시 인간 감독(human oversight)하에 운영되도록 하고 있다. 또한 공공기관 도입 시 기본권 영향평가(FRIA) 실시가 강력하게 요구되는 등, 교육 현장에서 AI가 개인의 기회와 권리에 미치는 영향을 제도적으로 점검하도록 설계되어 있다.

---

2) EU 〈Artificial Intelligence Act〉
   https://www.aiact-info.eu/full-text-and-pdf-download/?utm_source=chatgpt.com
   - 번역본[한국법제연구원] https://www.klri.re.kr/kor/data/S/1026/view.do

대한민국 〈인공지능 기본법〉

이러한 국제적 흐름에 발맞추어, 대한민국 역시 인공지능에 대한 국가 차원의 기본 규범으로 〈인공지능 발전과 신뢰 기반 조성 등에 관한 기본법〉, 약칭 '인공지능기본법'을 제정하여 2025년 1월 21일 공포하였고, 2026년 1월 22일부터 시행될 예정이다[3]. 이 법은 인공지능 산업을 체계적으로 육성하는 한편, 인공지능으로 인해 발생할 수 있는 위험을 사전에 예방하고 국민의 신뢰를 확보하는 것을 목적으로 한다.

이 법은 인공지능으로 인해 발생할 수 있는 위험을 사전에 예방하기 위해, 사람의 생명·신체 안전 및 기본권에 중대한 영향을 미치거나 위험을 초래할 우려가 있는 인공지능 시스템을 '고영향 인공지능'으로 구분한다. 여기서 주목할 점은, 〈교육기본법〉 제9조 제1항에 따른 유아교육·초등교육·중등교육에서의 학생 평가에 활용되는 인공지능을 고영향 인공지능에 명시적으로 포함시켰다는 점이다. 즉 교육용 AI 중에서도 특히 평가·판정처럼 학생의 권리와 진로에 직접적 영향을 줄 수 있는 기능은 강화된 규율과 관리가 필요하다는 견해를 제도화한 것이다. 고영향 인공지능으로 분류되는 시스템은 다음과 같은 내용을 준수하여야 한다.

1) 고영향 인공지능 확인(제33조)

인공지능 사업자는 제품·서비스 제공 시 해당 인공지능이 고영향 인공지능인지 여부를 사전에 검토해야 한다.

2) 투명성 확보 의무(제31조)

· 사전 고지 의무, 제31조 제1항

고영향 인공지능을 이용한 제품·서비스 제공 시 이용자에게 해당 서비스가 인공지능 기반으로 운영됨을 사전에 고지해야 한다.

· 생성형 AI 결과물 표시 의무, 제31조 제2항·제3항

생성형 인공지능이 고영향 인공지능으로 사용되는 경우, 결과물이 인공지능에 의해 생성되었음을 명확히 표시해야 한다. 실제와 구분하기 어려운 가상 음향·이미지·영상을 제공하는 경우에도 이용자가 명확히 인지할 수 있도록 고지해야 한다.

3) 인공지능 안전성 확보 의무(제32조)

인공지능 수명주기 전반에 걸쳐 위험을 식별·평가·완화하고, 안전사고 모니터링 및 대응 체계를 구축해야 하고 위험관리 조치의 이행 결과를 과학기술정보통신부장관에게 제출해야 한다.

---

3) 인공지능 발전과 신뢰 기반 조성 등에 관한 기본법
https://www.law.go.kr/lsInfoP.do?lsiSeq=268543#0000

4) 고영향 인공지능 관련 사업자의 책무(제34조)

- · 위험관리방안 수립 · 운영
- · 설명 방안 수립 · 시행
- · 이용자 보호 방안 수립 · 운영
- · 사람의 관리 · 감독 체계 구축
- · 안전성 · 신뢰성 확보 조치 관련 문서 작성 · 보관
- · 국가인공지능위원회 심의 · 의결 사항 이행

5) 고영향 인공지능 영향평가(제35조)

고영향 인공지능 기반 제품 · 서비스 제공 전, 사람의 기본권에 미치는 영향을 평가하기 위해 노력해야 한다.

6) 안전성 · 신뢰성 검 · 인증 노력 의무(제30조)

고영향 인공지능을 제공하는 경우, 사전에 검증 · 인증 활동(검 · 인증 등)을 받도록 노력해야 한다.

7) 국내대리인 지정(제36조)

국내에 주소나 영업소가 없는 외국 인공지능사업자 중 대통령령 기준에 해당하는 경우 국내대리인을 지정하고 장관에게 신고해야 한다.

즉, 고영향 인공지능 서비스를 제공하는 사업자는 자신이 제공하는 서비스가 고영향 인공지능에 해당하는지를 사전에 검토해야 하며, 이용자에게 해당 서비스가 인공지능 기반임을 미리 고지해야 한다. 생성형 AI의 경우, 결과물이 인공지능에 의해 생성되었음을 명확히 표시해야 하고, 실제와 구분하기 어려운 음향, 이미지, 영상에 대해서도 이용자가 혼동하지 않도록 안내해야 한다. 또한 인공지능의 설계부터 개발, 운영, 폐기에 이르는 전 수명주기 동안 위험을 식별 · 평가 · 완화하는 위험관리 체계를 구축하고, 안전사고 모니터링과 대응 체계를 마련해야 한다. 이 내용들을 정리해 보면 〈표 1〉과 같다.

EU 〈AI Act〉와 한국의 〈인공지능 기본법〉은 제도와 표현 방식은 다르지만, 공통적으로 "인공지능은 인간의 삶을 보조해야 하며, 그 책임은 결국 인간에게 있다"는 원칙을 분명히 하고 있다. 특히 교육 분야에서 AI 에이전트가 수행하는 역할이 커질수록, 효율성과 혁신 못지않게 투명성, 공정성, 설명 가능성, 인간의 감독이 핵심 가치로 자리 잡고 있다.

<표 1> EU 〈AI Act〉와 대한민국 〈인공지능 기본법〉 비교

구분	EU 〈AI Act〉	대한민국 〈인공지능 기본법〉
법적 성격	세계 최초 전 영역 AI 규제법	국가 차원의 AI 기본 · 거버넌스법
제정 시점	2024년 5월 21일 확정 (2026년 8월 1일 본격 적용)	2025년 1월 21일 제정 (2026년 1월 22일 시행)
정책 방향	기본권 보호 + 혁신 촉진	산업 진흥 + 신뢰 · 안전 확보
규제 접근	위험 기반(risk-based) 분류	고영향 AI 중심 관리
AI 분류	허용 불가 / 고위험 / 제한 위험 / 최소 위험	일반 AI / 고영향 AI
교육 분야	입학, 배정, 평가 AI → 고위험 AI	학생 평가 AI → 고영향 AI
핵심 의무	인간 감독, 위험관리, 데이터 품질, 기본권 영향평가(FRIA)	사전 고지, 생성물 표시, 위험 관리, 설명 가능성
생성형 AI	투명성, 딥페이크 표시 의무	고영향 활용 시 생성물 표시
사업자 책임	품질, 문서, 로그, 적합성 평가	위험관리, 감독, 문서, 이용자 보호
교육적 시사점	기본권 영향 → 엄격 규율	학생 평가 AI → 강화 책임

2. AI·디지털 교육 2026 당면 이슈 3

이슈 1 학습지원 소프트웨어 선정기준

〈초·중등교육법〉 개정안이 2025년 8월 의결되면서 "지능정보기술을 활용한 학습지원 소프트웨어는 교과용 도서로 검정, 인정하거나 편찬할 수 없다."라는 규정이 들어갔다. 그리고 "학교의 장은 학습지원 소프트웨어를 교육 자료로 선정하려는 경우 교육부 장관이 〈개인정보보호법〉에 따른 개인정보보호위원회와 협의하여 정하는 기준에 따라야 하며, 학교운영위원회의 심의를 거쳐야 한다."라고도 명시되었다. 즉, 〈초·중등교육법〉의 개정에 따라 AIDT가 교과서에서 교육 자료로 지위가 변화되었는데 교육자료라 하더라도 학교나 교사가 자율적으로 선정하여 사용하는 것이 아니고 개인정보위원회와 협의된 기준과 학교운영위원회의 심의를 거쳐야 한다는 것이다.

2026년 3월 적용을 위하여 교육부에서 학습지원 소프트웨어 선정기준을 만들고 있는데 이는 학교운영위원회가 교육 자료를 선정할 때 참고하는 가이드라인이 된다. 교육부의 선정기준은 현재 학교에서 사용하는 학습 지원 소프트웨어, 에듀테크 제품이 충족해야 할 최소한의 필수 기준과 선택 기준을 마련하고 있다.

필수 기준으로는 개인정보 처리여부와 최소수집, 목적, 보유, 파기 명시, 열람과 정정 절차, 만 14세 미만 아동의 개인정보보호 등이 포함될 것으로 보인다. 선택 기준으로는 교육과정 및 교육 목표 적합성, 콘텐츠 품질 및 안정성, 사용환경 적합성, 사용성 및 편의성 등이 검토되고 있는 것으로 알려져 있다. 그런데 이 과정에 많은 문제들이 내포되어 있다.

먼저 법률에 명시된 것과 같이 교육부와 개인정보보호위원회가 협의를 이루어야 하는데, 개인정보위원회는 AIDT 진행 과정에서 개인정보 처리 기준으로 CSAP(Cloud Security Assurance Program, 클라우드 보안인증)이나 ISMS-P(Personal Information & Information Security Management System, 정보보호 및 개인정보보호 관리체계 인증) 등의 인증을 요구하였다. 그런데 이러한 인증들은 취득에만 최소 6~10개월이 걸리고, 인증 비용은 1,000~3,000만 원, 컨설팅 비용은 약 5,000만 원에 달하기도 하여 중소규모 에듀테크 업체에는 진입장벽이 되어 생태계를 위축시킬 수 있다는 우려가 나오고 있다. 더구나 학교에서 많이 사용하고 있는 외국산 에듀테크 서비스들은 이러한 인증을 받지 않고 있어 형평성 문제도 대두될 수 있다. 무료로 사용하는 학습지원 소프트웨어도 같은 선정기준을 적용하여야 하는가 하는 문제와 한 학교에서도 교사들이 각자 다양한 학습지원 소프트웨어를 사용하고 있는 현실에서 모든 소프트웨어들을 심의하여야 하는가 하는 문제도 제기되고 있다.

가장 근본적인 문제는 학교운영위원회가 학습지원 소프트웨어를 심의할 수 있는 전문성을 갖추고 있는가 하는 문제이다.

AIDT가 교과서에서 교육 자료로 지위가 변경된 이후에도 아직 많은 이슈들이 해결되지 않고 있는 현실이다. 학교에서 사용되는 학습지원 소프트웨어는 엄격한 심의를 거칠 필요가 있지만, AI 디지털 교육 산업계의 혁신을 지원하는 생태계를 만들기 위해 다양한 지원책도 함께 논의되어야 할 것이다.

이슈 2 학교에서 AI 에이전트 활용

AI의 빠른 발전 속에 교육 현장에서도 최근 AI 에이전트의 활용이 빠르게 확산되고 있다. 수업 자료 제작, 행정 업무 지원 및 학생의 학습과정과 성취를 정리하고 기록하는 영역까지 다양한 영역에서 AI가 도입되고 있지만, 그에 비례해 새로운 문제들도 함께 드러나고 있다. 그중에서도 가장 대표적으로 활용 가능성이 거론되면서 동시에 논쟁이 집중되는 영역이 바로 학생생활기록부 작성이다. 이는 학생생활기록부가 학생의 진로와 진학에 중대한 영향을 미치는 문서인 동시에, 교사에게는 막대한 시간과 정서적 부담을 요구하는 업무이기 때문이다.

많은 교사들이 제한된 시간 속에서 개별 학생의 성장 과정을 정교한 문장으로 기록해야 하는 현실이 AI 에이전트를 생기부 작성에 활용하려는 요구로 이어지고 있다. 그러나 이러한 활용 가능성이 확대될수록 제도와 현실 사이의 간극도 분명해지고 있다.

2026년 1월 시행되는 〈인공지능 기본법〉에서는 학생 평가를 학생의 학습권과 진로에 중대한 영향을 미칠 수 있는 영역으로 보고, 이를 고영향 AI로 분류하고 있다. 원칙적으로 보면 생기부 작성이나 수행평가, 진단평가에 AI가 개입하는 것은 엄격한 규제와 관리의 대상이 되어야 한다. 하지만 실제 현장 적용에서는 여러 문제점이 발생한다.

법과 가이드라인은 교사의 최종 검토가 이루어질 경우 고영향 AI 규제를 적용하지 않도록 여지를 두고 있는데, 이때 말하는 최종 검토의 범위와 수준이 명확하지 않다. 단순한 윤문이나 표현 수정도 최종 검토로 볼 수 있는지, 아니면 평가 판단 전반을 교사가 다시 해석하고 책임지는 수준을 요구하는지에 대한 기준이 부재하다. AI가 생성한 문장을 어느 수준까지 참고할 수 있는지, 오류나 편향이 발생했을 때 그 책임은 누가 지는지에 대한 기준은 아직 충분히 정립되지 않았다. 결국 생활기록부 작성에서의 AI 활용은 교사의 업무 부담을 덜어주는 실질적 대안으로 기대를 모으는 동시에, 학생 평가라는 민감한 영역에 인공지능의 판단이 개입할 수 있다는 점에서 법적, 윤리적, 교육적 심각성을 함께 지니고 있는 문제로 떠오르고 있다. 〈인공지능 기본법〉이 설정한

'고영향 AI'라는 개념이 교육 현실에서 실질적으로 작동하기 위해서는, 교사의 최종 검토를 전제로 한 추상적 원칙을 넘어, 실제 학교 현장에서 적용 가능한 구체적인 기준과 절차가 함께 마련될 필요가 있다.

이슈 3 학습 데이터 거버넌스의 현황과 과제

디지털 기반 교육이 일상화되면서 학교 현장에서는 방대한 양의 학습 데이터가 생성·활용되고 있다. 학생의 학습 이력, 성취도, 행동 로그, 과제 제출 기록은 물론이고, 교사의 수업 설계 자료, 피드백, 평가 기준까지 데이터화되며, 이들 정보는 AI 튜터, 학습 분석, 맞춤형 추천 서비스의 핵심 자원으로 기능하고 있다. 그러나 이러한 학습 데이터의 수집과 활용, 관리는 여전히 개별 학교나 플랫폼, 기업 단위에 분산되어 이루어지고 있으며, 이를 통합적으로 조율하는 국가 차원의 거버넌스 체계는 아직 명확히 구축되지 않은 상태이다. 데이터 3법이 개인정보 보호의 원칙과 가명정보[4] 활용의 틀을 마련했고, 〈인공지능 기본법〉이 신뢰 가능한

---

4) 개인이 누구인지 특정할 수 없도록 처리된 개인정보. 이름이나 전화번호와 같이 개인을 식별할 수 있게 해주는 정보를 삭제 혹은 대체하여 정보의 개인 식별 가능성을 낮춘 개인정보를 말한다. 가명정보는 당사자의 동의를 구하지 않고 연구나 통계 등에 활용이 가능하다.

AI와 학습용 데이터의 품질·관리 체계를 국가 책무로 끌어올렸지만, 교육 분야에 적용할 수 있는 구체적인 체계가 확립되지 않은 상황이다.

학습 데이터 수집, 활용, 관리 현황

현재 학습 데이터의 수집은 공교육 영역에서는 교육행정정보시스템, 학교 LMS, 디지털 교과서, 온라인 학습 플랫폼과 수업 중 사용되는 다양한 에듀테크 도구를 통해 이루어지고, 민간 영역에서는 흔히 학습지라고 이야기하는 디지털 서비스 이용 과정에서 폭넓게 생성된다.

같은 학습데이터라고 해도 실제 수집의 촘촘함은 차이가 크다. 예컨대 학습지와 문제은행 기반의 사교육 서비스, 1:1 튜터링 플랫폼 등에서는 진도, 정오답, 오답 유형, 반응 시간, 재학습 이력 같은 미시적 로그가 비교적 정교하게 누적된다. 서비스의 본질이 성과 측정과 개인화에 맞춰져 있고, 이용자도 이를 기대하기 때문에, 데이터 수집이 학습경험의 기본 구성요소로 인식되고 있다.

반면 학교에서 에듀테크 활용을 통해 생성되는 학습 데이터는 생각보다 빈도가 낮게 수집된다. 수업 시간의 제약, 교사의 업무 부담, 학교 네트워크, 단말 환경의 제약, 도구의 다양성 등으로 일부 과목, 그것도 일부 시간에 산발적으로 수집되고 있다. 공교육에서는 개인화가 가능한 정도의 정교한 데이터가 수집되지 않는 상황이지만, 학습활동 데이터의 민감성 때문에 기술보다 먼저 사회적 합의가 필요한 상황에 처하게 된다. 학교 현장의 데이터는 과목, 시간별로 흩어져 있고, 축적되지 않고, 표준화되지 않으며 플랫폼별로 고립되어 정책연구, 현장 피드백으로 연결되지 못하는 문제도 고려해 보아야 한다.

학습활동 데이터는 개인정보로 보아야 하는가

수집 단계에서 또 하나의 중요한 쟁점은 "학습 데이터도 개인정보에 해당하는가"라는 것이다. 교수·학습 과정에서 수집되는 학습데이터는 넓은 범위에서 개인정보에 해당할 가능성이 크다. 데이터 3법 체계에서 〈개인정보보호법〉은 특정 개인을 알아볼 수 있는 정보뿐 아니라 다른 정보와 쉽게 결합하여 알아볼 수 있는 정보도 개인정보로 본다. 학생의 이름, 학번 같은 직접 식별자는 물론이고, 학습 플랫폼의 계정 식별자, 기기 식별정보, 학습 이력의 조합(특정 과목의 특정 단원에서 반복적으로 오답을 낸 패턴 등)도 다른 정보와 결합될 경우 개인을 특정할 수 있다. 온라인 서비스

에서 개인의 타이핑 패턴으로 개인을 식별하는 예를 보면, 개인
정보는 보다 폭넓게 인식되어야 한다. 더 나아가 학습데이터에는
성취 수준, 인지적 특성, 학습 장애와 관련된 추정, 정서, 태도 분
석과 같은 개인의 내면에 가까운 정보가 포함될 수 있어, 사회적
으로는 일반 개인정보보다 더 민감하게 받아들여진다.

즉 학습 데이터는 단순한 행정 데이터가 아니라, 아동·청소년
의 성장 궤적을 고스란히 담아 식별 위험과 낙인 위험이 큰 데이
터라는 점에서, 개인정보 여부를 넘어 어떤 수준의 보호와 통제
가 필요한지가 핵심 과제가 된다. 〈인공지능 기본법〉이 교육 분
야에 관한 원칙을 세부 시행령이나 가이드라인 등으로 구체화하
지 않으면 현장에서의 적용에 많은 어려움이 있을 것이다.

**학교에서 수집, 활용되는 학습활동 데이터의 관리 책임이
학교장에게 있는가**

현행 법체계상 학교에서 수집·처리되는 학습 관련 데이터의 1차
적 관리 책임은 학교장에게 있다고 보는 것이 타당하다. 그러나
실질적 책임 구조는 학교장−교육청−플랫폼사업자가 분담하는
다층적 구조에 가깝다.

〈개인정보보호법〉은 개인정보를 수집, 이용, 관리하는 주체를

'개인정보처리자'로 규정하고 있다. 공립학교의 경우, 학교는 공공기관에 해당하고 그 기관의 대표자는 통상 학교장이다. 따라서 학교에서 학생, 교사의 개인정보(학습데이터 포함)를 처리하는 경우, 법적으로는 학교장이 해당 개인정보처리자의 대표자, 즉 최종 관리책임자로 해석된다. 실무는 담당 교사, 행정실이 수행하지만, 법적 책임은 학교장에게 귀속되는 것이다. 이 때문에 각 학교에는 개인정보 보호책임자를 지정하고, 개인정보 처리방침을 학교 명의로 공개하도록 되어 있다.

실제 운영 구조를 살펴보면, 나이스(NEIS), 에듀파인, 디지털 교과서 플랫폼 등은 교육청 또는 교육부가 시스템을 구축·운영하고, 학교는 이를 의무적으로 사용한다. 이러한 경우 시스템 운영자는 교육부가 되고 실제 입력 및 활용은 학교에서 이루어지기 때문에 법적 책임은 학교장과 상급기관인 교육부가 공동 책임이 있는 구조가 된다. 반면 민간 에듀테크 기업의 서비스를 활용할 때 AI 학습 플랫폼, LMS, 학습분석 서비스 등을 도입하면, 학교는 개인정보처리자가 되고 해당 기업은 개인정보처리를 위탁받은 자(수탁자)가 된다. 이때도 법적으로는 위탁했더라도 책임은 학교(학교장)에게 있어서 위탁계약, 보안점검, 관리, 감독 의무가 학교에 부과된다.

하지만 현실적으로 학교장이 시스템 구조를 이해, 통제하기 어렵고 계약, 보안 검토 역량도 부족한 경우가 많아 책임과 권한의 불균형 문제가 발생할 소지가 있다. 현행 〈개인정보보호법〉 체계에서는 학교에서 수집, 처리되는 학습데이터의 1차적 관리 책임자는 학교장이라 볼 수 있으나 정책적 한계가 분명하다. AI 플랫폼 기반 데이터 처리는 개별 학교장이 통제 가능한 범위를 넘고 있고, 〈인공지능 기본법〉이 도입되며 학습용 데이터 시책과 관리 책임을 국가 차원에서 다루도록 요구하고 있다. 따라서 〈인공지능 기본법〉에 교육 분야의 세부 시행령이 빠르게 제정되어야 할 것이다.

모두에게 민감한 학습활동 데이터

또 하나 간과할 수 없는 문제는 초, 중, 고에서의 학습활동 데이터가 매우 민감하게 받아들여지는 현실이다. 학생 데이터는 한 번 유출되거나 오·남용될 경우 회복이 어렵고, 장기적으로 입시, 진로와 연결될 수 있다는 사회적 우려가 크다. 또한 학습활동 데이터가 개인의 능력과 성취를 객관적 수치처럼 보이게 만들면서, 교육적 판단의 여지를 좁히거나, 학생을 조기에 분류, 고정할 수 있다는 윤리적 문제도 동반한다. 그래서 K-12 영역에서는 법적 적합성이 충족된다고 해서 수용성이 담보되는 것은 아니다.

학교에서의 학습 데이터는 매우 민감하게 받아들여지고 있는데 민감도를 낮춘다는 것은 위험을 축소하거나 우려를 무시한다는 뜻이 아니라, 우려가 제기되는 지점에 대해 제도적, 기술적, 운영적 안전장치들이 명확하게 보이게 만드는 일일 것이다. 예컨대 데이터 최소 수집과 보유 기간 제한이 실제로 작동한다는 점을 감사와 공개를 통해 증명하고, 데이터가 학생에게 불리한 낙인이나 자동 분류로 이어지지 않도록 AI 활용의 범위를 규정하며, 학부모, 학생이 이해할 수 있는 방식으로 설명책임을 이행해야 한다. 이러한 장치가 누적될 때 공교육의 데이터 활용은 불안한 실험이 아니라, 통제된 공개로 인식될 수 있다.

이런 관점에서, 곧바로 K-12 전체를 대상으로 대규모 수집, 활용 체계를 제도화하기보다는 대학과 같은 고등 교육기관을 대상으로 먼저 데이터 수집, 활용, 관리 체계를 단계적으로 실증하는 절차를 거치는 것이 바람직할 것이다. 대학은 비교적 성인 학습자가 많아 동의와 권리행사가 명료하고, 교육과정 운영의 자율성이 높으며, 연구윤리 등 기존의 연구 데이터 거버넌스 경험도 축적되어 있다. 따라서 대학을 대상으로 데이터 분류, 가명처리 기준, 접근통제 등의 표준 처리 방식과 보호된 분석환경, 승인위원회 등과 같은 운영모델, 그리고 통합 포털, 이력 공개 등의 권리행사 체계를 먼저 구현하고, 그 성과와 한계를 근거로 K-12에 맞는 보호수준과 절차를 재설계하여 적용하는 방식이 정책 리스크를 줄일 수 있을 것이다.

학습데이터 거버넌스 체계 구축

이러한 문제들을 해결하기 위해서는 교육부를 중심으로 개인정보보호위원회, 과기정통부, 시·도교육청, 교원·학부모·학생 대표, 그리고 산업계 등 관련 주체가 함께 참여하는 학습 데이터 거버넌스 기구의 설치가 필요하다. 학습 데이터 거버넌스 체계의 핵심은 학생과 교사의 권리를 전면에 두고, 동시에 공교육이 공익적 데이터 활용을 통해 정책, 연구, 현장 개선으로 환류될 수 있도록 통제된 개방을 설계하는 것이다.

우선 수집 단계에서는 교육 제공에 필수적인 데이터와 부가적, 고도화 목적 데이터를 제도적으로 구분해야 한다. 전자는 공교육 서비스 제공을 위해 필요한 최소한의 범위에서만 수집하도록 명확한 기준을 두고, 후자는 선택적 동의(opt-in)와 대안적 학습 경로를 함께 제공하는 방식이 바람직하다. 예컨대 기본 학습 진행과 채점에 필요한 정오답, 진도 데이터는 필수 범주에 들어갈 수 있지만 행동 로그, 집중도, 정서 상태 추정, 음성 및 영상 기반 분석 등 민감도가 높은 데이터는 별도의 고지와 동의, 그리고 교육적 필요성과 위험을 함께 따지는 영향평가를 거치도록 해야 한다. 학습 데이터도 개인정보로 간주하고 원칙적으로 개인정보보호법상의 최소 수집, 목적 제한,보유기간 제한이 우선 적용되어야 하는 것이다.

활용 단계에서는 가명정보 활용 원칙을 교육 분야에 특화해 구체화할 필요가 있다. 통계, 연구, 공익 목적의 학습데이터 활용은 교육부 또는 교육청 등 공적 거버넌스 체계 안에서 승인, 감독되도록 하고, 민간 기업이 참여하더라도 보호된 분석환경에서 제한적으로 접근하도록 하는 방식이 현실적이다. 또한 학습 데이터가 국제 표준에 맞는 API와 메타데이터를 도입하여 데이터 표준화 및 상호운용성을 확보할 수 있도록 정부 차원의 표준안을 마련하는 것도 필요하다.

관리와 통제 측면에서는 학생과 교사의 권리를 중심에 두는 방향으로 설계를 바꿔야 한다. 열람, 정정, 삭제 등의 요구가 실제로 행사되도록 통합된 창구를 마련하고, 데이터 이용 이력과 목적, 보유기간, 제3자 제공, 위탁 현황이 명확하게 제공되어야 한다. 특히 학생의 경우 단지 보호자의 동의에 의존하는 구조에서 나아가, 연령에 맞는 설명과 참여를 통해 데이터 주체로서의 권리를 배우는 과정이 함께 설계될 필요도 있다. 교사에게는 수업 지원 목적의 데이터와 평가 등 관리 목적의 데이터를 원칙적으로 분리하고, 관리 목적으로의 전용을 엄격히 제한하는 규범이 필요하다. 에듀테크는 수업 개선을 돕는 도구이지 교사나 학생을 감시하는 장치가 되어서는 안 될 것이다.

학습 데이터는 학생의 성장 기록이자 교사의 전문성이 축적된 교육 공공자산이다. 따라서 수집은 최소화하되 신뢰 속에서 이루어져야 하고, 활용은 공익과 혁신을 위해 열어두되 엄격히 통제되어야 하며, 관리의 중심에는 언제나 학생과 교사의 권리가 놓여야 한다. 사교육 영역에서는 이미 촘촘한 데이터가 개인화 서비스를 견인하고 있는 반면, 공교육은 더 민감한 사회적 조건 속에서 제한적으로 데이터가 생성·축적되는 현실을 감안하여 학습 데이터 거버넌스 체계를 통해 신뢰받는 AI 교육으로 나아가야 할 것이다.

3. 2026 에듀테크 현재 지형
   : AI 디지털교과서^{AIDT}를 돌아보며

야심 찬 출발에서 '교육 자료'로의 전환까지

AI 디지털교과서(AIDT)의 도입 과정은 단순한 정책 집행이 아니라, 한국 공교육이 AI 기반 디지털 전환이라는 시대적 과제를 어떻게 제도화하려 했는지를 보여주는 대표적인 정책 사례다. 2023년 정책 발표부터 2025년 본격 도입에 이르기까지 AIDT를 둘러싼 정책 설계, 개발과 검정, 현장 연수, 그리고 법적 지위 논쟁까

지의 과정은 단순한 기술 도입의 문제가 아니라, 공교육 체제 안에서 AI 기반 학습지원 도구를 어떤 위치와 책임으로 수용할 것인가에 대한 사회적 조정 과정이라고 볼 수 있다.

정책의 점화: AIDT가 국가 정책과제로

2022년 11월 7일 이주호 사회부총리 겸 교육부 장관이 취임하며 코로나19로 가속화된 디지털 대전환과 학생 수의 급격한 감소 상황에서 더 이상 교육개혁을 늦춰서는 안 된다며 글로벌 리더로 도약하기 위해 교육의 혁명적 개혁 노력이 절실하다고 말했다. 이어서 2023년 교육부 연두 업무보고에서 교육개혁 추진을 위한 4대 개혁분야, 10대 핵심정책의 1번으로 '개별 맞춤형 교육의 기반인 디지털 교과서 플랫폼 도입 추진'을 명시화하였다[5]. 디지털 교육 혁신을 핵심 정책 기조로 내건 새 교육부는 2023년 2월 23일 '디지털 기반 교육혁신 방안'을 발표하며 AIDT 도입 계획을 공식화했다. 2025년부터 초등학교 3–4학년, 중학교 1학년, 고등학교 1학년을 대상으로 수학·영어·정보 교과에 AI 디지털교과

---

5) 보도자료, 교육개혁, 대한민국 재도약의 시작 – 2023년 교육부 연두 업무보고, 교육부 2023.01.05.

디지털 기반 교육혁신 추진 로드맵 (출처 : 교육부)

구분	준비 (2023 · 2024년)	도입 (2025년)	확산 (2026년 이후)
2022 개정 교육과정	적용 준비 지원	적용 (초3 · 4, 중1, 고1)	적용 (26년 : 초5 · 6, 중2, 고2 →'26년 : 중3 · 고3)
AI 디지털 교과서	개발 가이드라인, 데이터 표준 제공	적용 (초3 · 4, 중1, 고 공통 · 일반 선택과목)	적용 ('26년 : 초5 · 6, 중2 →'27년 : 중3)
	–	수학, 영어, 정보 $+\alpha$	과목 추가
교원	T.O.U.C.H. 교원 ('23년 : 400명 → '24년 : 800명) 대상 교원의 40% 관리자 100% (2.4만 명)	T.O.U.C.H 교원 1,500명 대상 교원의 70%	T.O.U.C.H 교원 2,000명('26년) 대상 교원의 100%('26년)
디지털 인프라	디바이스 보급 · 점검 ('22.3. 기준 151만 대) 유 · 무선망 점검	1인 1 디바이스 초3 · 4, 중1, 고1	1인 1 디바이스 초5 · 6, 중2, 고2 ('26년) → 중3('27년)
	유 · 무선망 점검	모니터링 및 보완	모니터링 및 보완
현장 파트너십	시범 시 · 도교육청 ('23년 : 7개 →'24년 : 17개)	17개	17개
	선도학교 ('23년 : 300교 →'24년 : 700교)	추가 확대	추가 확대

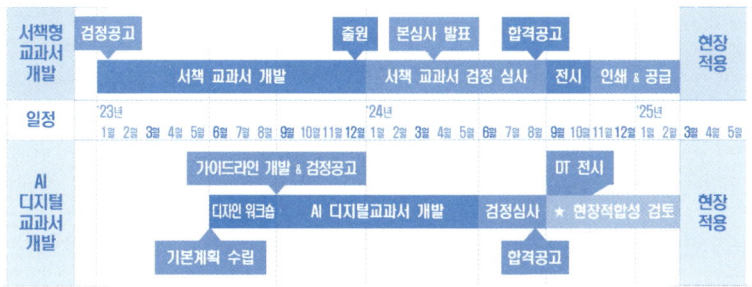

AI 디지털교과서 개발 계획 (출처 : 교육부)

서를 먼저 적용하는 단계적인 로드맵을 제시했다[6]. 이는 단순한 전자 교재 보급이 아니라, AI 기술을 활용해 학습 수준과 속도에 맞춘 맞춤형 학습을 구현하고, 교사의 수업 설계와 학생 관리 기능을 지원하겠다는 정책적 선언이었다.

이후 2023년 6월 8일에 '모두를 위한 맞춤 교육' 실현을 위한 〈인공지능(AI) 디지털교과서 추진방안〉이 발표되어 2025년 우선 도입과 2028년까지 확대 방안, 그리고 담당 교원 연수, 맞춤형 교수, 학습방법 개발 등 학교 현장 안착을 위한 지원 추진 계획이 공개되었다[7].

---

6) 보도자료, 인공지능을 활용한 디지털 교육으로 '모두를 위한 맞춤 교육시대' 연다, 교육부 2023.02.23.
7) 보도자료, 인공지능(AI) 디지털교과서로 1:1 맞춤 교육시대 연다, 교육부 2023.06.08.

이 정책은 AI, 디지털 활용을 선택적 시범사업이 아니라 정규 교육과정의 핵심 요소로 바로 편입하겠다는 의지의 발현이었다. 교과서를 매개로 AI 기술을 도입함으로써 학교 현장에서 가장 빠르게 확산될 수 있는 경로를 택했다. 단기간에 파급 효과를 만들 수 있는 전략이었지만, 동시에 교과서 제도라는 강한 공적 틀 안에 검증되지 않은 새로운 기술을 도입하는 구조적 부담을 안고 있었다.

현장의 가속: 개발과 연수의 동시 가동

정책 발표 이후 곧바로 학교 현장과 에듀테크 산업에서 동시에 움직이기 위한 준비가 이어졌다. 터치(T.O.U.C.H.) 교사단이 2023년 7월과 8월의 연수 기간을 거쳐 8월 25일에는 정식으로 출범식을 가져 AI 기반 수업 모델을 실험하고 확산하는 선도 교사 역할을 맡았다. 이는 AIDT가 실제 교실에서 적용되기 위해서는 교사의 수업 설계 역량과 실천 경험이 핵심이라는 인식이 반영된 조치였다.

이어 같은 해 9월 7일에는 AI 디지털교과서 개발 가이드라인 설명회가 개최되어, 출판사와 에듀테크 기업들이 정해진 기준 아래 개발에 참여할 수 있는 틀이 마련되었다. 이로써 AIDT는 단순한 디지털 콘텐츠가 아니라, 학습 데이터 활용, 적응형 학습, 평가와 피드백, 개인정보 보호, 접근성 등 복합 요소를 갖춘 새로운 유형의 교육 서비스로 개발이 시작되었다.

이 시점부터 학교와 교육청은 AIDT 도입을 구체적인 일정과 과제로 인식하기 시작했고, 교원 연수와 인프라 준비에 대한 비중도 커져갔다. 터치교사단 연수에 이어 '교실혁신 선도교사' 연수, '찾아가는 학교 컨설팅' 연수, 'AIDT 적용 교원 연수' 등 규모가 큰 연수 사업이 진행되었다.

그리고 2024년 8월에는 드디어 AIDT 도입의 중대 관문인 AIDT 교과서 검정이 시작되었다. 당시 공개 보도에 따르면 검정 심사 신청 결과 21개 출원사에서 146종의 교과서 검정을 신청하였고, 검정심의회가 11월까지 4개월 동안 기초조사, 본심사, 수정본 검토를 진행하여 11월 29일 총 76종이 최종 발표되었다. 이로써 빠듯한 일정 속에 2025년 본격 도입을 위한 준비가 거의 마무리되었다.

변곡점의 도래: 법적 지위 변화

그러나 2024년 하반기, AIDT 적용의 운명을 가르는 결정적인 변수가 국회에서 발생했다. AIDT에 대한 기대와 더불어 많은 우려와 반대가 있는 가운데 2024년 10월 29일, 국회 교육위원회 법안심사소위원회는 "지능형 소프트웨어는 교과서가 될 수 없다"는 취지의 〈초·중등교육법〉 개정안을 통과시켰다. 이후 12월 17일 법제사법위원회, 12월 26일 국회 본회의를 거치며 개정안은 국회를 통과했다. 다만 2025년 1월 21일 대통령 권한대행이 재의요구권(거부권)을 행사하면서 AIDT 정책은 불안한 진행을 이어가게 되었다.

정부와 국회, 교육계 사이의 입장 차이는 쉽게 좁혀지지 않았고, 결국 새 정부가 들어선 2025년 8월 4일 재상정된 개정안이 국회 본회의를 통과하고 국무회의에서 최종 의결되면서 AIDT는 법적으로 '교과서'가 아닌 '교육 자료'로 재분류되었다. 이 변화는 단순한 명칭 조정이 아니었다. 교과서에서 교육 자료로의 전환은 AIDT의 운영 구조와 책임 체계를 근본적으로 바꾸는 결정으로 예산 지원 방식과 학교의 채택 의무에 직접적인 영향을 미치는 근본적인 변화를 예고했다.

새로운 국면: 의무에서 자율로

결과적으로 2023년부터 2025년까지 AIDT의 혼란스러운 여정은 AI, 디지털 교육을 공교육 시스템 안에서 어떤 지위와 책임으로 받아들일 것인지를 고민하게 만든 과정이었다. 기술은 가능성을 제시하였고, 정책은 그 가능성을 제도화하려 했으나, 법 제도는 그 속도를 조정했다. 그 결과 AIDT는 '교과서'라는 강력한 법적 지위를 내려놓고 의무적 채택의 대상이 아니라, 학교와 교사의 판단에 따라 선택적으로 활용되는 교육 자료로서 새로운 단계에 들어섰다.

지형은 바뀌었지만, 맞춤형 학습과 수업 혁신이라는 디지털 교육의 목표 자체가 사라진 것은 아니다. AI, 디지털 교육의 향후 성패는 법적 지위가 아니라, 교실에서 얼마나 실질적인 가치를 만들어 내는가, 그리고 교사의 전문성과 자율성을 얼마나 효과적으로 지원하는가에 의해 결정될 것이다. AIDT의 지난 몇 년은, 기술이 교육을 변화시킬 수 있는지의 가능성과 함께, 그 변화를 제도와 현장이 어떻게 공감대를 형성해야 하는지를 동시에 보여준 중요한 사례로 남게 되었다.

에듀테크 중점 요소와 구조

이전 2025편까지만 해도 디지털 교육에서 두드러진 트렌드는 인공지능을 활용한 개인 맞춤형 학습이었고, 이에 가장 중요한 요소는 개인별 학습 데이터였다. 그래서 에듀테크 중점 요소와 구조 도식의 중앙에 학습 데이터를 두었었다. 하지만 현재는 중점 요소와 구조 전반에 인공지능이 자리를 잡았고 교육 분야 데이터는 인공지능을 지원하는 보조적 역할을 하고 있다. 그래서 도식을 다음과 같이 바꾸었다.

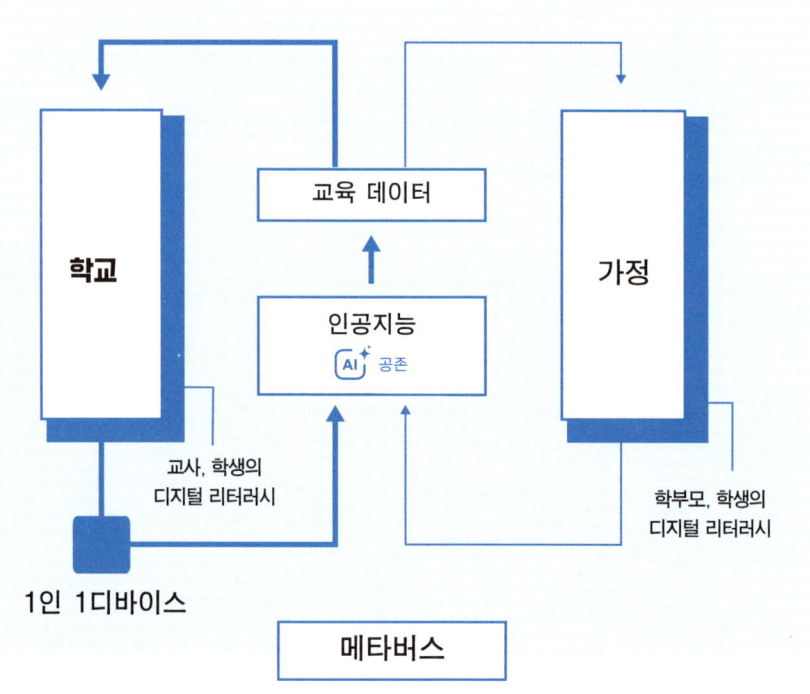

4. 2026 AI·디지털 교육 11대 키워드

앞서 정리한 당면 이슈와 지형을 바탕으로, 2026년 AI · 디지털 교육 트렌드의 주요 주제를 크게 3가지로 구분해 정리했다. 각 주제 하위에 핵심 키워드들을 배치하여, 각기 흩어져 따로인 것처럼 보일 수 있는 11개 키워드의 맥락을 잡았다. 요약하면 [주제 1] 사회와 인간이 바뀌며 학교의 역할이 재정의되고 있으며, [주제 2] 그 변화가 교수 · 학습의 내용과 방법을 변화시키고 있고, [주제 3] 교육이 오랫동안 지향해 온 본질적 가치들(사회정서 · 기초학력 · 평가)에 AI · 디지털이 유의미하게 기여하기 시작했다는 흐름이다.

주제 1 사회와 인간의 변화, 이로 인한 학교의 변화

첫 번째 주제로는 #AI 공존 #AI 교육 정책 #역량 #커뮤니케이션 키워드를 한 묶음으로 다뤘다. 김현철은 'AI 공존'이 이미 시작되었고 공교육이 구조적으로 어떤 책임을 져야 하는지 묻는다. 김진숙은 해외 AI 정책의 공통분모인 '인간 중심'에서 한 걸음 더 나아가 휴머니티와 공진화의 기준을 제시한다. 김수환은 그 기준이 학생의 '교육받은 용기'와 교사의 '주도성(Agency)' 같은 역량 재구성으로 이어진다는 점을 보여준다. 정성윤은 이 모든 전환이 학교의 의사결정·협업·교권 보호를 포함한 커뮤니케이션 재설계 없이는 작동하기 어렵다고 짚는다. 즉 [주제 1]에서는 AI와 공존하기 시작한 사회에서 학교가 어떤 역할과 모습을 할 것인지를 논한다.

주제 2 교육 내용과 방법의 변화

두 번째 주제는 #교수·학습 #학습권과 고교학점제 #어린이 #교육 데이터를 키워드로 하여 교실의 '작동 방식'을 다뤘다. 도재우는 인프라를 넘어 수업·교사·학생의 정체성이 어떻게 확장되는지 '교실 2026'의 생생한 장면들로 구체화한다. 손찬희는 학습권이 온라인수업·온라인학교·고교학점제를 거치며 '맞춤형 학습권'으로 진화해 왔음을 정리하고, 보장의 기준을 제시한다. 조기성은 유아·저학년에서는 'AI를 활용하는 교육'보다 AI를 올바르게 활용할 토대를 갖추도록 해주는 것이 핵심이라는 점을 3R과 발달 단계의 관점에서 강조한다. 윤성혜는 교육 데이터가 직관을 보완하는 가능성을 인정하되 윤리 원칙과 실천 조건이 없으면 신뢰가 흔들릴 수 있음을 분명히 한다. [주제 2]는 결국 '데이터를 어떻게 교육적 판단으로 전환할 것인가'라는 질문으로 수렴한다.

주제 3 지금 교육이 특별히 주목하는 지향점들

세 번째 주제 키워드는 #사회정서교육 #기초학력과 문해력, #인공지능 기반 평가로, 교육이 AI · 디지털로 지금 다시 강화해 나가고자 하는 교육의 본질적 지향점들을 류은진은 사회정서교육에서 디지털 도구를 '깊이 있는 기본기'로 연결하는 조건을 제시하고, 이경남은 문해력 진단에서 AI가 돕는 영역과 데이터의 사각지대를 구분하며 교사–AI 협업의 현실적 경계를 그린다. 오규설은 자동문항생성 · 자동채점 · 서 · 논술형 평가를 아우르며 '교사 주도 인공지능 기반 평가'라는 원칙을 설명한다. 즉 [주제 3]은 AI 시대의 교육 품질을 '측정 가능한 신뢰'와 '설명 가능한 책임'으로 다시 정의한다.

그리고 이어지는 Part 3 특집 'AI가 가르치는 시대라는 착각에 대하여'에서는 인공지능의 교육적 활용과 관련하여 교육계에 아직 남아 있는 오해들을 직면하고 해소해야 한다는 실천 과제로 Part 2의 논의를 좁혔다. 이동국은 도입이 아니라 전환의 조건을, 이은상은 공생지능의 시대에 강화되는 교사의 역할을, 조기성은 교사가 지켜야 하는 '판단의 자리'를 구체적으로 제안한다.

결국 이 책은 기술의 속도를 따라가자는 제안이 아니라, 교육이 지켜야 할 기준을 분명히 하며 AI를 '위협'이 아닌 '교육적 기회'로 바꾸는 논의로 안내하는 지도다. 독자는 11개의 키워드를 따라가며, 자신만의 AI·디지털 활용 방식과 관련 교육 정책 해석의 기준선을 다시 세울 수 있을 것이다.

Part 2

DIGITAL EDUCATION
TREND REPORT 2026

2026
AI·디지털 교육 트렌드

3대 주제, 11대 키워드

AI 공존의 현주소와 공교육의 역할

김현철 (고려대학교 컴퓨터학과 교수)

1. AI 공존, 시작된 변화
2. AI 공존의 현주소, 세 가지 구조적 문제
3. 공교육의 역할, AI 공존 시대를 위한 재구조화
4. 결론, AI 공존 시대를 여는 공교육의 새로운 책임

1. AI 공존, 시작된 변화

산업과 일상의 전환, 그리고 비선형적 격차의 확대

우리 아이들은 인공지능과 함께 살아가고 협업하게 될 첫 세대다. 이들은 성인이 되는 시점부터 AI와 함께 일하고, 함께 생각하며, 창의적 문제를 해결하는 환경 속에서 살아가게 된다. AI와의 공존은 미래의 가능성이 아니라 이미 오늘의 교실에서 시작된 변화다.

생성형 AI는 등장한 지 오래되지 않았지만 산업과 업무 방식뿐 아니라 개인의 사고 과정까지 빠르게 변모시키고 있다. 기업들은 다양한 영역에서 AI 기반 자동화를 채택하고 있으며, 개인의 성과 역시 AI 활용 여부에 따라 뚜렷한 차이를 보이고 있다. 초기에는 AI가 저숙련 인력의 생산성을 높여 역량 격차를 줄일 것이라는 기대도 있었지만, 최근 연구들은 오히려 고숙련자의 성과가 AI 활용을 통해 더 크게 상승한다는 사실을 보여준다.

생성형 AI는 인간의 인지 능력을 단순히 보조하는 도구가 아니라 비선형적으로 확장시키는 도구다. 예를 들어 A의 역량이 10이고 B의 역량이 20이라면 기본 격차는 10이지만, 두 사람이 동일한 AI를 활용해 역량이 열 배로 확장될 경우에는 그 차이가 100

으로 커진다. AI는 기존 역량을 기반으로 성과를 증폭시키는 기술이기 때문에 도메인 전문성과 깊이 있는 사고를 가진 사람일수록 도구의 도움을 더 효과적으로 받게 된다.

게다가 AI와의 협업은 창의성과 상상력을 함께 요구한다. 동일한 AI를 사용하더라도 문제를 새롭게 정의하고 창의적인 질문을 던질 줄 아는 사람은 훨씬 더 높은 가치를 창출할 수 있다. 결국 AI 공존 시대의 역량은 기술 그 자체보다도 인간의 전문지식과 사고방식, 그리고 창의성이 핵심이 된다. 여기에 편향과 오류, 저작권 침해, 조작 가능성과 같은 윤리적 위험을 함께 이해하고 통제할 수 있는 태도까지 더해져야 한다.

이미 일반화된 AI, 그러나 교육은 아직도 준비 중

한국청소년정책연구원의 2024년 여름 조사에 따르면 전국 중·고생의 약 67.9퍼센트가 생성형 AI를 사용한 경험이 있다고 응답했고, 최근의 여러 조사에서는 90 퍼센트를 넘는 것으로 나타난다. 학생들은 번역, 이미지 생성, 글쓰기, 요약, 프로젝트 탐구 등 활동에 AI를 자연스럽게 활용하고 있을 뿐만 아니라 숙제나 수행평가, 경진대회 출품 등에서도 사용이 빠르게 증가하고 있다.

하지만 학교의 변화 속도는 이와는 다른 모습이다. 교사의 판단, 학교의 정책, 교육청의 지침이 제각각이어서 어떤 학교는 AI 사용을 전면 금지하고, 어떤 학교는 제한적으로 허용하며, 또 어떤 학교는 구체적 기준 없이 방치되는 등 혼란이 지속되고 있다. 학생들은 일관성 없는 규칙 사이에서 AI 사용의 기준을 이해하지 못하고 혼란을 겪고 있다.

더 큰 문제는 학생들이 AI 도구를 인터넷이나 친구들로부터 자의적으로 배우고 있다는 점이다. 학교에서는 AI의 위험성, 출처 검증, 오류 식별, 편향 분석, 윤리적 판단 등을 가르치지 못하고 있어 학생들은 책임 있는 사용 원칙 없이 도구를 활용하는 상황에 놓여 있다. 기술의 변화 속도에 비해 교육과정의 반응 속도가 현저히 뒤처져 있는 것이다.

2022 개정 교육과정은 생성형 AI가 대중화되기 이전에 설계되어 지금의 현실을 충분히 반영하지 못하고 있다. 초 · 중 · 고 12년 동안 AI 교육이 공식적으로 제공되는 시기는 단 두 해에 불과하며(예를 들면 초등학교 6학년과 중학교 1학년), 이후 대학에 들어가기 전까지 학생들이 AI 교육을 전혀 받지 않고 졸업하는 것이 가능한 구조다. 능동적 학습과 디지털 안전망이 필요한 시대에 학교는 AI 공존 역량을 기를 수 있는 최소한의 기반을 마련하고 있는지 점검하고 보완해야 한다.

2. AI 공존의 현주소, 세 가지 구조적 문제

학생들의 인지적 위험 증가와 윤리적 혼란

학생들은 과제, 보고서, 수행평가, 경진대회 준비에서 생성형 AI를 광범위하게 활용하고 있다. 그러나 이러한 사용은 학습의 질을 높이는 방향으로 이루어지기보다는, 정확성과 신뢰성을 검증하지 않은 채 결과물을 받아들이는 데 머무르는 경우가 많다. 생성형 AI는 환각(hallucination)처럼 그럴듯한 문장으로 오류를 포함한 정보를 제시하기 때문에, 학생들은 사실과 비사실을 구분하기 어렵고 출처 검증 능력과 오류를 식별하는 능력은 점차 약해지고 있다. 이러한 구조는 지식의 기반을 흔들고 사고의 깊이를 약화시키는 위험을 내포한다.

또한 AI를 활용해 단순히 답을 빠르게 얻는 습관이 형성되면서 사고의 과정이 생략되는 경우가 많다. 학습의 핵심은 탐구와 질문을 통해 사고를 확장하는 것이지만, 학생들은 스스로 사고하는 시간을 줄이고 도구에 의존하려는 경향을 보인다. 생성형 AI는 질문의 질을 따라가는 도구인데, 학생들은 질문을 만드는 능력 자체가 약해질 가능성이 있다. 원래 AI는 깊이 있는 사고를 확장하는 도구가 될 수 있고 심화 학습을 돕는 메타학습 기제로 작동할 수 있지만, 지금은 그 반대 방향으로 흘러가고 있다.

이러한 상황을 분석하고 개선 방향을 제시할 연구기관이나 정책 거버넌스가 충분하지 않다는 점도 문제다. 생성형 AI가 학습 구조 전체를 바꾸는 기술임에도 이를 체계적으로 연구하고 교육적 기준을 마련하는 기구는 거의 없다. 정책 현장에서도 근본적 연구보다는 단기적 대응에 집중하는 경우가 많아, 학습 생태계의 변화 속도와 정책의 대응 속도 사이에 큰 간극이 생기고 있다.

윤리적 위험도 동시에 커지고 있다. 생성형 AI는 저작권 침해, 개인정보 노출, 조작 콘텐츠 생성과 같은 위험을 동반한다. 학생들은 이러한 문제를 충분히 배운 적이 없기 때문에 결과물을 그대로 제출하거나 공유하는 일이 많다. 학교마다 AI 사용 기준이 다르다는 점도 학생들의 혼란을 키운다. 어떤 학교는 금지하고, 어떤 학교는 조건부로 허용하며, 또 어떤 학교는 별도의 기준 없이 허용한다. 기준이 없으면 학생들은 책임 있는 선택을 하기 어렵고, 이는 학습 문화 전반의 혼란으로 이어진다.

사회경제적 환경에 따라 벌어지는 AI 경험의 격차

AI 활용 능력은 단순한 기술 숙련이 아니라 사고 방식과 학습 방식 전체를 바꾸는 특성을 가진다. 그러므로 학생이 어떤 환경에서 AI를 접하느냐는 학습의 깊이와 사고의 폭에 직접적인 영향을 준다. 디지털 기기를 충분히 갖춘 가정, 기술적 배경이 있는 부모, AI 도구에 익숙한 문화적 환경을 가진 학생들은 자연스럽게 다양한 방식으로 AI를 탐색한다. 이들은 AI를 활용해 문제를 해결하고 창의적 시도를 반복하며 새로운 사고 패턴을 스스로 형성한다. 반면 디지털 기기 접근성이 낮거나, 부모가 기술 사용에 어려움을 느끼거나, 지역에 AI 관련 교육 자원이 부족한 학생들은 AI와 접촉할 기회 자체가 적다. 이들은 탐구 경험이 제한되고 새로운 문제 해결 방식을 배우기 어렵다. 시간이 지나면 이러한 차이는 사고의 방식, 학습의 전략, 진로 탐색 능력에까지 영향을 미친다.

AI는 반복적 사용을 통해 역량이 커지는 특성을 가지고 있다. 경험이 풍부한 학생은 더 빠르게 사고를 확장하고, 경험이 부족한 학생은 접근 자체가 어렵다. 이 차이는 단순한 사용 빈도의 문제가 아니라 미래 역량의 구조를 만드는 핵심 요인이다. AI를 이미 일상적으로 사용하는 국가들이 공교육을 기반으로 체계적인 AI 교육을 확대하고 있는 이유도 여기에 있다. 한편 한국은 학생들의 실제 사용은 빠르지만 공교육의 지원이 아직은 체계적이라고 보기 어려워, 경험 격차가 그대로 사회경제적 격차로 전이될 위험이 있다.

공교육 시스템의 경직성과 시대 대응 한계

AI 공존 시대는 교육 체계의 변화 속도가 기술 변화에 따라가야 하는 시대다. 그러나 한국의 공교육은 이러한 요구를 반영하기 어려운 구조로 되어 있다. 국가교육과정은 긴 주기로 개정되고 절차가 복잡해 기술 변화의 속도를 반영하기 어렵다. 수시 개정이 가능하다고는 하지만 기본적으로 7년마다 개정되는 체계는 보완이 필요하다. 2025년부터 학교 현장에 반영되는 교육과정은 2021~2022년에 만들어진 것이어서, 학생들이 이미 생성형 AI를 일상적으로 사용하는 현실과 간극이 있다.

교과서를 중심으로 운영되는 검·인정 제도는 새로운 내용과 기술을 즉시 반영하기 어렵다. 교육과정 개정 절차의 어려움과 검·인정 교과서의 유연성 한계로 인해, 교과서가 바뀌기 전까지 교실 수업은 과거의 기준에 머무를 가능성이 크다. 교과를 기반으로 움직이는 구조에서는 기술 변화에 맞춰 유연하게 수업을 바꾸기 어렵고, 탐구 중심·융합 중심·프로젝트 기반 수업이 자리 잡기 쉽지 않다.

교사 양성 체계 역시 분절적이다. 교사 양성 대학은 과목 중심의 커리큘럼을 유지하고 있으며, AI와 같은 새로운 영역을 융합적으로 다룰 구조를 충분히 갖추지 못하고 있다. 현직 교사 연수 또한 단기적이고 도구 소개 중심으로 이루어져, 교과와 AI를 결합하는 방식까지 심도 있게 다루기에는 한계가 있다.

교육 거버넌스도 여러 기관이 분리적으로 운영되는 구조를 가지고 있어 변화의 속도가 느리다. 교육과정, 교과서, 교사 양성, 디지털 인프라 정책이 서로 다른 경로로 결정되기 때문에 기술 변화에 통합적으로 대응하기 어렵다. 이러한 경직성은 AI 공존 시대의 변화 속도와 맞지 않아, 학생들이 실제로 경험하는 기술 환경과 공교육이 제공할 수 있는 학습 환경 사이에 큰 격차를 만든다.

3. 공교육의 역할, AI 공존 시대를 위한 재구조화

AI 리터러시에 기반하여 AI+X 융합으로 확장하기

AI의 작동 방식과 한계를 이해하고, 오류와 편향을 비판적으로 식별하며, 윤리적이고 책임 있게 활용하는 AI 리터러시는 이제 읽기, 쓰기, 셈하기와 같은 기본 문해력으로 재정의되어야 한다. 학생들은 AI의 작동 방식과 한계를 이해하고, 오류와 편향을 식별하며, 책임 있게 활용하는 역량을 갖춰야 한다. 그러나 리터러시만으로는 공존 시대의 요구를 충족할 수 없다.

각 교과에서 가르치는 지식과 AI를 결합해 새로운 관점에서 문제를 탐구하는 AI+X 융합 교육이 필요하다. 국어에서의 논리적 글쓰기, 수학에서의 데이터 해석과 모델링, 과학에서의 시뮬레이션 기반 탐구, 사회에서의 복잡한 문제 분석, 예술에서의 새로운 창작 방식 등 교과는 AI와 결합할 때 더 넓게 확장된다. 이는 학생들이 스스로 지식을 재구성하고 AI와 협업해 새로운 해결 구조를 만들어가는 경험을 제공한다.

이를 위해 교사의 전문성도 AI 도구 활용 능력을 넘어, 교과 지식과 기술을 통합적으로 설계할 수 있는 융합적 역량으로 재정의될 필요가 있다. 교사 연수 체계 역시 이러한 변화를 중심에 두고 재편되어야 한다.

교사 전문성 강화와 교육시스템 전반의 재설계

학교 현장은 교사의 전문성과 교육 인프라를 함께 갖춰야 AI 공존 시대의 교육이 실현될 수 있다. 교사는 AI의 특성과 위험성을 이해하고, 교과와 AI를 통합한 수업을 설계할 수 있어야 한다. 이를 위해 교사 양성과 연수의 체계를 근본적으로 개편할 필요가 있다.

학생들이 AI를 안전하게 활용할 수 있도록 공공 플랫폼과 학교 단위 계정 체계가 마련되어야 하고, 다양한 교육 도구의 안전성을 검증하는 체계도 함께 갖춰야 한다. 에듀테크 생태계 역시 학교와 연계해 교육 현장과 산업이 함께 발전할 수 있는 방향으로 구축될 필요가 있다.

기술이 학교에 들어오는 방식뿐 아니라 교육 체계 전체가 재설계될 필요가 있다. 평가 방식, 교수·학습 방식, 교과 구성, 교사 양성 등 교육의 핵심 요소들이 AI 시대의 기준에 비추어 다시 검토되어야 한다. 정답 중심 평가에서 벗어나 학생의 사고 과정과 창의적 문제 해결 과정을 평가하는 방식으로의 전환, 탐구 중심 수업의 확대, 디지털 기반 학습 환경의 구축 등이 그 방향이 될 수 있다.

윤리와 책임, 그리고 인간을 교육의 중심에 두기

AI 공존 시대의 핵심은 기술보다 인간이다. 기술이 아무리 발전해도 그것을 선택하고 책임지는 주체는 인간이기 때문이다. 교육은 학생들이 AI의 기능을 이해하는 수준을 넘어, 인간다운 판단과 책임을 유지하도록 돕는 방향으로 나아가야 한다.

AI는 정확한 정보와 오류, 편향을 동시에 포함할 수 있다. 때문에 학생들은 사실을 검증하고 맥락을 해석하는 능력을 갖춰야 하며, 비판적 사고와 창의적 사고, 공감 능력, 다양한 관점을 이해하는 능력 같은 인간의 고유 역량은 AI 시대에 더욱 중요해진다. 윤리적 감수성 역시 필수 요소다. 저작권, 개인정보 보호, 알고리즘 편향 같은 문제는 학생들이 기술을 사용할 때 반드시 고려해야 할 요소다. AI를 활용한 결과물에는 책임이 따르고, 기술이 공동체에 미치는 영향을 이해하는 태도는 공존을 위한 기본적인 토대다.

AI 시대의 교육은 학생들이 기술에 휘둘리지 않고 기술을 인간의 목적에 맞게 사용할 수 있도록 돕는 과정이다. 공교육은 이러한 인간 중심의 가치 위에서 학생들이 기술을 넘어선 사고를 할 수 있도록 안내해야 한다. 이것이 AI 공존 시대에 필요한 가장 중요한 교육적 방향이다.

4. 결론, AI 공존 시대를 여는 공교육의 새로운 책임

AI와 함께 살아갈 첫 세대는 이미 교실 안에서 성장하고 있다. 이들은 기술과 함께 사고하고 문제를 해결하며 사회적 역할을 수행하게 될 것이다. 그러나 현재의 공교육은 이러한 변화의 속도에 맞는 기반을 아직 충분히 제공하고 있다고 보기는 어려운 실정이다. 학생들은 AI를 활발히 사용하면서도 기준과 책임을 배우지 못한 채 혼란을 겪고 있고, 가정과 지역의 차이는 AI 활용 능력의 격차로 이어지고 있다.

AI 공존 시대의 교육은 기술 사용을 금지하거나 제한하는 것이 아니라, 기술을 통해 사고를 확장하고 책임 있게 활용하는 능력을 길러주는 방향으로 전환되어야 한다. 이는 리터러시 교육에서 시작해 교과와 AI가 결합하는 융합 교육으로 확장되며, 교사 양성과 교육 인프라, 평가 구조, 교육 생태계 전반을 재설계하는 일까지 아우른다.

AI 공존 시대의 핵심은 기술이 아니라 인간이다. 기술을 어떻게 이해하고 활용하며 통제할 것인지는 인간의 지식과 윤리, 창의성과 판단에 달려 있다. 공교육은 학생들이 기술에 휘둘리지 않고, 기술을 통해 더 넓은 미래를 설계할 수 있는 힘을 길러주어야 한다. 이것이 공교육이 지닌 시대적 사명이며, 한국 사회가 지속 가능한 미래를 준비하기 위해 반드시 수행해야 할 과제다.

AI 시대 교육계의 지향점, 휴머니티와 공진화

: 해외 AI 교육 정책으로 보는 전환의 기준

김진숙 (경기도교육연구원장)

1. AI와 교육, 고민은 어디에서 시작되는가
2. 전 세계가 공통으로 강조하는 가치, 인간 중심 AI
3. 국가별 AI 교육 정책 철학 차이: 미국, 독일, 중국
4. 휴머니티를 넘어 인간과 AI의 공진화(co-evolution) 관점으로
5. AI 교육: 인간과 AI의 균형을 가르쳐라
6. 한국 교육 제언: 인간을 지키는 교육으로의 전환

1. AI와 교육, 고민은 어디에서 시작되는가

2025년 11월, 신문 지면을 크게 장식한 뉴스가 있었다. 국내 여러 대학에서 진행된 비대면 평가에서 다수의 학생들이 생성형 AI를 활용해 시험을 치렀고, 이를 부정행위로 판단해 시험이 무효 처리되거나 0점 처리되었다는 내용이었다. 대학의 판단은 기존의 시험 부정행위 기준에 근거한 것이었다. 과거 커닝페이퍼를 숨기거나 손바닥에 답을 적어 시험을 보던 행위와 마찬가지로, 생성형 AI 활용 역시 '정해진 규칙을 어긴 행위'로 본 것이다. 형식적으로 보면 이해할 수 있는 판단이다. 그러나 이 뉴스를 접하며 한 가지 질문이 쉽게 사라지지 않는다. 과연 이것이 가장 바람직한 해결책이었을까?

이미 우리의 교육 현장은 크게 달라졌다. 대학은 물론 초·중등학교에서도 학생들은 과제 수행 과정에서 AI를 활용해 자료를 정리하고, 아이디어를 떠올리고, 정보를 탐색하고, 글이나 이미지를 만들어 낸다. 이것은 일부 학생들의 일탈적 행동이 아니라 이미 일상에 가까운 학습 풍경이다. 더 멀리 볼 필요도 없다. 지금의 학생들이 사회에 나갔을 때, AI를 적절히 활용하지 못하는 사람은 오히려 경쟁력을 잃게 될 가능성이 크다. 많은 직업에서 AI는 선택이 아니라 기본 도구가 되고 있기 때문이다.

이 지점에서 다시 질문이 돌아온다. 시험에서의 생성형 AI 활용 문제는 정말 '학생 개인의 윤리 문제'로만 볼 수 있을까? 조금 더 근본적인 성찰이 필요하다. 그동안 교육은 '객관성'이라는 이유로 어떤 평가 방식을 고수해 왔는가. 여전히 많은 시험은 단편적인 지식 암기, 기존 지식의 분류와 재생에 머무르고 있다. '고차원의 사고를 묻는 문제'라고 하지만, 실제로는 정해진 답을 얼마나 잘 외워서 쓰는지를 확인하는 경우도 적지 않다. 이러한 평가 방식 자체에는 아무 문제가 없었을까?

AI가 쉽게 해낼 수 있는 사고 수준을 평가하면서 학생들에게 AI를 쓰지 말라고 말하는 것은 과연 설득력이 있을까? 그렇다고 해서 개인의 책임이 사라지는 것은 아니다. 규칙이 있는 평가에서 의도적으로 이를 어긴 행위는 분명 문제다. 하지만 동시에 '시대에 맞지 않는 평가 구조는 없었는가', '우리는 무엇을 평가하려 했는가'라는 질문 역시 피할 수 없다.

그렇다면 평가 방식을 발표나 토론 중심으로 바꾸면 모든 문제가 해결될까? 그것 역시 단순한 해법은 아니다. 어떤 방식의 평가이든, 교육이 무엇을 가르치고 무엇을 기르려는지에 대한 합의 없이 형식만 바꾸는 것은 근본적인 해결이 될 수 없다. 지금의 교육은 그 어느 때보다 깊은 고민의 시기에 서 있다.

한국 교육이 마주한 현실은 분명하다. 기술은 폭발적으로 확산되고 있고, 교육은 그 속도에 맞춰 교육의 본질을 다시 묻지 않을 수 없는 상황에 놓여 있다. 이 문제는 결코 한국만의 고민이 아니다. UNESCO(유엔교육과학문화기구), EU(유럽연합), OECD(경제협력개발기구)와 같은 국제기구들, 그리고 여러 나라들 역시 비슷한 문제의식을 공유하고 있다. 왜냐하면 AI는 단순히 새로운 기술이 아니라 인간의 역할과 책임, 사고방식을 다시 정의하게 만드는 기술이기 때문이다. 그래서 지금, 교육은 다시 묻게 된다. AI를 어떻게 가르칠 것인가가 아니라, AI 시대에 인간을 어떻게 길러야 하는가를.

2. 전 세계가 공통으로 강조하는 가치, 인간 중심 AI

AI 기술은 국경을 넘고, 속도는 점점 가속화되고 있다. 그러나 이 기술을 어떻게 사용할 것인가는 여전히 인간 사회의 선택에 달려 있다. 이러한 문제의식 속에서 국제사회는 공통의 결론에 점점 가까워지고 있다. AI의 발전 방향을 결정하는 최종 기준은 기술 그 자체가 아니라 인간이어야 한다는 점이다. 이러한 인식을 가장 분명하게 드러낸 것이 바로 UNESCO, EU, OECD의 AI 관련 원칙과 정책들이다. 서로 다른 정치·경제적 배경을 지닌 이

조직들이 공통적으로 강조하는 가치는 명확하다. AI는 효율과 혁신의 상징인 동시에, 인간의 존엄을 지켜야 할 책임을 지닌 기술이다.

UNESCO: AI의 기준을 '인간의 존엄성'에 두다

UNESCO는 2021년 193개 회원국의 만장일치로 〈인공지능 윤리 권고(Recommendation on the Ethics of Artificial Intelligence)〉를 채택했다[1]. 이 문서는 AI 기술을 어떻게 구현해야 하는지를 나열한 기술 가이드라인이라기보다, AI 시대를 살아가는 인류가 공유해야 할 윤리적 기준을 선언한 헌장에 가깝다. UNESCO는 AI 개발과 활용의 최상위 가치로 인간의 존엄성, 인권, 다양성, 평등, 그리고 지속가능성을 명확히 제시했다. 이는 중요한 전환을 의미한다. AI의 성능이 아무리 뛰어나고 사회적 효율을 크게 높일 수 있다 하더라도, 그 결과가 인간의 존엄을 침해하거나 차별을 정당화한다면 정당화될 수 없다는 선언이기 때문이다.

특히 UNESCO는 기술 중립성의 신화를 분명히 경계한다. AI는 결코 가치 중립적인 도구가 아니며, 설계 과정과 활용 맥락 속에 인간의 가치관과 사회 구조가 이미 포함되어 있다는 점을 전면에 드러낸다[2]. 이로써 윤리는 AI 이후에 덧붙이는 장식이 아니라, AI 설계의 출발점이 되어야 한다는 점을 분명히 했다. UNESCO는 이러한 선언에 머물지 않았다. 2023년에는 각 국가가 이러한 윤리 원칙을 실제로 구현할 준비가 되어 있는지를 점검할 수 있도록 'AI 준비도 평가 도구(Readiness Assessment Methodology, RAM)'를 제시했다.[3] 이는 '윤리를 말하는 것만으로는 부족하며, 법·제도·교육·행정 체계 전반이 이를 뒷받침해야 한다'는 강력한 메시지다. UNESCO가 보여주는 일관된 시각은 분명하다. AI는 인간을 대체하는 기술이 아니라, 인간의 역량과 존엄을 강화하는 방향으로 활용되어야 한다는 것이다.

EU: 가장 강력한 규제 속에 담긴 철학

EU가 제정한 〈AI Act(Artificial Intelligence Act)〉는 흔히 세계에서 가장 강력한 AI 규제 법안으로 언급된다[4]. 그러나 이 법을 단순히 '기술 발전을 억누르는 규제'로만 해석한다면, EU가 담고자 한

1) https://www.unesco.org/en/artificial-intelligence
2) 유네스코 한국위원회(2021), 〈유네스코 인공지능 윤리 권고〉 및 〈유네스코 오픈사이언스 권고〉 채택, https://unesco.or.kr/211124_01/
3) https://www.unesco.org/ethics-ai/en/ram
4) https://digital-strategy.ec.europa.eu/en/policies/regulatory-framework-ai

철학을 오해하게 된다. EU는 AI의 위험을 기술적 정밀도나 오류율 중심으로 평가하지 않는다. 대신 AI가 인간의 권리와 안전에 어떤 영향을 미치는가를 기준으로 위험을 분류한다. 즉, 기술이 무엇을 할 수 있느냐보다 그것이 인간에게 어떤 결과를 초래하느냐를 먼저 묻는다.

그 결과 실시간 원격 생체 인식, 공공장소에서의 얼굴 인식, 감정 분석처럼 개인의 자유와 자율성을 심각하게 위협할 수 있는 기술은 원칙적으로 금지하거나 매우 엄격하게 제한한다. 이는 기술의 가능성보다 인간의 권리를 우선시한 선택이다. 또한 EU는 생성형 AI와 챗봇처럼 인간과 상호작용하는 시스템에 대해 투명성 의무를 부과한다. 사용자는 자신이 인간이 아닌 AI와 상호작용하고 있다는 사실을 명확히 인지할 수 있어야 한다. 이는 인간이 모르는 사이에 판단이나 의사결정이 기술에 의해 유도되거나 조작되는 상황을 방지하기 위한 장치다.

EU 〈AI Act〉의 본질은 단순하다. AI는 인간을 보조하는 도구일 수는 있지만, 인간 위에 군림하는 존재가 되어서는 안 된다는 것이다. 이 원칙을 법과 제도로 명문화한 것이 바로 EU의 접근이다.

OECD: 신뢰에 기반한 사회적 합의

OECD는 2019년, 세계 최초로 정부 간 합의에 기반한 '신뢰할 수 있는 AI 원칙(OECD AI Principles)'을 채택했다[5]. 이 원칙은 이후 UNESCO 윤리 권고안과 EU AI 정책의 중요한 이론적 · 정책적 토대가 되었다.

OECD는 AI가 사회에 긍정적으로 기여하기 위해 반드시 지켜야 할 가치로 포용적 성장, 공정성, 투명성, 안전성, 그리고 책임성을 제시했다.

특히 주목할 점은 AI 거버넌스를 특정 집단의 문제로 한정하지 않았다는 점이다. OECD는 정부, 기업, 연구자, 시민사회가 함께 참여하는 다층적 거버넌스를 강조한다. AI는 일부 전문가나 기술 기업의 전유물이 아니라 사회 전체에 영향을 미치는 공공적 기술이기 때문이다.

이 원칙의 핵심에는 분명한 메시지가 있다. AI는 기술의 문제가 아니라 사회적 신뢰의 문제이며, 그 책임은 공동의 것이다. [6]

---

5) https://www.oecd.org/en/publications/2019/06/what-are-the-oecd-principles-on-ai_f5a9a903.html
6) 한국정보화진흥원(2021), 사회 속의 인공지능, Artificial Intelligence in Society, 2019 OECD 번역본

해외 국제기구들에서 AI를 바라보는 공통 관점인 '인간 중심' 접근은 결국 AI가 인간의 능력을 확장하고 삶의 질을 향상시키는 도구로 활용되어야 한다는 것이다. AI와 인간 중심 가치의 균형점을 찾기 위한 국제적 논의에 우리나라도 적극 참여해야 한다는 과제를 제안한다.

3. 국가별 AI 교육 정책 철학 차이
: 미국, 독일, 중국

AI 교육을 둘러싼 각 나라의 선택은 그 사회가 미래의 시민을 어떻게 상상하는지를 그대로 드러낸다. 단순히 기술을 얼마나 잘 가르치는가의 문제가 아니라, AI와 함께 살아갈 인간의 모습에 대한 철학적 선택이라는 점에서 그렇다. 미국, 독일, 중국의 사례를 나란히 놓고 보면 이 차이는 더욱 분명해진다.

미국의 실천: 책임 있는 시민으로의 성장

먼저 미국의 AI 교육 접근은 분명한 질문에서 출발한다. "AI를 다룰 줄 아는 사람이 아니라, AI 사회를 살아갈 시민을 어떻게 길러야 하는가?"이다. 미국 교육부가 2023년 발표한 AI 리터러시 프레임워크[7]에서 강조하는 핵심은 기술 숙련도가 아니다. 오히려 AI가 제시하는 정보와 추천을 비판적으로 해석하고, 그 선택이 사회에 어떤 영향을 미치는지 판단할 수 있는 시민성이다. 미국 대학과 학교의 AI 교육 사례[8]를 살펴보면, 수업의 상당 부분이 토론과 질문으로 채워진다. "AI의 판단은 언제 신뢰할 수 있는가?", "자동화된 평가 시스템은 공정한가?"와 같은 질문들이 자연스럽게 제기된다. 학생들은 AI를 '정답을 주는 기계'가 아니라 함께 사고해야 할 대상으로 마주한다. 이 과정에서 코딩 능력은 목적이 아니라 맥락이 된다. 기술은 시민적 판단을 연습하기 위한 매개체일 뿐이다.

7) U.S. Department of Education, Office of Educational Technology. (2023). Artificial Intelligence and the Future of Teaching and Learning: Insights and Recommendations. Washington, DC.
8) 최지현, & 김형주(2021). 우리나라 대학 AI 교양교육 설계를 위한 미국과 독일의 대학 AI 교양교육 현황 분석 연구. 인공지능인문학연구, 7, 109-146.

독일의 실험: '디지털 인문학'의 탄생

독일의 접근은 또 다른 지점에서 인상적이다. 독일은 AI 교육을 인문학의 영역 안으로 과감히 끌어들인다. 디지털 인문학(Digital Humanities, DH)은 인간의 사고, 해석, 이해 방식 자체가 기술에 의해 어떻게 변화하는지를 탐구한다.[9] 단순히 인문학을 디지털화한 것이 아니라, 디지털 시대에 인문학이 무엇이어야 하는지를 실험한다. 역사학자는 AI를 통해 방대한 사료를 분석하지만, 그 결과를 해석하는 주체는 여전히 인간이다. 문학에서의 AI는 텍스트를 데이터로 다루지만, 그 의미를 결정하지는 않는다. 독일의 AI 교육이 지속적으로 던지는 질문은 이것이다. "해석의 주체는 누구인가?" AI가 패턴을 찾아낼 수는 있지만, 그 패턴이 무엇을 의미하는지 판단하는 것은 인간의 책임이라는 점을 강조한다. 독일 교육에서는 이 책임을 회피하지 않도록 훈련한다. 기술을 이해하는 것만큼이나, 기술이 인간의 사고를 어떻게 바꾸는지를 성찰하는 과정을 중요하게 다룬다.

중국의 야심: 전 국민 AI 교육, 국가 주도 대규모 과제

반면 중국의 AI 교육은 성격이 분명히 다르다. 중국은 AI를 국가 핵심 경쟁력으로 설정하고, 교육을 그 전략의 기반으로 삼는다.[10] 초등학교부터 대학, 성인 교육에 이르기까지 AI 교육을 체계적으로 확산시키는 속도와 규모는 다른 나라들이 따라가기 어렵다. 이는 분명 강점이다. AI 기술 접근의 격차를 줄이고, 전 국민의 기술 활용 능력을 빠르게 끌어올린다. 그러나 이 과정에서 교육의 초점은 주로 '어떻게 효율적으로 사용할 것인가'에 맞춰진다. AI를 비판적으로 질문하는 시민이라기보다, AI를 잘 활용하는 인력을 양성하는 방향에 가깝다. 국가 수준의 표준화가 강한만큼, 다양성과 탐구의 여지는 상대적으로 좁아질 수 있다.

세 나라의 AI 교육은 서로 우열의 문제가 아니다. 각국의 역사, 정치, 사회적 맥락에 따라 다른 선택을 했을 뿐이다. 그러나 분명한 것은, 이 차이들이 AI 교육이 기술 문제가 아니라 가치 선택의 문제라는 사실을 보여준다는 점이다. 우리는 이 중 어떤 방향을 선택할지, 혹은 어떤 방식으로 조합할지 고민해야 하는 시점에 서 있다.

9) 김종대(2015). 독일의 디지털인문학 동향. 철학과 문화, 32, 55-76.
10) Ministry of Education(2025). China advances AI curriculum to cover full basic education. (언론 발표)

4. 휴머니티를 넘어
인간과 AI의 공진화(co-evolution) 관점으로

최근 AI 연구와 미래 사회 담론에서는 인간 중심을 넘어 '인간과 AI의 공진화(co-evolution)'라는 개념이 점점 핵심적인 관점으로 자리 잡고 있다.[11] 이는 AI를 단순히 인간이 사용하는 도구로 간주하는 기존의 사고를 넘어서는 접근이다. 공진화 관점에서 AI와 인간은 일방적인 관계가 아니다. AI 기술이 발전함에 따라 인간의 사고 방식, 의사결정 습관, 사회적 행동이 변화하고, 이러한 변화된 인간의 선택과 가치가 다시 AI의 설계 방향과 활용 방식을 규정한다. 이 상호작용 속에서 사회의 구조와 규범, 윤리 기준까지 함께 재구성된다.

이 관점에서 중요한 질문은 흔히 제기되는 "AI가 인간을 능가할 것인가?"가 아니다. 오히려 핵심 질문은 "인간과 AI는 어떤 역할 분담과 관계를 맺으며 공존할 것인가?"이다. 공진화의 관점은 경쟁이 아니라 역할의 분화를 전제로 한다. 계산과 예측, 반복적 판단에서는 AI의 강점을 인정하되, 의미 해석, 가치 판단, 책임과 공감의 영역에서는 인간의 역할이 대체될 수 없다는 점을 분명히 한다.

그리고 이 관계를 형성하는 가장 강력한 사회적 장치는 바로 교육이다. 교육은 기술을 사용하는 법을 가르치는 것을 넘어, 기술과 어떤 관계를 맺을지, 어떻게 균형을 이룰지를 결정하는 힘을 길러준다. 어떤 질문을 던지도록 가르치느냐에 따라 AI는 인간의 판단을 지우는 존재가 될 수도 있고, 인간의 사고를 확장하는 파트너가 될 수도 있다.

다시 강조하면 AI 교육은 단순한 기술 교육이 아니다. 그것은 AI 시대에 인간이 어떤 존재로 남을 것인가에 대한 교육이다. 인간과 AI, AI와 인간의 균형을 유지하려는 인식이 그 어느 때보다 중요하다.

5. AI 교육 : 인간과 AI의 균형을 가르쳐라

그렇다면 AI 시대의 교육은 무엇을 가장 먼저 가르쳐야 할까. 많은 경우 AI 교육은 새로운 기술이나 서비스 사용법을 익히는 데

---

11) Pedreschi et al.(2025). Human-AI coevolution. Artificial Intelligence, 339, Article 104244. https://doi.org/10.1016/j.artint.2024.104244

서 출발한다. 하지만 기술의 변화 속도를 생각해 보면, 이 접근이 얼마나 오래 유효할지는 분명하지 않다. 지금 학교에서 배우는 특정 AI 도구나 플랫폼이 몇 년 뒤에도 그대로 남아 있을 가능성은 오히려 낮다. 그렇기 때문에 교육은 기술 자체가 아니라, 기술이 아무리 바뀌어도 흔들리지 않아야 할 기준과 태도를 다뤄야한다. AI 교육의 핵심은 '무엇을 쓰는가'가 아니라 '어떻게 판단하고, 어떻게 책임지는가'에 있다. 이를 위해 반드시 짚고 넘어가야할 세 가지 기준이 있다.

인간의 판단 우선성

AI는 점점 더 정교한 분석과 판단을 제시한다. 때로는 인간보다 빠르고 정확해 보이기도 한다. 그러나 중요한 사실은 하나다. AI의 판단은 어디까지나 제안일 뿐이며, 최종 결정은 언제나 인간의 몫이라는 점이다. 문제는 사람들이 이 경계를 쉽게 넘는 데서 시작된다. AI가 추천한 결과를 깊이 따져보지 않은 채 그대로 받아들이고, "AI가 그렇게 말했다"는 말로 자신의 판단을 대신하려는 순간 인간은 사고를 멈추게 된다. 이는 단순한 편의의 문제가 아니라 책임의 문제다.

그래서 AI 교육에서 가장 먼저 던져야 할 질문은 복잡하지 않다. 학생들에게 반드시 묻게 해야 할 질문은 이것이다. "이 결정을 내가 책임지고 설명할 수 있는가?" 이 질문에 자신 있게 답할 수 없다면, 그 판단은 아직 스스로의 것이 아니다. AI가 제시한 결과를 이해하지 못한 채 사용하는 것은 지식이 아니라 의존에 가깝다. 인간의 판단 우선성은 윤리 수업 한두 시간으로 길러지지 않는다. 모든 교과, 모든 수업에서 반복적으로 경험되어야 하며, AI를 사용하는 모든 순간에 자연스럽게 떠올릴 수 있어야 한다. 교육은 학생들이 판단의 '주체'로 남을 수 있도록 끊임없이 훈련시켜야 한다.

효율보다 의미를 묻는 태도

AI의 가장 큰 강점은 효율성이다. 빠르고 정확하며, 많은 양의 일을 즉시 처리한다. 문제를 풀고 답을 찾고 오류를 줄이는 데 있어 AI는 인간보다 뛰어나다. 그러나 교육은 효율을 극대화하는 과정이 아니다. 학생이 문제를 빠르게 풀었다고 해서 배움이 일어났다고 단정할 수는 없다. 배움에는 시간이 필요하고, 이해하는 과정과 실패, 다시 생각해 보는 시간이 포함된다. 이 과정이 생략될 때 학습은 단순한 결과 소비로 전락한다.

이 점은 의료 분야에 비유하면 더욱 분명해진다. AI는 질병 진단에서 인간보다 오차가 적을 수 있다. 그러나 환자가 병을 이겨내는 과정에는 단순한 진단 이상의 것이 필요하다. 공감, 설명, 신뢰, 그리고 함께 견뎌 주는 돌봄이 있어야 한다. 교육도 마찬가지다. AI가 대신 문제를 풀어주고 답을 제시한다고 해서 학생의 배움이 완성되는 것은 아니다. 오히려 그 과정에서 무엇을 배웠는지, 왜 그렇게 생각했는지를 말할 수 있어야 학습이 된다. 그래서 교육은 학생들에게 계속해서 물어야 한다. "이 효율이 정말 우리가 원하는 배움인가?" 빠른 결과보다 중요한 것은 이해와 성장이라는 사실을 반복해서 확인시켜야 한다.

기술 중립성에 대한 환상 벗어나기

AI는 종종 객관적이고 중립적인 기술처럼 인식된다. 데이터에 근거하고 수학적 계산에 의해 작동하기 때문이다. 그러나 이는 매우 위험한 오해다. AI는 결코 중립적이지 않다. AI가 학습하는 데이터는 누군가가 선택한 것이고, 알고리즘은 특정 목적과 가치에 따라 설계된다. 그 과정에서 어떤 기준은 강조되고, 어떤 선택지는 배제된다. 기술의 결과에는 언제나 인간의 판단과 권력이 스며 있다.

그럼에도 우리는 AI의 결과를 '사실'이나 '정답'처럼 받아들이는 경향이 있다. AI가 추천한 결과에 놀라고 감탄하면서 그 이면을 묻지 않는다. 바로 이 지점에서 교육의 역할이 중요해진다. AI 교육은 결과를 사용하는 방법을 알려주는 데서 멈춰서는 안 된다. 누가 이 기술을 만들었는지, 왜 이런 방향으로 설계되었는지, 어떤 가정과 가치가 전제되었는지를 함께 질문해야 한다. 놀라움보다 이해가 먼저여야 한다.

이 세 가지 기준은 AI를 경계하거나 두려워하자는 이야기가 아니다. 오히려 AI의 잠재력을 더 깊이, 더 책임 있게 활용하기 위해 필요한 조건들이다. 공진화의 관점에서 보면 인간과 AI는 경쟁 관계가 아니다. 역할이 다를 뿐이다. 계산, 탐색, 예측과 같은 영역은 AI가 잘할 수 있다. 그러나 의미를 판단하고, 책임을 지며, 타인에게 공감하는 영역은 인간만이 수행할 수 있다.

그래서 교육이 가르쳐야 할 결론은 분명하다. 인간의 가치는 AI보다 못하는 데 있는 것이 아니라, AI가 원천적으로 할 수 없는 데 있다. 학생 스스로 이 질문을 자신의 학습과 삶에 적용해 보게 만드는 것, "나는 무엇을 판단할 것인가, 무엇에 책임질 것인가"를 고민하게 하는 것, 그것이 바로 AI 시대 교육이 반드시 해야 할 가장 중요한 역할이다.

6. 한국 교육 제언
: 인간을 지키는 교육으로의 전환

지금까지 살펴 본 AI와 인간, 인간과 AI에 대한 트렌드는 한 가지 공통된 메시지를 전한다. AI 교육의 본질은 기술 경쟁이 아니라, 어떤 인간을 길러낼 것인가에 대한 선택이라는 점이다. 그러나 한국의 현실은 여전히 기술 중심의 질문에 머물러 있다. 얼마나 빠르게 도입할 것인가, 어떤 플랫폼이 효율적인가, 어떤 기능을 익혀야 하는가에 초점이 맞춰져 있다. 생성형 AI의 허용 여부를 둘러싼 논의는 활발하지만, 그 기술을 통해 어떤 판단 능력과 가치를 기를 것인지는 충분히 논의되지 않고 있다.

이제 "AI를 금지할 것인가, 허용할 것인가"라는 질문은 의미를 잃었다. AI는 이미 학생들의 일상에 깊이 들어와 있다. 이제 교육이 답해야 할 질문은 분명하다. "우리는 학생들에게 AI를 어떻게 사용하라고 가르치고 있는가?" 만약 교육이 이 질문에 답하지 못한다면, 학생들은 가장 편리한 기준을 스스로 선택하게 될 것이다. 이는 개인의 학습 문제를 넘어 사회 전체의 판단력을 약화시키는 방향으로 이어질 수 있다.

이를 위해 한국의 AI 교육 정책은 기술 도입 선언을 넘어, 명확한 가치 기준을 제시해야 한다. AI 교육의 목표는 단순한 기술 숙련이 아니라 인간의 판단과 책임을 강화하는 데 있다는 점을 분명히 해야 한다. 이를 위해 교육과정 전반에 다음과 같은 질문이 명시적으로 스며들어야 한다. AI의 판단은 어디까지 신뢰할 수 있는가, 자동화된 결정의 책임은 누구에게 있는가, 효율이 인간의 가치를 침해하는 순간은 언제인가 등이다. 이 질문들은 특정 교과나 윤리 수업에 국한될 수 없다. AI 교육은 기술 과목의 문제가 아니라 교육 철학의 문제이기 때문이다.

AI는 계속 발전할 것이다. 그러나 그 속도가 교육의 기준이 될 수는 없다. 의미를 묻고, 책임을 지고, 공감하고, 옳고 그름을 고민하는 일은 여전히 인간의 영역이다. AI 시대 교육의 목표는 분명하다. AI보다 잘하는 인간이 아니라, AI가 대신할 수 없는 인간을 기르는 것. 한국 교육은 선택해야 한다. 기술을 따라가는 교육인가, 아니면 기술의 한가운데서도 인간을 지키는 교육인가.

지금 주목받는 역량은 무엇인가

: 학습자, 교사 역량의 재구성

김수환 (총신대학교 기독교교육과 교수)

1. 인재 역량의 세계적 변화
2. 초중등 학생들의 역량과 '교육받은 용기'
3. 교육자의 역량과 '교사 주도성(Agency)'
4. 나가며: 어울려 살아가는 역량 그리고 존재하는 역량

미래에 필요한 역량을 정의하려면 미래가 어떻게 변화할지 예측하고, 일과 직업의 변화상을 그릴 수 있어야 한다. 미래를 예측하는 보고서에 등장하는 모습은 AI로 자동화된 사회나 로봇과 공존하는 일상이다. AI로 인한 미래가 유토피아가 될지, 디스토피아가 될지는 쉽게 단정할 수 없다. 미래를 설명하는 공통적인 단어는 '불확실성'이기 때문이다. AI 기술은 사회의 변화를 가속화하고 있으며, 교육에도 지대한 영향을 미치고 있다.

　교육이 실현되는 현장은 교실이다. 미래 교실의 풍경 역시 AI와 공존하는 모습으로 예측되고 있다. AI가 기본이 되는 'AI 기본 사회'에서 교육의 모습은 어떻게 변화할지, 그 가운데 학생과 교사의 역할은 어떻게 달라질지, 그리고 교육이 추구하는 본질을 잃지 않으면서 AI와 공존하는 교육을 어떻게 만들어 갈지 살펴볼 필요가 있다. 이를 학생과 교사의 역할과 역량 변화의 측면에서 살펴보고자 한다.

1. 인재 역량의 세계적 변화

    AI 기술 발전으로 미래 인재의 역량이 재조정되는 가운데, 직무자의 역량 또한 재정의되고 있다. 세계적인 기업 인재 교류 사이트인 링크드인(LinkedIn)에서 발간한 〈일의 미래 보고서[1]〉(2023)에 따르면, 2015년 이후 직무에 필요한 능력이 약 25% 변화했으며 인공지능과 같은 급속한 기술 발전으로 인해 2030년에는 세계적으로 약 65%가 변화할 것으로 예상된다. 또한 2025

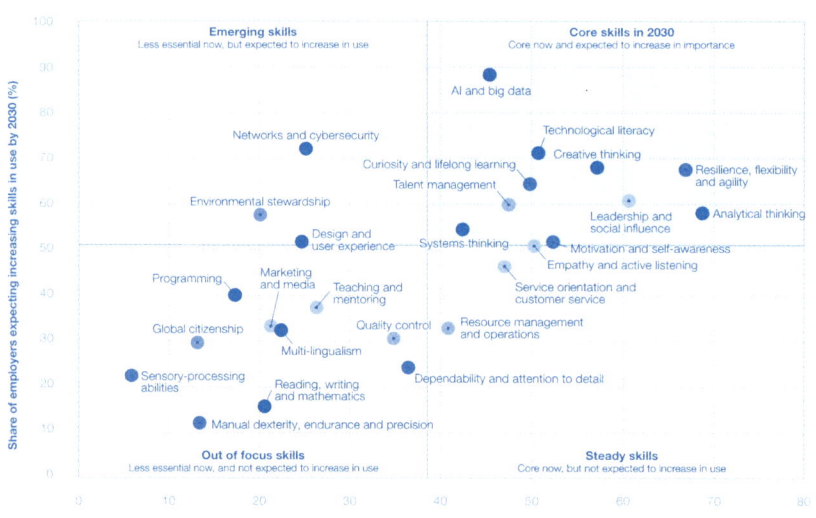

〔그림 1〕 2030년의 핵심 능력(역량)

년 세계경제포럼에서 발간한 〈직업의 미래 보고서[2]〉에 따르면, [그림 1]과 같이 미래에 필요한 능력(역량)을 구분하고 있다. 가로축은 2025년 고용주가 핵심 능력이라고 여기는 비율이고, 세로축은 2030년에 증가할 것으로 기대되는 능력의 비율이다. 그리고 각 영역의 의미는 〈표1〉과 같이 해석할 수 있다.

〈표 1〉 2030년의 핵심 능력의 세부 사항

사분면	의미	해당 능력
1	현재도 중요하고 2030년에는 더욱 수요가 증가할 능력	AI와 빅데이터, 창의적 사고, 분석적 사고, 회복성, 기술 리터러시, 유연성 및 민첩성, 호기심과 평생학습, 리더십과 사회적 영향력, 인재 관리
2	앞으로 수요가 증가할 떠오르는 능력	네트워크와 사이버 보안, 환경 관리 능력 등
3	현재도 덜 중요하고 앞으로도 그럴 가능성이 높은 능력	읽기·쓰기·셈하기, 다개국어 능력, 교육 및 멘토링, 글로벌 시민성, 프로그래밍 등
4	수요가 증가하지는 않지만 현재와 미래 모두 중요한 능력	동기부여와 자기인식, 공감과 적극적 경청, 자원 관리 및 운용 등

1) https://economicgraph.linkedin.com/research/future-of-work-report-ai
2) https://reports.weforum.org/docs/WEF_Future_of_Jobs_Report_2025.pdf

이와 유사하게 맥킨지 보고서에서도 2030년까지 유럽에서는 현재 근무 시간의 약 27%, 미국에서는 약 30%가 자동화될 수 있으며, 생성형 AI의 등장으로 이러한 변화가 더욱 가속화될 것으로 전망한다.[31] 맥킨지는 자동화가 확산되는 사회에서 공감, 리더십, 대인 관계 소통과 같은 인간 고유의 역량이 중요해진다고 강조한다. 나아가 앞으로 더욱 중요해질 능력으로 첨단 IT 능력, 기술 엔지니어링, 고급 데이터 분석력, 창의성을 제시하며, 기술적 능력뿐 아니라 혁신성과 적응력이 뛰어난 인재의 필요성을 역설한다.

이상의 보고서들은 직업군과 직무를 중심으로 미래에 요구되는 역량을 조사·분석하여 제시하고 있는데, 공통적으로 AI로 인해 일자리와 직무 방식이 변화하고 있으며, 직무가 자동화될수록 인간의 고유한 능력이 더욱 중요해질 것이라는 점을 강조한다. 맥킨지 보고서에서 제시한 '모든 사람에게 필요한 기본 능력' 역시 이러한 흐름과 유사하다.

1. 자동화 시스템과 지능형 기계가 수행할 수 있는 영역을 넘어 새로운 가치를 창출하는 능력
2. 디지털 환경에서 효과적으로 운영하고 협업할 수 있는 능력
3. 새로운 직업과 업무 방식에 지속적으로 적응할 수 있는 능력

2. 초중등 학생들의 역량과 '교육받은 용기'

지금까지 살펴본 세 가지 보고서는 모두 성인을 대상으로 한 역량을 제시하고 있지만, 초중등 교육의 목표가 스스로 성장하는 힘을 길러주고 자신의 재능을 발굴해 진로와 직업으로 연결하도록 돕는 데 있다면, 요구되는 역량 역시 상당 부분 유사하다고 볼 수 있다.

초중등 학생들에게 필요한 역량은 〈OECD 2030 미래교육 나침반〉 보고서에서 제시한 내용을 참조할 수 있다. 이 보고서에서 제시하는 변혁적 역량은 사회에 기여하고 보다 나은 미래를 만들어 가기 위한 역량으로, 예측–행동–성찰의 순환적 사이클을 통해 발현된다.

따라서 AI 시대에도 학생들에게 필요한 역량은 재능과 관련된 지식, 그 지식을 스스로 학습할 수 있는 능력, 그리고 그 지식을 자신의 삶과 타인의 삶에 긍정적인 영향을 미치도록 활용하려는 태도로 정리할 수 있다. 이를 세부적으로 정리하면 다음과 같다.

---

3) McKinsey report, "A New Future of Work: The Race to Deploy AI and Raise Skills in Europe and Beyond.

- 자신이 좋아하는 분야를 스스로 주도적으로 학습하는 역량
- 호기심을 바탕으로 창의적으로 탐구하고 학습하는 역량
- 데이터와 정보를 이해하고 비판적으로 평가·활용하는 역량
- 핵심 지식을 학습하고 문제 해결에 적용하는 역량
- 실패를 두려워하지 않고 끈기를 가지고 도전하는 역량
- 자신의 행동을 성찰하고 타인을 존중하며 소통·협력하는 역량
- 지식을 개인과 사회의 성장에 긍정적으로 사용하는 역량

인간과 AI의 가장 큰 차이점은 내적 동기에 기반한 행동과 자율성, 그리고 자신의 말과 행동을 성찰·평가하고 의미를 부여하며 책임지는 능력에 있다. 현재의 AI는 IPO(Input-Process-Output) 체계로 작동하며, 인간의 질문이나 지시가 입력되어야 결과를 산출한다. 스스로 내적 동기에 따라 목적을 설정하고 작동하지는 않는다. 따라서 학생들이 스스로 하고 싶은 일을 찾고 배울 수 있는 동기를 발현하는 것이야말로 가장 중요한 역량이 될 것이다. 여기에 자신이 소중하게 여기는 목적과 가치를 부여할 수 있다면 더욱 의미가 있다.

또한 자신의 말과 행동을 성찰하고 책임지는 일은 AI가 수행할 수 없는 영역이다. AI는 학습된 판단 기준이나 확률에 따라 산

<표 2> OECD 학습 나침반의 변혁적 역량(김아미, 2019)[4]

변혁적 역량	내용	능력 및 태도
새로운 가치 만들기	더 나은 삶을 만들기 위해 혁신적 사고와 행동을 함. 새로운 지식, 아이디어, 전략, 해결책을 고안하여 신구 문제해결을 위해 적용 가능	창의성, 비판적 사고
긴장과 딜레마 해소하기	상충하는 아이디어나 입장의 연관성을 이해하고, 자신의 행동이 가져올 단·장기적 결과를 고려함.	공감 능력(Empa-thy), 존중하는 태도(Respect)
책임감 가지기	개인적·윤리적·사회적 목표를 고려하며 자신의 행동을 성찰하고 평가함.	성찰, 협동, 지구를 존중

출한 결과를 제시할 수는 있지만, 그 결과에 대한 책임을 지지는 않는다. 결국 책임은 AI를 사용하는 사용자나 개발자, 운영자에게 사회적 규약과 법률을 통해 부여된다. 근본적으로 인간에게는 상식과 윤리가 있어 자신의 행동에 책임지려는 태도를 지니지만, AI는 양심이 없다는 점에서 분명한 차이가 존재한다.

4) 김아미. (2019). OECD 학습 나침반 2030: 변혁적 역량과 민주시민교육의 접점. 경기도교육연구원.

그렇다면 AI 시대에도 이전 교육의 목적과 크게 다르지 않은 역량이 필요하다는 의미일까 하는 의문이 제기된다. 앞서 제시한 미래 학습자 역량은 스스로의 의지와 주체성, 자율성, 책임감을 기반으로 하고 있으며, 이는 'AI 기술을 올바르게 사용하고 실천하는 주도적인 학습자(Student agency)'로 성장하는 토대가 된다. 결국 AI라는 강력하면서도 책임이 요구되는 도구를 올바르게 이해하고 활용하는 능력과 결합할 때, [그림 2]와 같이 학습자 역량을 재정의할 수 있다[5].

유네스코 AI 리터러시 프레임워크에서는 미래 학생들에게 필요한 AI 역량을 AI 활용 역량, AI 창작 역량, AI 관리 역량, AI 설계 역량으로 제시하고 있다.[6] 이를 필자가 제시한 학습자 역량의 관점에서 풀어보면, AI를 활용해 자기주도적으로 학습하는 역량, AI를 활용해 문제를 해결하는 역량, AI를 활용해 창의적으로 탐구하는 역량, AI를 개인과 사회의 성장에 기여하도록 설계하는 역량 등으로 설명할 수 있다.

AI 시대에는 무엇보다 학생들이 인간의 주체성을 잃지 않고 주

---

5) 디지털 시대의 문제해결력은 컴퓨팅 사고(CT 1.0)를 기반으로 하는데, AI 문제해결력(CT 2.0)으로 확장되고 있다.
6) OECD (2025a). Empowering learners for the age of AI: An AI literacy framework for primary and secondary education (Review draft). OECD. Paris. https://ailiteracyframework.org

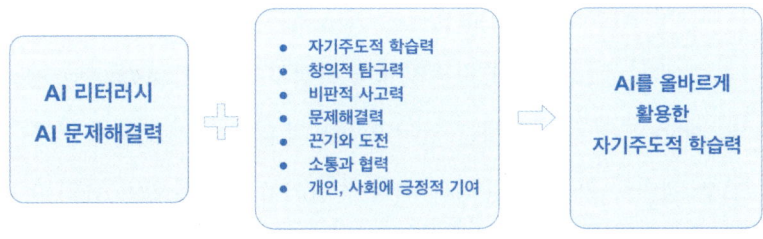

〔그림 2〕 AI 시대에 필요한 학습자 역량

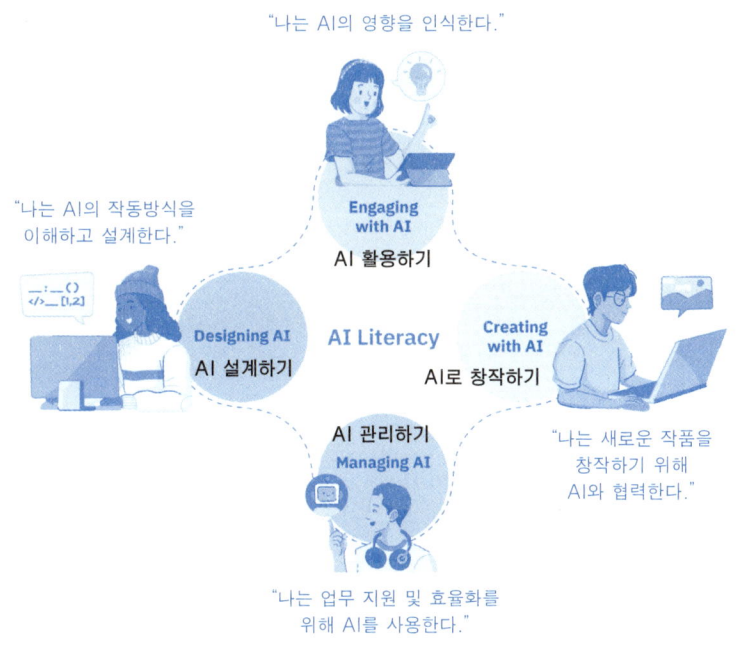

〔그림 3〕 AILit 프레임 워크

(출처: OECD, 2025a)

도적으로 AI를 활용할 수 있도록 교육해야 한다. AI와 비교하거나 주객이 전도되어 AI의 결정에 무작정 따르거나, AI를 인간을 평가하는 도구로 사용하는 일이 발생하지 않도록 가르쳐야 한다. AI를 제대로 활용할 수 있는 역량을 길러야만 다가오는 AI의 파도에 대비할 수 있다.

살만 칸은 생성형 AI를 제대로 활용하기 위해서는 창의성과 함께 용기가 필요하다고 말하며, 이를 '교육받은 용기(Educated bravery)'라고 표현한다. 교육받은 용기란 급격한 기술 발전 앞에서 자연스럽게 느끼는 합리적 두려움을 인정하고, 그 기술이 가져올 도전과 잠재력을 이해하는 과정에서 형성되는 용기를 의미한다.[7]

3. 교육자의 역량과 '교사 주도성(Agency)'

AI 기술의 발전은 학생에게뿐만 아니라 교사에게도 지대한 영향을 주고 있다. AI 시대에 필요한 학습자의 역량이 주체성, 주도성, 책임감이라면, 교육자의 역량 역시 이와 크게 다르지 않다. AI에 대한 기본적인 리터러시와 문제해결력을 바탕으로, AI

를 주도적으로 교육에 활용할 수 있는 역량이 요구된다. 〈OECD Teaching Compass〉[8] 에서 제시한 '교육자 나침반' 역시 이 변화를 반영하고 있다. 이 보고서에서 특히 주목할 부분은 교사 주도성(Teacher agency)이다.

[그림 4]에서 제시하듯 교사 주도성은 개인 주도성, 협력 주도성, 공동 주도성의 세 가지로 설명된다. 이 가운데 공동 주도성은 교사와 학생, 동료 교사, 학교 지도자와 직원, 학부모, 나아가 새로운 AI 에이전트와 같은 다양한 행위자 간의 상호작용 속에서 형성되는 주도성을 의미한다. 이는 복잡한 학습 생태계 속에서 다양한 대상들과 상호작용하는 교사의 역할이 더욱 중요해지고 있음을 보여준다. 특히 이 개념은 교사와 AI 간의 공존과 협력 가능성을 전제로 하며, 교육 환경의 변화를 예측하고 있다는 점에서 의미가 크다.

보고서는 디지털·AI 교실 환경에서의 상호작용을 [그림 5]와 같이 설명하는데, 교사와 학생 모두가 AI와 함께 상호작용하는 모습을 보여준다. 그림의 양방향 화살표는 상호작용의 대상이 인

7) 살만 칸.(2025). 나는 AI와 공부한다. 박세연 역, 서울, (주)알에이치코리아
8) OECD (2025b), "OECD Teaching Compass: Reimagining teachers as agents of curriculum changes", OECD Education Policy Perspectives, No. 123, OECD Publishing, Paris, https://doi.org/10.1787/8297a24a-en.

간에 국한되지 않고, AI 보조교사, AI 튜터, AI 동료 학습자까지 확장될 수 있음을 나타낸다. 이러한 환경에서 교사의 역할은 '복잡성을 조율하고, AI 도구를 언제 어떻게 통합할지, AI가 생성한 데이터를 어떻게 해석할지, 그리고 이러한 기술적 도구 속에서도 학생들과 필수적인 인간적 관계를 어떻게 유지할지를 결정하는 것'이다.[9]

학생들 역시 이러한 학습 환경에서 다양한 학습 관계를 이해하고 상호작용해야 한다. 이를 위해 동료와의 협력이 언제 필요한지, AI 지원을 언제 어떻게 활용할지, 여러 출처에서 제공되는 피드백을 어떻게 종합할지를 판단할 수 있어야 한다. 이때 요구되는 역량이 앞서 살펴본 AI를 활용한 자기주도적 학습 역량, 창의적 탐구 역량, 비판적 사고 역량이다.

OECD 보고서는 Learning Compass에서 제시한 학습자 역량과 동일한 프레임을 적용해, 교사의 역량을 지식, 기능, 태도 및 가치로 제시한다. 이 가운데 AI와 관련해 교사에게 요구되는 지식을 정리하면 다음과 같다.[10]

9) 앞의 보고서, 18쪽.
10) 앞의 책, 25-29쪽.

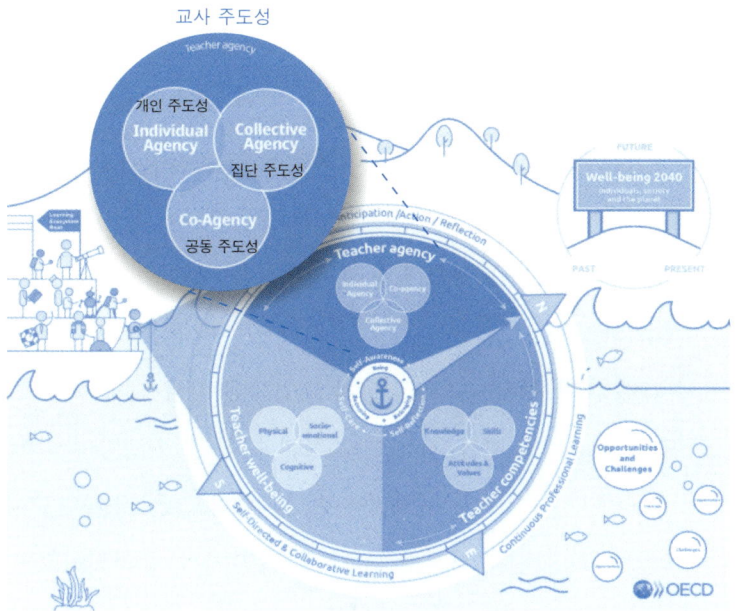

〔그림 4〕 Teaching Compass와 Teacher agency

(출처: OECD, 2025b)

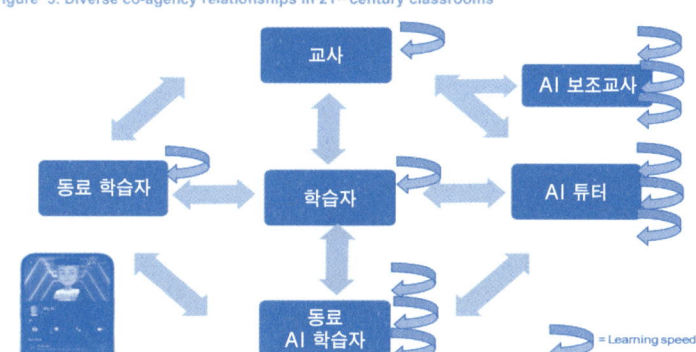

Figure 3. Diverse co-agency relationships in 21st century classrooms

〔그림 5〕 21세기 교실의 다양한 공동 주도성 관계도

(출처: OECD, 2025b)

- 교육 데이터와 연구에 대한 지식: 근거 기반 실천은 교사가 수업을 맞춤형으로 설계하고 지속적으로 개선하도록 돕는다. 여기에는 학생 데이터를 해석하고, 연구에 참여하며, 학습 분석과 같은 도구를 활용해 형평성을 지원하는 역량이 포함된다.
- AI에 대한 지식: AI가 교실에 도입됨에 따라 교사는 AI 도구와 시스템의 작동 원리, 가능성과 위험성, 수업과 학습 향상에의 활용 방안을 이해해야 한다. AI와 같은 기술이 교사의 역할과 학생의 기대를 재편하는 상황에서, 윤리적이고 비판적인 활용을 위해서는 충분한 훈련과 지원이 필요하다.

AI 시대, 교육에 찾아온 기회와 도전은 단순히 AI 기술을 잘 활용하는 문제에만 국한되지 않는다. 지금까지 살펴본 역량들은 AI를 교육에 올바르고 적합하게 활용하기 위한 것이지만, 그 근간에는 교육의 기본 목적이 놓여 있어야 한다. OECD 보고서는 이를 '닻(Anchor)'에 비유하며, 그 닻이 존재(진정한 자기 인식), 소속(상호 지원적인 관계), 성장(지속적인 발전과 변화)에 단단히 박혀 있어야 한다고 강조한다. AI의 홍수 속에서 길을 잃을 때, 자신이 사용하는 AI가 이 세 가지를 지지하고 있는지를 점검해 볼 필요가 있다.

이러한 관점은 컴퓨터 교육자 미첼 레스닉이 《평생 유치원》에서 제시한 주장과도 맞닿아 있다. AI 시대에도 변하지 않는 교사의 본질은 촉매자, 컨설턴트, 연결자, 협력자라는 점이다.[11]

- 촉매자: 배움을 가속화하는 불씨를 제공하는 역할
- 컨설턴트: '무대 위의 현자'가 아니라 '곁에 있는 안내자'
- 연결자: 학생들이 필요로 하는 다양한 지원을 연결하는 역할
- 협력자: 교사 역시 자신의 프로젝트를 수행하며, 그 과정에 학습자들을 참여시키는 동반자

4. 나가며: 어울려 살아가는 역량 그리고 존재하는 역량

AI 시대는 AI 기술이 지적인 작업을 자동화하는 시기가 될 것이다. AI 기술이 범람할수록 교육은 오히려 그 본질에 닻을 내려야 한다. 이러한 문제의식은 유네스코 〈2050 미래교육 보고서〉의 기반이 된 '포르 보고서'에도 나타나 있다.[12] 이 보고서에서는 미

---

11) 미첼 레스닉. (2018). 평생유치원. 최두환 역. 다산 사이언스.

래의 아이들을 위해 '알기 위한 학습, 일하기 위한 학습, 함께 살기 위한 학습, 존재하기 위한 학습'이 중요하다고 주장한다. AI 시대에도 아이들이 함께 어울려 살아갈 수 있는 역량, 그리고 존재하는 역량은 교육에서 기본으로 다루어져야 한다. 그 위에 AI 리터러시와 문제해결력을 더할 때, AI를 올바르게 이해하고 활용할 수 있는 역량이 비로소 균형 있게 형성될 수 있을 것이다.

---

12) 포르 보고서는 유네스코가 결성한 국제교육발전위원회가 1972년에 발간한 보고서로, 당시 위원장을 맡았던 전 프랑스 총리 에드가르 포르(Faure)의 이름을 따 명명되었다. 이 보고서는 1970년대 국제 교육 동향을 분석하며 미래 교육에 대한 전망과 함께 '평생학습'과 '학습사회'의 개념을 제시했다. 〈Learning to be: Rhe World of Education Today and Tomorrow〉 https://unesco.or.kr/존재하기-위한-학습-교육-세계의-오늘과-내일

학교 커뮤니케이션이 재설계 Re-design 되고 있다

: 리더의 의사결정 방식부터 교권 보호까지

정성윤 (에듀리프트(주) 부대표, 전 대구중앙중학교 교장)

1. AI 혁신의 사각지대: 교실 밖 학교 커뮤니케이션
2. '도구'에서 '에이전트'로: 교사 업무 방식의 근본적 변화
3. AI 혁신의 전제 조건: 클라우드 기반의 협업 문화 구축
4. 데이터 기반 의사결정과 교권 보호는 이어져 있다
5. 리더를 위한 제언: '지능형 학교' 로드맵

1. AI 혁신의 사각지대: 교실 밖 학교 커뮤니케이션

2026년 예고된 교육부의 '모두를 위한 AI 인재 양성 방안' 도입과 함께, 한국 공교육 현장은 'AX(AI Transformation, AI 대전환)'라는 거대한 파고의 중심에 서 있다. 그간 교육 관계자들의 시선은 AI 디지털교과서 도입 등 '교실 안'의 변화, 즉 AI가 교사의 수업과 학생들의 학력을 어떻게 바꿀 것인가에 집중되어 왔다. 그러나 2022년 11월 챗GPT(ChatGPT)의 출현 이후 4년이 지난 현재, 유료 구독자 수 세계 2위를 기록할 정도로 AI 사용자 수가 급격히 증가했음에도 불구하고, 학교는 여전히 나이스(NEIS)에 갇힌 채 AI를 교육과정이나 학교 시스템에서 어떤 데이터로, 어떻게 의사결정과 연계해야 할지에 대해 정책과 제도 차원에서 모호한 상태에 머물러 있다.

앞으로 국가 발전을 책임질 AI 역량을 갖춘 미래 세대를 길러내는 것이 학교의 본연의 기능이라고 본다면, 그 어떤 기관보다도 AI 혁신이 시급한 곳은 바로 학교다. 그리고 그 학교 안에서도 이제는 교실 안을 넘어 교실 밖, 즉 '학교 경영'과 '행정 업무' 영역에서의 인공지능 전환(AX)을 위한 구체적인 접근, 시스템, 정책이 절실히 요구된다.

실제로 우리는 교사들이 수업 연구와 학생 피드백보다 반복적이고 관행적인 행정 업무, 비효율적인 의사소통 구조 속에서 소진과 무기력에 빠지는 현실을 매일 목도하고 있다. 학교 현장의 리더인 교장과 교감 역시 교육청에서 쏟아지는 보고와 협의, 수많은 회의와 현안 대응이라는 '낙하식 업무 전달'과 '재래적 커뮤니케이션'의 굴레에서 자유롭지 못하다. 여기에 진화하는 스쿨 리더십에 대한 점진적인 이해와 교감이 충분하지 않은 상태에서, 무조건적인 수요자 중심의 소통적 리더십이 강제되다 보니, 관리자라는 구식 명칭만 남은 채 변혁적 학교 리더로서의 구체적인 역할이나 대응 방식은 여전히 낯설거나 미숙한 경우가 적지 않다.

이 글은 이러한 문제 인식과 해결의 요구로부터 출발한다. AI 시대의 스쿨 리더십은 AI를 통해 새로운 수업 방식을 논하거나 업무 편익을 높이는 차원을 넘어, 컴퓨터에 비유하자면 '학교'라는 조직의 '운영체제(OS)' 자체를 잠시 리셋(reset)하고 업데이트(update)해야 할 필요성을 제기한다. 다시 말해, 'AI 기술을 활용한 데이터 중심의 의사결정 시스템'을 기반으로 교사 업무, 학교 경영, 의사결정 과정에서의 교내 의사소통 구조를 근본적으로 '재설계(Re-design)'하는 데 그 핵심이 있다.

우리는 이제 'AI 전환(AX)'이라는 시대정신 앞에서 새로운 지식의 유입이나 관점 공유만으로는 충분하지 않다. 지금도 쏟아지고 있는 전 세계 주요 AI 기업들의 AI 에이전트(Agent) 도구와 기능, 그리고 클라우드 기반 협업 시스템을 교사들이 실제로 어떻게 운용하고 경험하는가에 따라 업무 경감과 소통 방식은 크게 달라질 수 있다. 더 나아가 데이터 기반 의사결정을 얼마나 주체

학교 커뮤니케이션 패러다임의 변화 예상 (기존 vs 2026 이후)

영역	기존 커뮤니케이션	새로운 커뮤니케이션 (2026년 이후)
행정 업무	오프라인 수동 문서 중심, 기계적·반복적 입력 업무	클라우드 중심, AI 에이전트 기반의 상황 인식 자동 생성
정보 공유	수직화(Silo)된 정보, 단편적·비정형적 인수인계	클라우드 저장, 노트북LM(다크 데이터) 활용, 중앙화된 AI 지식 베이스
의사 결정	직관·경험 의존, 단선적 위계 결재	데이터 기반(Data-driven), 증거 기반, 수직·수평 협업, 개인의 목소리 반영
학부모 소통	전화·문자 중심, 종이 가정통신문, 감정 노동	AI 생성·필터링, 시스템적 대응, 녹음·기록화, 증거 중심 민원 처리
갈등 해결	주관적 진술 대립, 감정적 분쟁	AI 분석, 객관적 데이터 로그(ODR) 기반
학생 평가	결과 중심의 정량적 성적 처리, 부족한 피드백, 종이 기반 총괄평가	정성·정량 균형의 하이브리드 평가, 즉각적·개별화 피드백, AI 성과 분석 기반 교사의 전문적 판단

적으로 판단하고 실행할 수 있는지에 따라, '교권 강화와 보호'라는 현안 문제 역시 실질적인 대안과 해결책을 마련할 수 있다. 이에 이 글에서는 실제 사례와 개인적 경험을 바탕으로 스쿨 리더들에게 몇 가지 제언을 드리고자 한다.

2. '도구'에서 '에이전트'로
: 교사 업무 방식의 근본적 변화

지금까지 교사들은 클로드(Claude), 챗GPT(ChatGPT), 구글 제미나이(Google Gemini)와 같은 빅테크 기업의 생성형 AI를 주로 '보조 도구'로 활용해 왔다. 가정통신문이나 공문 초안을 작성하고, 자료를 요약하거나 아이디어를 얻는 수준이다. 그러나 이러한 활용만으로는 교사 업무 시간을 획기적으로 줄이기에는 턱없이 부족하다.

예를 들어 교육청에서 '청소년 킥보드 사용 실태 조사 및 보고' 공문을 받았다고 가정해 보자. 먼저 공문을 분류해 담당 부장에게 지정하는 교감의 역할이 필요하다. 부장교사는 다시 담임교사들에게 업무를 배분하고, 담임교사는 가정통신문 발송, 종이 설문이나 온라인 설문(구글·네이버 설문 등) 실시, 응답 수합 과정을 거친다. 이 과정에서 학생과 학부모의 각종 문의 전화에 응대해야 하고, 수합이 끝나면 교육청 보고 서식에 맞춰 엑셀 수식을 조정하거나 한글(HWP) 보고서를 작성해 회의까지 진행한다. 이후 나이스(NEIS)에 상신하고 결재를 요청한 뒤 최종 발송을 누르면 업무가 마무리된다. 이 모든 과정은 결코 하루이틀 만에 끝나지 않는다.

문제는 이러한 공문이 하루에도 수십 건씩 학교로 수신된다는 점이다. 더 심각한 것은 나이스(NEIS) 시스템에 맞추기 위해 한글(HWP)이나 엑셀(Excel)과 같은 오프라인 도구를 병행해야 하며, 여러 도구를 일일이 연결해 업무를 처리해야 한다는 구조적 비효율성이다. 일반 기업이라면 선택한 클라우드 시스템 안에서 온라인 문서로 원스톱 처리가 가능하다. 이는 단순한 업무 소통의 차이를 넘어, 의사결정 구조 자체가 훨씬 간결하고 직관적으로 작동함을 의미한다.

그렇다면 학교는 어디에 집중해야 할 것인가. 국제학교처럼 인사나 예산을 자율적으로 운영할 수 있는 스쿨 거버넌스가 아니라면, 현실적으로 교육부나 교육청으로부터 공문을 완전히 없애기는 어렵다. 공문 수를 줄일 수는 있겠지만, 필요한 공문은 여전히 수발해야 한다. 그렇다면 교육부와 교육청은 학교가 이를 어떻게 효율적으로 처리할 수 있을지에 대해, 운용 시스템을 업데이트할 책무를 함께 져야 한다.

이를 위해서는 교사가 직접 명령하고 결과를 검토해 최종 산출물을 완성하는 '수동적 활용' 단계를 넘어, 클라우드 기반 문서 통합과 'AI 에이전트'를 활용할 수 있도록 시스템과 지원 체계를 구축해 제공하는 것이 필수적이다. AI 에이전트는 단순한 도구가 아니라, 특정 목적을 가지고 자율적으로 작업을 수행하는 '가상 비서'에 가깝다. 이미 다수의 기업들은 자사의 정보와 지식 자산을 기반으로 업무 효율을 높이기 위해 AI 에이전트 개발을 서두르고 있다.

물론 가장 바람직한 대안은 정부가 소버린(주권적) AI를 공급하는 것이겠지만, 현실적으로는 개발 기간과 과정을 예단하기 어렵다. 따라서 당분간은 학교가 챗지피티나 구글 제미나이와 같은 빅테크 기업의 AI 시스템과 클라우드를 전략적으로 연계하고, 보안을 강화해 교사들이 업무 환경과 교수·학습 개발에 보다 편리하게 활용할 수 있는 과도기적 장치가 필요하다.

이러한 시대적 요구에 부응해 국내에서는 테크빌교육의 '마이클(MyClas)'과 같이 교사의 업무 맥락을 분석하고 챗GPT·제미나이·클로드와 연동 가능한 학교 맞춤형 특화 서비스를 제공하는 '학교 전용 AI 에이전트'가 등장하고 있다. 또한 여러 교육청 단위에서도 이와 연계된 자체 AI 에이전트 개발이 빠르게 진행되고 있다.

학교 커뮤니케이션 패러다임의 변화 예상 (기존 vs 2026 이후)

구분	범용 LLM (챗GPT 등)	학교 맞춤형 특화 에이전트 (마이클 등)
데이터 이해	일반적인 인터넷 텍스트 데이터 학습	학교생활기록부 기재요령, 교육청 지침, 교무 행정 매뉴얼 학습
출력 형식	텍스트, 마크다운, 코드	HWP(한글) 파일 자동 생성 및 편집, NEIS 양식 최적화
작동 방식	프롬프트에 대한 수동적 응답	MCP 기반의 능동적 맥락 파악 및 도구 제어
주요 기능	정보 검색, 초안 작성	가정통신문, 상담록, 회의록, 평가계획서 등 완결형 문서 제작

2025년 12월 기준, 필자가 사용해 본 AI 에이전트 '마이클'은 "지난주 학부모 총회 회의록을 요약하고, 만족도 조사 결과를 분석해 가정통신문 초안을 작성해 줘. 그리고 관련 학교 규정 3-1항을 참조해 현장체험학습 안전 계획을 포함해 줘."와 같은 복합적인 명령을 수행할 수 있었다. 더 나아가 교수·학습 설계 과정에서 성취 기준 설정을 위한 루브릭 생성 등 교육과정 디자인까지 지원한다는 점에서 인상적이었다. 이는 교사가 정보 검색과 취합, 초안 작성에 들이던 잡무 시간을 획기적으로 줄여 주고, 본

질적인 업무인 '교육과정 설계'와 '학생 성장 발달을 위한 피드백과 형성평가'에 더 많은 시간과 에너지를 투입할 수 있도록 돕는다는 의미다.

3. AI 혁신의 전제 조건 : 클라우드 기반의 협업 문화 구축

그러나 이러한 AI 에이전트가 학교 현장에 성공적으로 안착하기 위해서는 반드시 선행되어야 할 조건이 있다. 바로 '학교 데이터의 디지털화와 표준화'다. AI는 결국 데이터를 기반으로 작동한다. 만약 학교의 모든 자료가 교사 개인의 USB나 아날로그 문서(HWP) 형태로 파편화되어 있다면, AI 에이전트는 작동할 '연료'가 없는 자동차와 다르지 않다.

필자가 IB MYP 프로그램 코디네이터이자 교장으로 재직하던 시절, 가장 먼저 추진했던 과제는 '구글 클라우드(Google Workspace)' 기반의 전 교직원 협업 시스템 구축이었다. IB 교육과정(MYP)은 교과 간 융합과 단원 계획(Unit Plan)의 공동 설계, 과정 중심 평가의 체계적 관리가 핵심이다. 이를 위해 모든 교과협의회 자료, 교육과정 설계안, 평가 루브릭, 회의록을 클라우드 상에서 공동으로 작업하고 공유하도록 표준화했다.

초기에는 익숙한 한글(HWP) 대신 구글 독스(Docs)와 시트(Sheets)를 사용하는 데 대한 저항도 있었다. 그러나 실시간 공동 편집, 즉각적인 피드백, 명확한 버전 관리의 편리함을 체감하면서 학교의 '소통 문화'는 점차 변화하기 시작했다. 교사들은 더 이상 자료 취합을 위해 불필요한 시간을 낭비하지 않게 되었고, 코디네이터와 교장뿐 아니라 각 교과군의 리더 교사 역시 교육과정 진행 상황을 정량·정성적으로 파악하고 적시에 피드백을 제공할 수 있는 교수·업무 환경을 경험하게 되었다.

이러한 '클라우드 기반의 공유·협업 체계'는 온라인 전환을 통해 오프라인 업무 시간을 절감하는 효과를 가져왔을 뿐만 아니라, 더 중요하게는 AI 시대를 대비한 디지털 토대(Digital Foundation)를 구축했다는 점에서 큰 의미가 있었다.

현재는 학교를 떠난 상태라 이후의 구체적 운영 양상까지는 알기 어렵지만, 당시와 유사한 경험을 공유한 여러 학교들에서는 공통된 이야기를 전한다. 학교 차원의 디지털 데이터 아카이브가 이미 형성되어 있었기 때문에, 최근에는 구글 제미나이나 노트북 LM(NotebookLM)과 같은 AI 도구를 활용해 학교 클라우드에 축적된 문서를 연계·학습시키며 업무 효율성을 극대화하고 있다는 것이다.

예컨대 "작년 2학년 수학 단원 계획의 핵심 성취 기준과 평가 방식은 무엇이었지?"라는 질문에 즉각적인 답변을 받을 수 있다. 또 "3학년 학부모 회의가 다음 달 14일 오후 5시에 대강당에서 열려. 캘린더에 등록해 줘. 참석자는 교과부장들이야."라고 스마트폰에 말하면 학교 공유 캘린더에 자동으로 일정이 등록된다. 이어서 "해당 일정에 맞춰 참석 학부모 대상 설문지를 만들어 줘. 1회 응답 설문이고, 마감 기한은 다음 주 수요일, 누구나 응답 가능하도록 설정해 줘."라고 하면, 캘린더와 연동된 설문지가 생성되고 안내 메일 발송까지 자동으로 이루어진다.

이처럼 최근 몇 년 사이, 업무 전달과 처리 방식은 점점 사람의 손을 떠나 AI 자동화로 자연스럽게 전환되고 있다. 이러한 AI 에이전트를 본격적으로 도입하기 전에, 스쿨 리더는 먼저 우리 학교의 정보와 소통 구조가 '클라우드라는 표준화된 그릇' 안에 담겨 있는지부터 점검해야 한다.

현재 17개 시도교육청에서는 구글, 마이크로소프트, 애플 등 주요 빅테크 플랫폼 접근을 허용하고 계정도 제공하고 있다. 챗GPT, 제미나이, 클로드와 같은 생성형 AI 서비스 역시 회계·인사·성적 등 일부 보안 영역을 제외하면 상당 부분 활용이 가능한 상황이다. 향후 규제가 보다 합리적으로 완화된다면, 교사들은 지금보다 훨씬 적극적인 AI 활용 경험을 축적할 수 있을 것이다.

4. 데이터 기반 의사결정과 교권 보호는 이어져 있다

이러한 클라우드 AI 시스템의 연결로 일어나는 학교 커뮤니케이션의 변화는 교사 업무를 넘어 '스쿨 리더십'의 의사결정 방식까지 확장된다. 그리고 이 지점에서 우리는 '교권 보호'라는 중대한 현안의 해결 실마리를 찾을 수 있다.

전통적으로 학교장의 의사결정은 '경험'과 '직관'에 의존하는 경우가 많았다. 하지만 복잡다단한 현대 사회의 학교 문제는 더 이상 리더 개인의 감(感)만으로는 해결하기 어렵다. 특히 학부모 민원이나 학생 간 갈등 사안에 있어 '객관적 근거'의 부재는 교사의 전문적 권위를 쉽게 무너뜨리는 요인이 된다.

데이터 기반의 AI 활용 의사결정 방식은 이 문제를 정면으로 돌파할 수 있다. 예를 들어, 한 학부모가 "우리 아이가 특정 교사에게 성적에 관한 불이익을 받고 있다"는 민원을 제기했다고 가정해 보자.

아날로그 방식의 대응

교장 · 교감은 해당 교사와 학생을 면담한다. 교사는 자신의 전문성과 공정성을 '주장'해야 하고, 학부모는 '감정'을 호소한다. 리더는 양측의 주장을 중재하며 학업성적관리위원회 등 사소한 성적 민원에도 복잡한 절차를 이행해야 한다. 이 과정에서 교사의 교권은 사각지대에 놓이게 되며, 때로는 심각하게 훼손된다.

데이터 기반 방식의 대응

학교장과 교감, 그리고 코디네이터 등 스쿨 리더는 클라우드 기반의 학급경영 시스템이나 구글 클래스룸과 같은 학습관리시스템(LMS)에 누적된 데이터를 확인한다. 그리고 민원을 제기한 학생이나 학부모에게 다음과 같이 안내할 수 있다.

"○○○ 선생님께서 입력하신 학생의 수행평가 과정에서 형성평가 과제 제출 이력, 총괄평가의 채점 루브릭에 근거한 점수, 이와 관련된 총 5회 이상의 피드백 코멘트 내용, 그리고 학생과 학부모님께 발송된 2회의 상담 기록이 시스템에 객관적으로 남아 있습니다. 또한 홈페이지에 게시된 '학교 평가 정책' 가항 2번 조항과 관련하여, 교사는 이미 학생과 학부모님께 수차례 게시판과 학교 공지를 통해 안내하였고, 동일한 내용을 학생이 LMS를 통해 여러 차례 확인하였다는 전자 기록도 남아 있습니다. 따라서 현재 제기하신 민원과 관련하여 해당 교사가 저지른 오류나 잘못은 없는 것으로 판단됩니다. 추가 확인이 필요하신 경우 언제든지 연락 주시면 자세히 안내 드리겠습니다. 감사합니다."

이 데이터 기반 방식의 대응 과정은 실제로 필자가 코디네이터로 근무할 당시 응대했던 사례이다. 당시 민원을 제기한 학부모는 이 답변을 확인한 뒤 오히려 사과의 뜻을 전했다. 데이터에 근거한 진술과 의사결정에 대해 신뢰를 보인 것이다. 이는 병이 발생한 이후에 대응하는 것보다, 건강검진을 통해 확보한 데이터를 바탕으로 미리 조치하는 예방의학적 접근이 더 큰 문제를 막아주는 것과 같은 이치다.

이처럼 '데이터'라는 객관적 사실은 감정적 소모전과 주관적 공방을 차단하는 가장 강력한 방패가 된다. AI는 이러한 데이터를 분석해 학생의 성취도 변화 추이나 특정 행동의 빈도와 맥락을 시각화하여 리더에게 제공할 수 있다. 리더는 더 이상 단순한 '중재자'가 아니라, '데이터에 근거한 전문가'로서 학부모와 소통하게 된다. 이는 시스템과 데이터를 통해 교사를 부당한 공격으로부터 보호하고, 학교의 교육적 판단에 대한 신뢰를 회복시키는 가장 실질적이고 강력한 '교권 보호' 장치가 될 수 있다.

5. 리더를 위한 제언 : '지능형 학교' 로드맵

AI 대전환(AX)의 시대, 요체는 기술 도입 자체가 아닌 기술을 운용하는 리더의 '조직 철학과 실행의 변화'에 있다. 우리는 흔히 'AI 클라우드 플랫폼'과 같은 협업 도구를 도입한다고 하면, 도입을 위해 전체가 일사불란하게 움직여야 하는 '원팀(One-Team)'을 먼저 떠올리며 괴로운 마음이 앞서게 마련이다. 그러나 AI와 클라우드의 본질적인 속성을 들여다보면, 그 시작점은 철저히 '개인화(Individualization)'와 '개별화(Personalization)'에 있다.

스쿨 리더의 역할은 이러한 과거의 부정적 학습 경험을 뛰어넘어 학교 조직 전체의 철학과 비전을 제시하고, 교사들을 먼저 움직이게 만드는 현자이자 설계자가 되는 것이다. 분명 어렵고 두려운 과제이지만, 동시에 학교 현장의 고질적인 문제를 해결할 절호의 기회이기도 하다. 이에 현시대 'AI 기반의 스마트한 학교'로 나아가기 위해 다음과 같은 과제와 실천을 제언하고자 한다.

첫째, 리더가 먼저 AI 역량을 쌓고 'AI 클라우드 기반' 친화적인 업무 환경을 구축해야 한다.

변화는 리더로부터 시작된다. 교장, 교감이 먼저 오프라인 문서만으로 결재하는 방식이나 교내 메신저로만 던지는 편방향적 업무 전달 대신, 클라우드 문서에 '댓글'로 피드백하고 불필요한 대면 회의 대신 공동 작업 문서를 통해 쌍방향 소통하는 모습을 보여야 한다. '디지털 전환'을 구호로만 외칠 것이 아니라, 리더 스스로 새로운 업무 방식을 배우고 플랫폼을 바꾸며 구성원들의 실질적인 변화를 이끌어낼 수 있어야 한다. 리더십은 '나를 따르라'가 아니라 '저 분을 따라가고 싶다'는 팔로워십(followership)으로 구성원의 마음을 먼저 얻는 데서 출발한다. 특히 조급한 마음에 고가의 AI 솔루션을 도입하기보다, 모든 학교 구성원이 함께 사용할 수 있는 '클라우드 기반 협업 플랫폼'을 구축하고 정착시키는 것이 우선이다. 앞서 언급한 필자의 사례처럼, 공통으로 활용 가능한 클라우드 중심의 데이터 축적이 선행되지 않으면 어떤 AI 에이전트도 반쪽짜리에 그칠 수밖에 없음을 명심해야 한다.

둘째, 'AI 클라우드 플랫폼 도입'의 속성은 개인화·개별화이면서, 그 결과는 공유 협업임을 인식해야 한다.

교사들은 동일 교과의 단원 계획을 수립하면서 클라우드를 통해 각자의 공간에서 공동으로 문서를 작성하고 채점 기준표를 함께 검토한다. 여기에 AI를 활용해 기초학력 부진 학생을 위한 개별화 자료를 생성하고, 우수 학생을 위한 심화 주제 탐구를 설계하며 아이디어를 공유한다. 학생들은 일관성 있는 수업과 평가를 제공받고, 교사들은 상호 전문성을 강화한다. 업무 영역도 마찬가지다. 이처럼 교사 개인의 자율성과 주체성(Agency)이 극대화되어 각자의 방식으로 도구를 활용할 때, 결과물은 자연스럽게 클라우드라는 광장에 모여 학교 차원의 '공유 협업체'로 이어진다. 주체성(Agency)은 선택(Choice), 목소리(Voice), 소유 책임감(Ownership)이라는 세 가지 핵심 가치를 지닌다고 OECD와 IB 교육에서 설명한다(IB PYP Learner Profile, 2020, IBO).

따라서 스쿨 리더는 '개별화'와 '공유 협업'이 동전의 양면이자 동일한 구조임을 인식하고, 교사 개인이 주체적으로 판단하고 선택하며 책임지는 환경을 조성해야 한다. 억지로 뭉치게 하는 것이 아니라, 각자가 클라우드와 AI라는 날개를 달고 자유롭게 비행하도록 '지원'할 때, 비행 궤적들이 모여 학교만의 고유한 데이터 지도가 완성된다. 이것이 AI 시대가 요구하는 선순환 구조다.

이를 위해 리더에게는 '서로 다른 곳'을 바라보는 이질적 시선을 허용하는 심적 유연성이 필요하다. 과거 학교는 모두가 '같은 곳'을 바라보는 획일성을 효율로 여겼지만, 현재 복잡성의 시대에는 서로 다른 방향을 바라보는 교사들이 많을수록 탄력적인 개인들이 공존하는 '건강한 학교'로서의 생태계를 구축할 수 있다.

셋째, '업무 경감'의 성과를 교사들에게 즉각 돌려주어야 한다.
AI 도입의 목적은 '교사 업무 경감'과 '시대에 부합하는 교사 전문성 확보'에 있음을 분명히 해야 한다. AI나 자동화 시스템을 통해 확보된 시간을 새로운 행정 업무로 채우는 것이 아니라, 수업 연구, 학생 상담, 전문적 학습공동체 활동 등 '교육의 본질로의 재투자'를 보장해야 한다. 이러한 성공 경험의 축적이야말로 AI 전환에 대한 학교 현장의 수용성을 높이는 핵심 동력이 된다.

학교 커뮤니케이션의 재설계는 학교의 '일하는 문화'를 바꾸고, 리더십의 '의사결정 방식'을 혁신하며, 교사의 전문성을 데이터로 증명하고 보호하는 과정이다. AI라는 강력한 엔진이 공교육 현장에 안착하기 위해서는 스쿨 리더가 먼저 학교라는 배의 항로를 디지털과 데이터의 바다로 과감히 돌려야 할 시점이다.

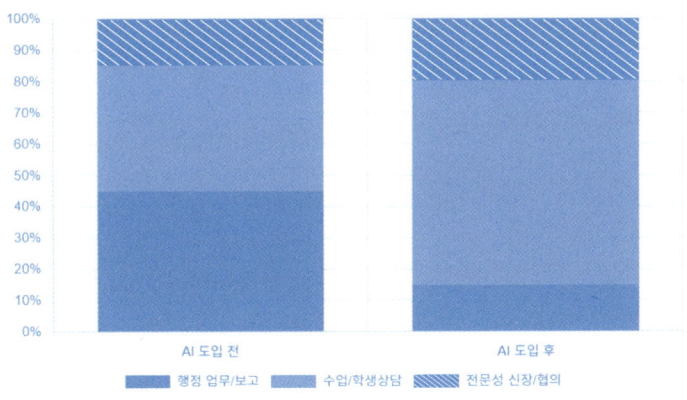

AI 도입 후 업무 시간 재분배 (예상)

AI 에이전트가 반복적인 행정 업무를 대폭 감소시키면, 교사는 그 시간을 학생 상담, 수업 연구 등 교육의 본질에 재투자할 수 있습니다.

출처: 에듀리프트(EDULIFT), 2025

교실 2026

: AI가 함께하는 교실

도재우 (공주교육대학교 교육학과 교수)

1. 미래는 현재가 되었다: 인프라를 넘어 교수·학습으로

2. 수업: 교수·학습의 새로운 지평

3. 교사: 역할의 확장, 새로운 정체성

4. 학생: 참여하고 성장하는 학습 주체

5. 지속가능한 변화를 위한 과제

1. 미래는 현재가 되었다
: 인프라를 넘어 교수·학습으로

미래는 이미 도착했다

OECD '티칭컴퍼스(Teaching Compass)'가 설명하는 21세기 교실을 한번 살펴보겠습니다. 이 그림은 AI가 교실에서 수업의 보조 주체로 함께하며, 교사와 학생이 협력적으로 학습을 만들어가는 미래 교실의 모습을 설명하고 있습니다. 많은 이들이 이를 '먼 미래'

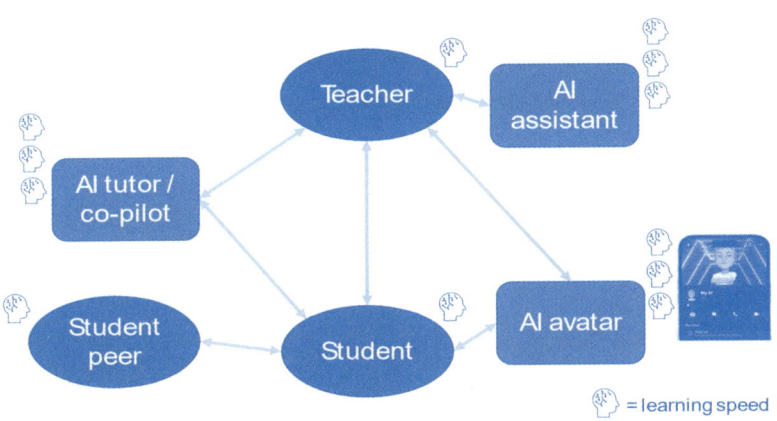

[그림] 21세기 교실 속 다양한 협력적 주체성의 관계(OECD, 2025:17)

출처: OECD(2025). OECD Teaching Compass: Reimagining Teachers as Agents of Curriculum Change.

의 상상 속 교실의 모습으로 여겨왔습니다. 그러나 이 그림은 더 이상 미래가 아닙니다. 바로 지금, 한국 교실의 현재입니다.

2025년 11월, 교육부가 발표한 〈AI for All: 모두를 위한 AI 인재양성방안〉은 이러한 변화의 청사진을 제시합니다. "모두의 역량으로 여는 AI 강국, 인재로 도약하는 세계 3강"이라는 비전 아래, 초·중·고등학교부터 고등교육, 평생·직업교육에 이르기까지 전 생애주기에 걸친 체계적인 AI 교육 체계를 구축하겠다는 국가적 의지를 담고 있습니다.

우리 교육 현장의 변화는 구체적인 수치로 증명되고 있습니다. 학생 1인당 디지털기기 보유 대수는 2022년 0.34대에서 2024년 0.7대로 2배 이상 증가했습니다[1]. 더욱 주목할 만한 것은 생성형 AI 활용률입니다. 우리나라는 63.5%로 미국(39.6%)의 약 2배에 달하며, 업무 내 활용률 역시 51.8%로 미국(26.5%)을 크게 앞섭니다[2]. AI 기반 교육을 위한 다양한 정책이 현장에 적용되며, 오랫동안 이상으로 그려왔던 개별화 교육과 맞춤형 학습이 구현되기 시작하고 있습니다.

하지만 숫자가 전부는 아닙니다. 더 중요한 변화는 교실 안에서 일어나고 있습니다. 디지털 인프라 구축이라는 첫 단계를 성공적으로 완수한 지금, 우리 교육은 새로운 단계로 진입했습니다. 디지털 전환 실태조사 결과, 응답 학교의 67.9%가 "디지털 인프라 개선 사업이 잘 이루어졌다"고 평가했습니다. 이제 화두는

'어떻게 AI를 활용하여 교수 · 학습의 질을 높일 것인가'입니다.

이 책에서 말하는 AI란 무엇인가

"AI가 교육을 바꾼다"는 말을 들을 때, 우리는 무엇을 상상하나요? 어쩌면 영화 속 인공지능이나 모든 것을 척척 해결하는 만능 로봇을 떠올릴지도 모릅니다. 하지만 이 책에서 이야기하는 AI는 그런 SF적 상상이 아닙니다. 우리가 주목하는 것은 '지금, 여기' 교실에서 실제로 사용할 수 있는 기술입니다.

이 책에서 다루는 AI는 세 가지 층위가 융합된 개념입니다.

첫째, 우리가 이미 써왔던 디지털 도구들입니다. 태블릿, 온라인 학습 플랫폼, 협업 도구 등입니다.

둘째, 여기에 AI 기술이 부분적으로 반영되기 시작했습니다. 완전 자율적인 AI는 아니지만, 학생의 답변 패턴을 인식하고, 적합한 학습 자료를 추천하며, 오답을 분석해 약점을 찾아내는 '지능적 요소'가 더해진 것입니다.

---

1) 2024년 초 · 중등학교 디지털 전환 현황 및 인식 조사(한국교육학술정보원, 2025)
2) AI for All: 모두를 위한 AI 인재양성방안(교육부, 2025)

셋째, 이 둘의 융합으로 탄생한 '고도화된 디지털 학습 환경'입니다. 학생의 학습 과정이 데이터로 누적되고, 그 데이터를 바탕으로 다음 학습이 맞춤화되며, 교사는 실시간으로 학급 전체와 개별 학생의 상태를 파악할 수 있는 통합적 시스템입니다.

이것이 이 장에서 말하는 'AI 기반 교육'입니다. 혁명적이고 막연히 그려왔던 무언가가 아니라, 지금 사용 가능하고 실제로 효과를 보이고 있는, 그러나 분명히 과거의 아날로그나 단순 디지털과는 질적으로 다른 교육 환경입니다.

현장의 목소리로 쓴 변화의 기록

이 글은 전국 교육 현장의 실천 사례를 바탕으로 쓰였습니다. 디지털 기반 선도학교와 운영학교들이 공개한 수업 사례, 교사들이 직접 작성한 수업 공개 자료, 그들이 교실에서 실천하고 성찰한 내용이 변화의 설명에 근간을 이룹니다. 연구자의 이론이나 정책 입안자의 구상이 아니라, 매일 아침 교실 문을 열고 아이들을 만나는 교사들의 생생한 경험에서 출발합니다.

이제부터 AI가 여는 교실의 변화, 교수·학습의 변화를 직접 확인하게 될 것입니다. 이미 시작된 미래를 어떻게 더 나은 교육으로 만들어갈 것인지 고민해야 할 시점에 서 있습니다.

2. 수업: 교수·학습의 새로운 지평

개별화와 협력학습의 동시 구현: 모순의 해소

AI 시대 교육의 가장 혁신적인 변화는 '개별화와 협력의 동시 구현'입니다. 오랫동안 '개별화'와 '협력학습'을 동시에 충분히 구현하기 어렵다고 여겨왔습니다. 개별화를 강화하면 협력이 약화되고, 협력을 강조하면 개별화가 뒤로 밀리는, 양립하기 어려운 것처럼 보였습니다. 그러나 AI는 이 오래된 이분법을 무너뜨리고 있습니다. AI 기반 개별화 학습이 오히려 협력학습을 더 풍부하게 만듭니다. 각자의 속도로 걷되 함께 가는 배움, 이것이 새로운 교실의 풍경입니다.

> **현장 사례** **중학교의 IDEA 모델**
>
> 한 중학교는 'IDEA 교수 · 학습 모델'이라는 독특한 수업 방식을 개발했습니다. IDEA는 네 가지 요소의 첫 글자를 딴 것입니다.
> - Identify: 학습 수준 진단
> - Differentiate: 개별화 학습

- Engage: 학생 주도 참여
- Archive: 성장 기록 축적

월요일 아침, 1학년 수학 시간. 주제는 '일차방정식'입니다.

〔1단계〕 개별 진단 (15분)

학생들은 각자의 태블릿으로 진단 문제를 풉니다. 시스템은 각 학생의 이해도를 분석해 세 그룹으로 나눕니다.

- 개념 보충 필요 그룹
- 기본 연습 필요 그룹
- 심화 학습 가능 그룹

〔2단계〕 개별화 학습 (15분)

세 그룹은 각자 다른 학습 자료를 봅니다.

- 개념 보충 그룹: 기초 설명 영상
- 기본 그룹: 예제 문제
- 심화 그룹: 응용 문제

〔3단계〕 수준별 모둠 활동 (15분)

선생님이 말합니다. "자, 이제 모둠 활동 시간이에요. 비슷한 수준의 문제를 푼 친구들끼리 4명씩 모여보세요."

학생들이 움직입니다. 개념 보충 그룹끼리, 기본 그룹끼리, 심화 그룹끼리 모입니다. 그리고 각자 배운 내용을 나눕니다.

"나는 이 문제를 이렇게 풀었는데, 너는 어떻게 풀었어?"

"오, 나는 다르게 풀었어. 내 방법도 맞지 않을까?"

"근데 왜 이렇게 푸는 거야? 이게 더 쉬운 방법 같은데?"

[4단계: 심화 그룹의 창의적 도전]

심화 그룹에서는 더 흥미로운 일이 일어났습니다. 기본 문제는 이미 다 푼 학생들이 모였기 때문에, 선생님이 도전 과제를 내놓았습니다.

"일차방정식을 실생활 문제로 만들어보세요. 그리고 친구들이 풀어볼 수 있게 온라인에 올려보세요."

학생들은 머리를 맞대고 고민했습니다. 태블릿으로 함께 문서를 작성하고, 그림을 그리고, 문제를 만들었습니다. 그리고 학급 온라인 게시판에 올렸습니다. 다른 모둠 학생들이 그 문제를 풀어보고 댓글을 달았습니다.

해당 학교의 사례는 개별화와 협력이 어떻게 조화를 이룰 수 있는지 보여줍니다.

첫째, 의미 있는 협력의 조건입니다. 이 수업에서 협력은 단순한 조별 활동이 아니었습니다. 비슷한 수준의 학생들끼리 모였기 때문에 학습과 상호작용을 촉진하는 실질적인 대화가 가능했습니다. 교육학에서 말하는 '동료 교수'가 일어난 것입니다. 너무 큰 수준 차이가 있으면 한 명은 설명하고 한 명은 듣기만 하는 일방적 관계가 됩니다. 하지만 비슷한 수준이라면 서로 다른 접근 방식을 공유하고, 각자의 이해를 확인하고, 함께 더 깊이 이해할 수 있습니다.

둘째, 개별화된 협력의 패러독스입니다. 역설적이게도, 개별화가 잘될수록 협력도 잘됩니다. 각자 자기 수준에서 충분히 배웠기 때문에 협력할 여유가 생깁니다. 진도 따라가기에 급급하면 남을 도울 여유가 없습니다. 하지만 자기 속도로 배우면서 이해했다면, 그 내용을 친구와 나누고 싶어집니다.

셋째, 디지털이 만든 협력의 확장입니다. 구글 문서를 통한 동시 작업, 온라인 게시판을 통한 문제 공유와 피드백은 협력의 시공간적 제약을 넘어섭니다. 같은 시간, 같은 공간에 있어야만 협력할 수 있었던 과거와 달리, 이제는 언제든 어디서든 함께 작업할 수 있습니다.

교육자들이 오랫동안 고민했던 '개별화 vs 협력'의 이분법이 무너지고 있습니다. 정답은 '또는(or)'이 아니라 '그리고(and)'였습니다. 개별화되고 동시에 협력적인 학습, 이것이 AI 시대 교실의 새로운 가능성입니다.

실시간 학습 순환: 진단–맞춤–피드백의 실제

AI 기반 학습 시스템은 학생 개개인의 학습 과정을 실시간으로 진단하고, 즉각적인 피드백을 제공하며, 맞춤형 학습 경로를 설계합니다. 이는 교사가 '행정적·반복적' 업무에 투입되는 시간을 줄이고, 확보된 시간을 '교육적·인간적' 상호작용에 더 활용할 수 있게 합니다.

현장 사례 **과학 실험이 어려웠던 중학생 지훈이의 변화**

한 중학교 2학년 과학 시간. 화학 반응식을 배우는 시간만 되면 고개를 떨구던 지훈이는 말합니다. "과학은 너무 어려워요. 공식도 많고 실험도 어렵고요." 30명 학급에서 지훈이에게 충분한 시간을 내기 어려웠던 과학 선생님도 아쉬움이 컸습니다. 다음은 3개월 정도 진행된 변화 과정입니다.

〔1단계〕 정밀한 진단

학습 시스템은 지훈이가 문제를 푸는 과정을 기록했습니다. 어떤 유형에서 오래 머뭇거렸는지, 어떤 개념은 바로 이해했는지 데이터로 보여주었습니다.

"이 학생은 화학식 표기법은 이해하지만, 계수 맞추기 원리에서 어려움을 겪고 있습니다."

[2단계] 개별화된 학습 경로

지훈이에게는 왜 계수를 맞춰야 하는지부터 설명하는 애니메이션 이 제공되었습니다. 원자 개수 보존 법칙을 실생활 예시(레고 블록 조합)로 이해하도록 구성되었습니다. 개념을 이해한 뒤에는 아주 간단한 문제부터 시작했습니다. 지훈이는 이를 맞혔고, 화면에 "정 확해요!"라는 메시지와 함께 작은 별이 나타났습니다. 지훈이는 웃 었습니다. 오랜만에 과학 문제를 맞힌 경험이었습니다.

[3단계] 즉각적 피드백

문제를 풀면 바로 결과가 나왔습니다. 틀렸을 경우 즉시 이유를 확 인하고, 그 자리에서 다시 도전할 수 있었습니다.

[4단계] 교사의 개입

지훈이가 혼자 문제를 푸는 동안, 선생님은 교실을 돌아다니며 학 생들과 대화했습니다.

"지훈아, 오늘은 화학 반응식 많이 맞혔네? 어제보다 나아졌어."

"네, 이제 좀 알 것 같아요."

"그럼 이 원리가 실제 우리 몸에서는 어떻게 일어날까? 우리가 숨 쉴 때 산소와 포도당이 만나면?"

"음… 에너지가 만들어져요!"

"그렇지! 바로 이래서 화학이 중요한 거야."

지훈이의 사례는 AI 기반 학습의 핵심 메커니즘을 보여줍니다.

첫째, 정밀한 진단입니다. 과거에는 "과학을 못한다"는 막연한 판단에 머물렀지만, 이제는 어떤 개념에서, 왜 어려움을 겪는지까지 구체적으로 파악할 수 있습니다.

둘째, 개별화된 학습 경로입니다. 이는 비고츠키의 '근접발달영역(ZPD)' 이론이 실제 수업에서 구현된 사례입니다.

셋째, 즉각적 피드백입니다. 학습과 피드백 사이의 시간 간격이 짧을수록 학습 효과가 크다는 학습과학의 원리가 실현됩니다.

넷째, 교사 역할의 재정의입니다. 교사는 개념 이해를 넘어서, 개념과 삶을 연결하는 질문을 던집니다. 이는 디지털 시스템이 대신할 수 없는 인간 교사의 고유한 역할입니다.

이것이 새로운 교실의 풍경입니다. 디지털 도구가 '기초적이고 반복적인' 부분을 맡는 동안, 교사는 '창의적이고 인간적인' 부분에 집중합니다. 앞서 제시한 '개별화와 협력의 동시 구현'은 이러한 실시간 학습 순환을 통해 실현됩니다. 기술과 인간성의 시너지가 만들어지는 순간입니다.

3. 교사: 역할의 확장, 새로운 정체성

학습 경험 설계자: 기술 활용과 인간적 연결의 균형

구성주의 학습이론이 교육 현장에 도입되고 강조됨에 따라 '교사는 학습의 촉진자'라는 메시지는 오랜 시간 우리 교육계에 자리해왔지만, AI의 등장은 이를 이론이 아닌 실천 가능한 현실로 만들고 있습니다. AI 시대 교사는 '지식 전달자'에서 '학습 경험 설계자'로 전환되고 있습니다. 기술이 반복적 업무를 맡는 동안, 교사는 인간적 연결에 집중합니다. 그리고 이 둘은 대립하지 않고 서로를 강화합니다.

현장 사례 **화요일 오후의 교실 풍경**

초등학교 5학년 수학 시간. 학생들은 각자 태블릿으로 분수 문제를 풀고 있습니다. 선생님은 조용한 교실을 천천히 돌아다닙니다.

〔순간 포착〕 수현이의 좌절

갑자기 한 학생이 태블릿을 덮습니다. 표정이 어둡습니다. 담임 선생님은 그 학생 옆에 조용히 앉습니다.

선생님: "수현아, 무슨 일 있어?"

수현이: "…"

선생님: "수학이 어려워?"

수현이가 고개를 끄덕입니다.

선생님: "어디가 어려운데?"

수현이: "음… 잘 모르겠어요."

선생님: "음… 그럼 이 문제 하나만 같이 풀어볼까? 선생님이 도
와줄게."

선생님은 수현이와 나란히 앉아 한 문제를 함께 풉니다. 어디서 막
히는지 확인하고, 그 지점을 다른 방식으로 설명합니다. 10분 후,
수현이가 혼자 문제 하나를 풉니다.

"맞았어요!"

"그렇지! 네가 할 수 있다니까. 천천히 가면 돼."

[동시에 일어나는 일들]

· 선생님의 태블릿 화면: 전체 학생들의 학습 진행 상황이 실시
간으로 표시됩니다.

· "수진이는 오늘 진도가 빠르네? 좀 더 도전적인 문제를 줄까"

· "영호는 같은 문제를 세 번 틀렸네. 한번 가봐야겠다."

구성주의 학습이론이 강조해온 '학습의 촉진자로서의 교사', 그 이상이 이제 교육 현장에서 실제로 구현되고 있습니다. 이 사례는 AI 시대 교사 역할에 대해 세 가지 시사점을 보여줍니다.

첫째, 공감은 AI가 닿지 못하는 영역입니다. AI는 수현이가 문제를 여러 번 틀렸다는 것을 알 수 있습니다. 어떤 유형에서 틀렸는지도 분석할 수 있습니다. 하지만 수현이가 지금 좌절하고 있다는 것, 격려가 필요하다는 것, 10분의 일대일 대화가 필요하다는 것은 알 수 없습니다. 인간 교사는 압니다. 경험과 직관으로, 그리고 무엇보다 '공감'으로.

둘째, 기술이 오히려 인간적 연결의 기회를 만들었습니다. 역설적이지만, 기술이 인간적 접촉을 방해하지 않았습니다. 오히려 가능하게 했습니다. 어떻게?

- 예전: 채점에 2시간 → 학생과 대화할 시간 없음.
- 지금: 자동 채점 → 채점 시간을 학생 대화 시간으로 전환
- 예전: 30명 학생의 상태를 파악하기 어려움 → 조용한 학생은 그냥 넘어감.
- 지금: 대시보드로 한눈에 파악 → 조용하지만 도움이 필요한 학생 발견 가능

셋째, 교사의 역할이 더 고도화되고 있습니다. 선생님은 수현이가 개념을 이해했는지 확인하는 데 그치지 않았습니다. 격려를 통해 정서적 지원을 제공했습니다. 이것은 블룸의 분류학에서 말

하는 '정의적 영역'의 교육입니다. 지식과 기술을 넘어, 태도와 가치를 다루는 교육. AI가 할 수 없는, 인간 교사의 고유한 역할이 발휘되는 영역입니다.

기술이 '행정적이고 반복적인' 일을 맡았기 때문에, 교사는 '교육적이고 인간적인' 일에 집중할 수 있게 된 것입니다. 이것이 AI 시대 교사 역할의 본질적 변화입니다. 이러한 역할 변화는 앞서 살펴본 '개별화와 협력의 동시 구현'을 가능하게 만듭니다. AI가 개별 학생의 학습을 지원하는 동안, 교사는 학생들 간의 인간적 연결과 협력적 학습을 설계할 여유를 얻게 됩니다. 기술이 개별화를 담당하고, 교사가 협력을 촉진하는 새로운 균형이 만들어지는 것입니다.

데이터 기반 수업 설계: 교사의 의사결정이 달라졌다

교육적 의사결정은 교사의 '직관'에 '데이터'가 더해지는 방향으로 변화하고 있습니다. 하지만 핵심은 데이터 그 자체가 아니라, 데이터를 '교육적으로' 해석하고 의미 있는 행동으로 연결하는 교사의 전문성입니다.

월요일 아침의 데이터 분석

한 초등학교 6학년 담임 김 선생님은 매주 월요일 아침 30분을 '데이터 분석 시간'으로 확보했습니다. 커피 한 잔과 함께 노트북을 열어 지난주 학습 데이터를 살펴봅니다.

〔사례 1〕 지수의 변화 감지

"지수가 수요일부터 학습 시간이 확 줄었네? 무슨 일 있나?"

목요일 쉬는 시간에 지수에게 물었습니다. "할머니가 편찮으셔서요…" 김 선생님은 지수에게 과제 기한을 연장해주고, 학교 상담 교사에게도 연락했습니다. 작은 배려지만 지수에게는 큰 위로가 되었습니다.

〔사례 2〕 민재의 성장 발견

"민재는 지난주에 갑자기 수학 성취도가 올랐는데? 뭐가 달라졌을까?" 민재에게 물으니 "친구가 알려준 공부법이 좋더라고요."라고 답했습니다. 김 선생님은 그 방법을 학급 전체에 공유했습니다.

〔사례 3〕 실시간 수업 조정

수요일 3교시 수학 시간, 도형의 넓이를 배우는 시간. 선생님은 개념을 설명하고 학생들에게 연습 문제를 줬습니다. 학생들이 태블릿으로 문제를 푸는 동안, 선생님은 자기 화면으로 전체 학생들의 진행 상황을 실시간으로 볼 수 있었습니다.

5분쯤 지났을 때, 이상한 패턴이 보였습니다. 학생의 40%가 첫 번째 문제에서 막혀 있었습니다.

"잠깐!" 선생님이 수업을 멈췄습니다. "모두 손 좀 멈춰볼까요? 첫 번째 문제에서 많은 친구들이 어려워하고 있는 것 같아요."

몇 명의 학생이 손을 들었습니다. "선생님, 이 도형은 직사각형이 아니잖아요. 어떻게 넓이를 구해요?"

선생님은 칠판으로 가서 그 도형을 직사각형 두 개로 나누는 방법을 다시 설명했습니다. 5분의 추가 설명 후, 대부분의 학생들이 순조롭게 진행했습니다.

김 선생님의 사례는 '데이터 기반 교육'의 본질을 보여줍니다. 특히 주목할 것은 데이터가 개별화와 협력을 동시에 지원한다는 점입니다. 지수의 학습 시간 감소를 발견한 것은 개별 학생에 대한 세심한 배려이고, 민재의 효과적인 학습법을 학급 전체에 공유한 것은 협력적 성장입니다. 수업 중 40% 학생이 막힌 지점을 즉시 발견하고 재설명한 것은 집단과 개인을 함께 지원하는 것입니다. 이 사례는 데이터 기반 수업 설계의 핵심 원리 세 가지를 보여줍니다.

첫째, 데이터는 학생 이해의 창문입니다. 숫자 그 자체가 목적이 아닙니다. 지수의 학습 시간 감소는 단순한 통계가 아니라, "이 학생에게 무슨 일이 일어났나?"라는 질문의 출발점입니다. 민재의 성취도 향상은 "무엇이 효과적이었나?"를 묻게 만듭니다. 데이터는 학생을 이해하는 창문입니다.

둘째, 교육적 해석의 중요성입니다. 같은 데이터를 보더라도 해석은 다를 수 있습니다. 예를 들어, "학생 A는 수학 평균 학습 시간이 반 평균의 150%"라는 데이터를 봅시다.

- 데이터 과학자의 해석
  "이 학생은 수학에 다른 학생들보다 50% 더 많은 시간을 투자합니다."
- 교육자의 해석
  "이 학생은 수학에 어려움을 겪고 있거나, 수학에 관심이 많거나, 학습 방법이 비효율적일 수 있습니다. 대화를 통해 확인이 필요합니다."

같은 데이터, 다른 질문. 교육자는 "무엇이 일어났는가(What)"를 넘어 "왜 일어났는가(Why)"와 "무엇을 해야 하는가(What to do)"를 묻습니다.

셋째, 실시간 조정의 힘입니다. 세 번째 사례에서 선생님은 학생 40%가 막혔다는 것을 실시간으로 파악하고 즉시 개입했습니다. 만약 실시간 데이터가 없었다면 선생님은 모르고 넘어갔을 것이고, 학생들은 이해하지 못한 채로 숙제를 받아갔을 것입니다. 실시간 데이터는 실시간 개입을 가능하게 하며, 수업은 고정된 각본이 아니라 살아 있는 대화가 됩니다.

이것이 '데이터 기반 수업 설계'의 실체입니다. 교사가 데이터 과학자가 되는 것이 아닙니다. 교사는 여전히 교육 전문가입니다. 다만 이제 데이터를 자신의 전문성과 결합시킬 수 있게 된 것입니다.

4. 학생 : 참여하고 성장하는 학습 주체

자기주도학습 : 배움의 주인 되기

AI 기반 맞춤형 학습은 학생들에게 '혼자 할 수 있다'는 자신감과 효능감을 제공합니다. 이는 자기주도학습의 핵심입니다. 누가 시켜서가 아니라 스스로 할 수 있다는 경험, 그것이 배움의 중요한 출발점입니다.

한글을 포기했던 수연이

한 초등학교 1학년 교실. 한글을 읽지 못해 힘들어하던 수연이가 있었습니다.

〔Before〕3개월 전

"한글이 너무 어려워요. 하기 싫어요."

매주 금요일 방과 후 보충 수업 시간은 수연이에게 부담스러운 시간이었습니다. 엄마와 함께 한글 공부를 할 때도 쉽지 않았습니다. "왜 이렇게 어려워?" 엄마도 막막했고, 수연이도 속상했습니다. "나는 못하는 것 같아..."

〔After〕3개월 후

"선생님, 오늘 금요일이죠? 빨리 시작하고 싶어요!"

금요일이 기다려지는 아이가 되었습니다.

〔변화의 과정〕

- **1단계**: 정밀한 진단

학교에서 한글 학습 앱을 도입했습니다. 앱은 수연이가 틀린 글자를 분석했습니다. 'ㅂ'과 'ㅍ'을 자주 헷갈려한다는 걸 발견했습니다.

- **2단계**: 게임화된 학습

"'ㅂ'은 입을 꼭 다물었다가 열어요. '빵빵' 해보세요."

수연이가 따라합니다. "빵빵!"

"잘했어요! 'ㅍ'은 바람을 세게 불어요. '펑펑' 해보세요."

"펑펑!"

게임처럼 재미있었습니다. 맞출 때마다 작은 별이 생겼습니다. 별 10개를 모으면 예쁜 스티커를 받았습니다.

- **3단계**: 심리적 안전감

수연이에게 가장 좋았던 건 혼자 할 수 있다는 점이었습니다. 엄마의 걱정 어린 시선도, 친구들 눈치도 보지 않았습니다. 자기 속도로, 자기 방식으로 배울 수 있었습니다.

3개월 후 수연이는 한글을 읽을 수 있게 되었습니다. 6개월 후에는 간단한 동화책을 스스로 읽었습니다.

수연이의 사례는 자기주도학습의 본질을 보여줍니다.

첫째, 자기효능감의 형성입니다. 이 말에 주목합시다. "혼자 할 수 있으니까 기분이 좋아요." 이것이 자기주도학습의 핵심입니다. 자기효능감, 즉 "나는 할 수 있다"는 믿음이 형성된 것입니다.

둘째, 실패에 대한 두려움 제거입니다. 수연이가 한글을 못 읽었던 이유가 능력 부족만은 아니었습니다. 엄마 앞에서, 친구들 앞에서 틀리는 것이 창피했습니다. 하지만 AI와 단둘이 있을 때는 창피할 게 없습니다. 다섯 번 틀려도, 열 번 틀려도 괜찮습니다. 이것이 개별화 학습이 제공하는 '심리적 안전감'입니다.

셋째, 내재적 동기의 발달입니다. 수연이는 이제 엄마나 선생님이 시켜서(외재적 동기) 공부하는 게 아니라, 재미있고(내재적 동기) 자신감이 생겨서(자기효능감) 공부합니다. 스스로 배우고 싶어하는 동기가 생긴 것입니다.

이것이 자기주도학습입니다. 누가 시켜서가 아니라 스스로 할 수 있다는 자신감. 누구에게 의존하지 않고 나 혼자 해낼 수 있다는 효능감. 그것이 진짜 배움의 시작입니다. 자기주도학습의 발달은 역설적으로 더 풍부한 협력을 가능하게 합니다. 수연이처럼 '혼자 할 수 있다'는 자신감이 생긴 학생은 이제 친구를 도울 여유가 생깁니다. 스스로 학습할 수 있는 학생들이 모이면, 그들의 협력은 의존이 아닌 상호 성장이 됩니다.

메타인지의 발달: "내가 뭘 모르는지 알아요"

AI 시대 학생들은 단순히 지식을 습득하는 것을 넘어, '어떻게 배우는지', '무엇을 아는지', '무엇을 모르는지'를 성찰하는 메타인지

중학생의 학습 성찰일지

한 중학교에서 학생들에게 온라인 성찰일지를 쓰게 했습니다. 매일 배운 내용을 기록하되, 단순한 정리가 아니라 성찰하며 기록하게 했습니다.

〔한 학생의 성찰일지〕 일차방정식 학습일

• **오늘의 배움**

오늘 일차방정식의 이항을 배웠다. 처음엔 왜 부호가 바뀌는지 이해가 안 됐다. 영상을 두 번 봤다. 그래도 모르겠어서 저울의 원리로 생각해보라는 선생님 말씀을 따라 해봤다. 그랬더니 이해됐다! 양쪽 균형을 맞춰야 하니까 한쪽에 더한 걸 빼려면 반대쪽에도 빼야 한다는 걸 알았다.

• **친구들과의 토론**

친구들과 토론하면서 다른 방법도 있다는 걸 알았다. 나는 저울로 생각했는데, 민수는 그림으로 그려서 풀더라. 사람마다 이해하는 방식이 다르구나.

• **나에 대한 발견**

나는 시각적으로 이해하는 게 편한 것 같다. 다음에 어려운 개념이 나오면 그림으로 그려봐야겠다.

능력을 발달시킵니다. 이는 평생학습 시대의 핵심 역량입니다.

이 학생의 성찰일지는 메타인지 발달의 생생한 증거입니다.

첫째, 학습 과정에 대한 인식입니다. 이 학생은 단순히 이항을 배운 게 아닙니다. "영상을 두 번 봤다", "저울의 원리로 생각했다", "그랬더니 이해됐다" – 자기가 어떻게 배웠는지를 인식하고 있습니다. 이것이 메타인지의 시작입니다.

둘째, 다양한 학습 전략의 인식입니다. "나는 저울로 생각했는데, 민수는 그림으로" – 학습 방법이 하나가 아니라는 것, 사람마다 다른 방식이 효과적일 수 있다는 것을 깨달았습니다.

셋째, 자기 학습 스타일의 발견입니다. 마지막 문장이 핵심입니다. "나는 시각적으로 이해하는 게 편한 것 같다. 다음에 어려운 개념이 나오면 그림으로 그려봐야겠다." 자신의 학습 스타일을 인식하고, 그것을 다음 학습에 적용하겠다는 계획, 메타인지의 발달을 확인할 수 있습니다.

한 학생은 이렇게 정리했습니다. "내가 무엇을 모르는지 알게 되니까, 그걸 어떻게 공부해야 할지도 알게 됐어요."

이것이 AI 시대가 만든 새로운 학습자의 모습입니다. 지식을 받아들이기만 하는 수동적 학습자가 아니라, 자신의 학습을 인식하고 조절하는 능동적 학습자. 평생학습 시대에 가장 필요한 역량입니다.

5. 지속가능한 변화를 위한 과제

앞서 살펴본 교실의 변화들은 고무적입니다. 하지만 이것이 특별한 이야기로 남지 않고 더 많은 교실로 확산되고 지속가능하려면, 체계적인 지원이 필요합니다. 현장의 목소리와 경험을 바탕으로 세 가지 핵심 과제를 제시합니다.

교사 전문성의 지속적 개발

"선생님만의 디지털 교육 철학을 세워주세요!" 한 교사가 동료들에게 전하는 메시지입니다. 기술은 계속 변합니다. 올해 배운 도구가 내년에는 구식이 될 수 있습니다. 하지만 철학이 있다면 흔들리지 않습니다.

핵심은 '함께'입니다. 한 중학교는 AI·디지털 기반 수업·평가를 위한 교과별 교원학습공동체 14개를 조직했습니다. 전 교원 84명이 매월 모여 공동연구, 수업공개, 환류의 3단계를 진행했습니다. 연간 상시 동료 장학과 교과군별 수업 연구가 이루어졌습니다. 또 다른 학교는 월별로 운영되는 자율 연수를 개설했습니다. 다양한 에듀테크를 주제로 관심 있는 교사들이 자율적으로 참여했습니다. 외부 강사를 초청해 최신 노하우를 전수받기도 했습니다.

중요한 것은 일회성 연수가 아니라 지속적인 학습 문화입니다. 그리고 그 문화는 개인이 아닌 공동체로 만들어집니다. "혼자였으면 포기했을 거예요. 하지만 함께하니까 가능했어요."라는 한 교사의 말이 이를 증명합니다.

교육과정과의 정합성 확보

"이 도구를 왜 사용하는가?" 이 질문에 명확히 답할 수 있어야 합니다. 단순히 "재미있으니까", "최신 기술이니까"가 아니라, "이 교육과정 성취기준을 달성하는 데 이 도구가 가장 효과적이기 때문"이라고 말할 수 있어야 합니다.

현장 사례를 보면, 가장 성공적인 수업은 도구가 교육과정과 자연스럽게 통합된 경우입니다. 통계를 배우며 실생활 데이터를 AI로 분석하거나, 영어 말하기를 배우며 AI와 역할극을 하는 것처럼, 도구는 수단이고 교육과정 성취가 목적임이 분명할 때 의미 있는 배움이 일어납니다. 실제 학교 사례를 종합적으로 분석한 결과,

① 교육과정 성취기준 분석 후 적합한 AI 도구 선택

② 수업 설계 단계에서 AI 활용 지점 명확화

③ 평가와 연계하여 학습 효과 측정

등의 과정을 거칠 때, 도구는 수단으로, 교육과정 성취는 목적으로 분명히 자리 잡게 됩니다.

교육 본질의 강화: 기술과 인간성의 조화

"아이들은 준비되어 있습니다. 너무 걱정하지 않으셔도 됩니다!" 한 교사의 격려입니다. 교육부는 〈AI for All: 모두를 위한 AI 인재양성방안〉 정책을 발표하면서 우리 학생들을 AI 네이티브 세대라 표현하며 일상 전반에 AI 기술이 접목된 세대라고 설명하고 있습니다. AI 네이티브인 학생들은 기술을 빠르게 습득합니다. 하지만 기술은 수단이고, 학생의 전인적 성장이 목적입니다.

기술과 인간성의 조화 속에서 교육의 본질은 약화되는 것이 아니라, 오히려 더 강화될 수 있습니다. AI가 반복적 과제와 즉각 피드백을 담당하면, 교사는 더 깊은 질문을 던지고, 학생의 마음을 돌보고, 가치를 교육하는 데 집중할 수 있습니다.

한 학교 관계자의 말처럼, "우리 학교는 AI 학교가 아니에요. 학생 성장을 돕는 학교예요. 다만 AI를 잘 활용할 뿐이죠." 이것이 우리가 지향해야 할 방향입니다.

이 과제의 중심에는 하나의 원리가 있습니다. 개별화와 협력이 서로를 강화하는 교육 생태계를 만드는 것입니다. AI 도구는 개별 학생의 필요를 충족시키는 동시에, 교사가 더 의미 있는 인간적 연결과 협력적 학습을 설계할 시간과 여유를 제공합니다. 기술은 이 균형을 가능하게 하는 촉매입니다.

맺음말

이것이 오늘의 한국 교실에서 일어나고 있는 변화의 실제입니다. 완벽하지 않을 수도 있고 시행착오를 겪기도 하지만 분명한 것은 변화가 시작되었다는 사실입니다.

AI가 여는 교실의 새로운 풍경 속에서 교사는 더 전문적인 설계자로, 학생은 더 주도적인 학습자로 성장하고 있습니다. 무엇보다 인상적인 점은, 이 변화가 기술 그 자체가 아니라 교사들의 협력, 학생들의 성장, 그리고 공동체의 지혜로 만들어지고 있다는 것입니다.

우리가 나아갈 방향에 대한 현장의 목소리는 분명합니다. "기술을 외면하지 마세요. 하지만 기술에 의존하지도 마세요."

AI는 강력한 도구입니다. 그러나 그것을 어떻게 사용할지 결정하는 것은 교육자의 전문성이고, 교육의 목적을 설정하는 것은 여전히 우리 사회의 가치입니다.

미래교육은 이미 시작되었습니다. 지금 이 순간에도 전국의 교실에서 교사들은 AI와 함께 수업을 새롭게 설계하고, 학생들은 AI와 함께 배움의 새로운 가능성을 경험하고 있습니다. 기술은 진화하지만 교육의 본질은 변하지 않습니다. 우리는 교육의 본질을 살리며, AI가 주는 가능성을 더해, 더 나은 교육을 향해 함께 나아가고 있습니다.

AI·디지털과
학습권의 진화

손찬희 (한국교육개발원 선임연구위원)

1. 학습권은 진화한다
2. AI·디지털로 학습권은 어떻게 확대되어 왔나
   : 온라인수업, 온라인학교, 그리고 고교학점제
3. '맞춤형 학습권'으로의 확장 가능성과 시도들
4. AI·디지털 기반 학습권 확대의 이면
5. AI·디지털 시대, 학습권 보장의 기준
   : 4A-5C 프레임워크

1. 학습권은 진화한다

학습권은 말 그대로 '학습할 권리'다. 우리나라의 〈교육기본법〉 제3조(학습권)는 "모든 국민은 평생에 걸쳐 학습하고, 능력과 적성에 따라 교육받을 권리를 가진다"고 규정하고 있다. 법적으로 학습권을 '교육받을 권리(Right to Education)'로 규정한 것은, '학습할 권리', 즉 학습권 보장이 국가의 책무임을 강조한 것이다. 이러한 맥락에서 학습권은 크게 세 가지 내용으로 구성된다고 본다[1]. 학습자가 학습 장소와 방법을 선택하는 데 국가의 간섭 없이 자유롭게 결정할 권리, 각자의 능력에 상응하는 교육을 받을 수 있도록 학교 입학에 있어서 자의적 차별 금지를 요구할 권리, 그리고 의무교육 및 무상교육 도입 등 교육 영역에서 국가의 적극적인 행위를 요구할 수 있는 권리다. 각각 자유권, 평등권, 그리고 사회권적 내용을 의미한다.

UN, UNESCO와 같은 국제기구는 인권(human rights)으로서 학습권을 바라본다[2]. UN과 UNESCO는 특히 학습권의 핵심 원

---

1) 전환기의 교육헌법(정필운, 2022)

칙으로 4A 프레임워크(4As framework)를 강조한다. 교육은 국가에 의해 제공 가능해야 하고(Availability, **가용성**), 차별 없이 접근 가능해야 하며(Accessibility, **접근성**), 교육의 질이 적절하고 안전하며 학습자에게 문화적으로도 수용 가능해야 하고(Acceptability, **수용가능성**), 교육이 다양한 학습자의 필요와 변화하는 사회 조건에 적응해야 한다(Adaptability, **적응성**)는 것이다. 이는 학습권을 형식적 접근권을 넘어, 실질적 평등과 참여, 안전까지 포함하는 폭넓은 개념으로 해석하고 있음을 보여준다.

한편 UNESCO는 학습권의 적응성(Adaptability) 원칙에 부합하는 '진화하는 학습권(Evolving Right to Education)' 개념을 제안했다. 기존 학습권의 규정만으로는 최근의 패러다임적 교육 환경 변화를 충분히 반영하기 어렵다고 진단하고, 학습권을 고정된 개념이 아니라 새로운 교육 상황에 맞게 확장되고 재정의되어야 할 '진화하는 권리'로 규정한 것이다. 여기서 '새로운 교육 상황'은 AI · 디지털 전환이 핵심으로 자리하고 있다.

디지털 학습권

UNESCO가 AI · 디지털 전환과 관련하여 새롭게 제시하고 있는 '진화한' 학습권의 특징은 다음과 같다. 우선 디지털 접근성을 포함한다. 학습권은 학교에 등록하고 등교하는 것을 넘어, 학습을 위한 기기(device), 콘텐츠, 플랫폼 접근성을 포괄한다는 것이다. 데이터 및 프라이버시 보호 역시 학습권의 일부로 본다. 특히 AI 기반 학습은 민감한 개인정보 처리를 수반하기 때문에, 데이터와 프라이버시 보호는 학습권 보장의 필수 요소라는 것이다. 학습자가 차별 없이 동등한 방식으로 AI 기술에 접근할 권리 역시 강조된다. AI 알고리즘의 편향 및 배제 문제는 바로 이 학습권의 비차별성 원칙과 직접적으로 연결된다. 학습자의 인격과 자율성 보호 또한 학습권의 핵심 요건이다. 특히 AI가 학습자에게 중대한 영향을 미치는 결정을 내릴 수 있기 때문에 설명가능성, 투명성, 책임성이 학습권의 새로운 필수 요건이 된다.

우리나라 역시 이러한 '진화한 학습권'의 방향을 제시한 바 있

---

2) 〈Artificial intelligence in education〉(UN, 2024) & 〈AI and Education: Protecting the rights of learners〉(UNESCO, 2025)

다. 범정부 차원에서 수립한 '디지털 권리장전'을 토대로 한 〈디지털 교육 규범〉³¹이 그것이다. 이 규범은 학습권을 명시적으로 다루지는 않지만 AI · 디지털 전환 시대의 학습권을 어떻게 정의하고, 어떤 공적 장치를 통해 학습권을 실질적으로 보장할 것인가에 대한 국가 차원의 기준을 선언한 것으로 볼 수 있다. 학습권 관점에서 이 규범이 던지는 핵심 메시지는 학습권의 대상과 범위의 확장이다. '교육받을 권리'는 이제 기기 및 플랫폼 접근성은 물론, 디지털 리터러시, 데이터 보호까지 포함하는 '디지털 학습권(Right to Digital Education)'으로 확장되고 있다. 이는 UNESCO의 관점과도 동일하다.

한편 이 규범은 주체적 학습권을 강조한다. AI · 디지털 환경에서 학습자가 자신의 주도권과 자율성을 유지해야 하며, 기술은 이를 돕는 보조 수단이어야 한다는 것이다. 또한 형식적 권리가 아닌 실질적 권리를 지향한다는 점도 특징이다. 단순한 '접근'이 아니라, 격차 완화, 공공성, 안전 등의 요건을 모두 갖추어야 학습권이 실질적으로 보장된다고 본다. 이와 함께 AI · 디지털 전환이 학습권 확대의 기회가 되도록 설계하고 조정하는 국가의 적극적 책무를 강조한다.

결국 AI · 디지털 시대의 학습권은 전통적으로 규정된 '교육받을 권리(Right to Education)'를 기반으로, 변화된 교육 환경에 적응하도록 확장된 '진화한(Evolving), 교육받을 권리'이자 '디지털 학습권(Right to Digital Education)'으로 정리할 수 있다. 이는 학습자가 생애에 걸쳐 자신의 능력과 적성에 따라 선택하고, 안전하고 공정하게 주체적으로 학습할 수 있는 요건을 국가가 보장해야 할 권리로서, AI·디지털 학습환경 접근권, 데이터 및 프라이버시 보호, AI·디지털 기술의 비차별성과 공정성, 교육의 질과 안전성 보장, 학습자의 자율성과 주체성 보장, 국가의 적극적 책무와 공공성을 포괄하는 실질적인 학습권을 의미한다. 이와 같이 새롭게 정의된 '진화한 학습권' 역시 고정된 개념이 아니며, '새로운 교육 상황'에 따라 지속적으로 조정되어야 한다.

---

3) 〈디지털 교육 규범〉(교육부, 2024.7.)은 정부가 수립한 〈디지털 권리장전〉(2023.9)과 세계 각국이 제시한 헌장과 선언문 등에서 강조한 디지털 시대의 가치와 원칙을 바탕으로, 교육에 특화된 디지털 시대의 가치와 원칙을 담고 있다.

2. AI·디지털로 학습권은 어떻게 확대되어 왔나
: 온라인수업, 온라인학교, 그리고 고교학점제

학습권 확대 · 보장 정책과 온라인수업, 온라인학교

앞서 학습권이 자유권 · 평등권 · 사회권적 내용으로 구성된다고 언급한 바 있다. 자유권의 핵심은 '학습 장소와 방법의 자율적 선택'에 있다. 평등권은 '각자의 능력에 상응하는 차별 없는 교육'에 있으며, 사회권의 핵심은 '교육받을 권리에 대한 국가의 책무'에 있다. 우리는 이 세 가지 내용의 학습권을 확대 · 보장하기 위해 다양한 정책을 추진해 왔다. 여기에 'AI · 디지털 전환'의 맥락 속에서 추진된 정책 역시 포함된다. 공교육 차원의 온라인수업 도입이 대표적이며, 그 역사가 가장 길다.

스마트폰 등 스마트기기의 등장과 확산을 배경으로 한 '스마트 교육' 추진 과제의 하나로 시작된 온라인수업은, "면대면 출석수업이 불가능한 상황에서 학생의 학습권과 과목 선택권을 보장하기 위해 교사가 지도하는 실시간 또는 비실시간 수업 체제"로 정의된다[4]. 온라인수업은 학습자의 학습 장소와 방법 선택의 권리, 즉 자유권을 확대한 것으로, 〈교육기본법〉에 명시된 교육 주체인

학습자의 권리 보장을 목적으로 한다. 중·고등학생 대상 온라인 수업을 통해 학생들은 전·편입 등으로 인해 발생하는 특정 과목 미이수 문제를 해결하거나, 소속 학교에서 개설되지 않은 선택 과목을 추가로 선택하여 수강할 수 있게 되었다.

온라인수업 도입 이후에는 특수한 상황에 있는 학생들을 위한 온라인수업의 특성화가 이루어졌다. 건강장애학생, 학생선수, 학교 밖 청소년을 대상으로 한 온라인수업이 그것이다. 건강장애학생은 "만성질환으로 인해 3개월 이상의 장기 입원 또는 통원 치료가 필요하여 학교생활 및 학업 수행에 어려움을 겪는 학생[5]"을 의미한다. 이들은 영구적인 장애를 가진 학생들과 달리 과거에는 특수교육대상자로 인정되지 않아 교육의 사각지대에 놓여 있었다. 이후 법적으로 특수교육대상자로 인정되면서 온라인수업 등을 통한 교육 지원이 가능해졌다. 최근에는 특수교육대상자가 아닌, 우울·불안·자살 시도 등을 경험한 정신건강 위기 학생을 대상으로 한 온라인수업 기반 교육 지원 방안도 모색되고 있다.
학생선수 역시 합숙훈련과 각종 대회 참가로 인해 수업 결손을

---

4) 〈2012년도 온라인수업 운영 가이드라인 개발 연구〉(정광훈 외, 2012)
5) 〈특수교육법시행령〉 제10조에 따라 특수교육대상자로 지정된 학생(건강장애를 가진 특수교육대상자)을 지칭한다.

경험한다. 수업 결손의 누적은 고학년으로 올라갈수록 최저학력 기준에 도달하지 못하는 학생선수 비율이 증가하는 결과로 이어진다. 이러한 문제 인식과 '공부하는 학생선수 육성'이라는 목표 아래, 학생선수의 수업 결손 보충과 최저학력 보장을 위한 제도의 하나로 온라인수업이 활용되었다. 한편, 전면적인 온라인수업은 아니지만, 온라인 교육프로그램을 포함한 다양한 학교 밖 학습활동과 경험을 통해 초·중학교 의무교육 단계의 학교 밖 청소년이 학업을 지속하고 학력을 인정받을 수 있도록 지원하는 제도도 있다[6].

이와 같이 건강장애학생, 학생선수, 학교 밖 청소년을 대상으로 한 온라인수업은 평등권과 사회권으로서의 학습권을 확대하려는 접근으로 이해할 수 있다.

고교학점제 도입, 온라인수업의 새로운 지평

온라인수업은 고교학점제 도입과 함께 새로운 전기를 맞이한다. 고교학점제의 핵심은 학생이 필요·적성·능력에 따라 진로를 선택할 수 있도록 고등학교 교육과정을 구성하고, 교과목 이수 인정 기준에 따라 취득 학점이 기준에 도달하면 졸업을 인정하는 데 있다[7]. 고교학점제 역시 학습권 확대·보장을 위한 제도다.

학생의 과목 선택권 확대는 학교의 다양한 과목 개설을 전제로 하지만, 단위 학교 차원의 현실적 한계와 학교 간·지역 간 격차 문제가 존재한다. 이러한 한계를 보완하기 위해 학교 간 공동교육과정이 도입되었으며, 초기의 오프라인(면대면) 운영에서 곧 온라인 과정을 병행하게 되었다. 학생 이동에 따른 안전 문제와 학교 간 시간표 조정의 어려움이 주요한 배경이었다.

학교 간 공동교육과정 역시 운영 학교와 교사의 업무 가중을 피하기 어려웠다. 그리고 콘텐츠 활용 중심의 기존 온라인수업과 달리, 실시간 화상수업을 원칙으로 하는 온라인 공동교육과정은 업무 가중의 문제를 더했다. 이에 공동교육과정 운영 거점학교 지정과, 이를 지원하기 위한 거점센터 운영이 이루어졌다. 학생의 과목 선택권 확대·보장을 목적으로 시작된 온라인수업은 온라인 공동교육과정 도입을 거쳐, 나아가 온라인 공동교육과정을 집중 운영하는 독립적인 학교 설립으로 이어졌다. 각종학교 형태의 공립형 '온라인학교[8]'가 그것이다.

고교학점제 전면 시행에 맞춰 이제 모든 시·도교육청은 각 1

---

6) 의무교육단계 학교 밖 아동·청소년을 대상으로 하며, 학교 밖에서도 의무교육단계(초·중학교) 학력을 취득하고 학습을 이어나갈 수 있도록 지원하는 '의무교육단계 미취학·학업중단학생 학습지원 사업'을 의미한다.

7) 〈초·중등교육법〉 제48조(학과 및 학점 등) 및 〈초·중등교육법 시행령〉 제92조의3(학점제의 운영 등)

개의 온라인학교를 설립·운영하고 있다. 이미 오래전부터 온라인수업 중심으로 교육과정을 운영해 온 공립 부설형 '방송통신 중·고등학교[9]'가 존재하지만, 학령기 학생을 대상으로 한 독립형 온라인학교는 '오래된 미래'의 학교라고 할 수 있다.

이미 오래전부터 여러 국가들에서 K-12 학생들의 학습권 확대 및 보장을 위해 다양한 형태의 온라인학교가 운영되고 있다. 시간제 또는 전일제 학생이 소속된 국외의 온라인학교와는 달리, 현재 우리의 온라인학교는 고등학교 재학 중인 학생들만을 대상으로 과목 단위 수강(시간제)만을 허용한다는 특징 혹은 제약이 있다. 이에 일부 시·도교육청은 고교학점제 지원을 넘어, 건강장애학생, 학교 밖 청소년, 재외 학생 등 다양한 배경을 가진 학생들이 온라인학교를 통해 학업을 지속할 수 있도록 하는 방안을 검토하고 있으며, 전일제 학력 인정 과정 운영 역시 모색하고 있다.

고교학점제 전면 도입은 학생이 '교과목 이수 인정 기준'을 충족할 경우 해당 교과목의 학점을 취득할 수 있게 되었음을 의미한다. 교양과목과 학교 밖 교육과목을 제외한 대부분의 교과목에서는 출석률과 학업 성취율(최소 성취수준)을 모두 이수 기준으로 적용한다. 이에 미도달할 경우, 최소 성취수준 보장 보충지도와 추가학습을 이수해야 학점 취득이 가능하다[10]. 보충지도와 추가학습은 방과후·방학 중 대면지도, 실시간 쌍방향 온라인수업, 보충과제, 학습 멘토링, EBS 온라인 콘텐츠 수강, AI 디지털교과서 활용 등 다양한 방식으로 운영될 수 있다. 특히 출석률 미충족에 따른 추가학습은 100% 온라인수업만으로도 가능해질 것으로 전망된다[11]. 이러한 변화는 학생 선택형 교육과정 운영과 최소 성취수준 보장을 위한 온라인수업 및 온라인학교의 역할과 기대를 분명히 보여준다.

---

8) 온라인학교는 〈초·중등교육법〉 제60조의4(온라인학교)와 〈온라인학교의 설립·운영에 관한 규정〉에 근거하여 교육감이 설립·운영하는 공립고등학교다.
9) 〈초·중등교육법〉 제43조의2(방송통신중학교) 및 제51조(방송통신고등학교)와 〈방송통신중학교 및 방송통신고등학교 설치기준령〉에 근거하여 일반 공립 중학교 및 고등학교에 부설된 학교로, 방송·정보통신 수업을 주로 하되 주말 출석수업을 병행하며, 주로 성인학습자와 학업중단 배경 학생을 대상으로 한다. 특히 방송통신고등학교는 '라디오 방송 수업'을 시작으로 1972년 최초 개교하였다.
10) 〈2025학년도 이후 고교학점제 학점이수 인정기준 및 최소 성취수준 보장지도 운영 계획〉 (교육부, 2024.9.12.)
11) '미도달' 학생 첫 학기에만 3만 명…"고교학점제 손질"(EBS뉴스, 2025.9.25.)

3. '맞춤형 학습권'으로의 확장 가능성과 시도들

온라인수업과 온라인학교는 UNESCO가 제시한 학습권의 핵심 원칙 중 '가용성'과 '접근성' 확대에 나름의 기여를 해 왔다고 인정할 수 있다. 다만 효율성 중심 접근이었다는 한계 역시 인정해야 한다. 생성형 AI가 대중화되고 에이전틱 AI로 나아가는 현 시점의 AI · 디지털 기술은 우리로 하여금 그 이상의 무언가를 기대하게 한다. 바로 '교육의 질이 담보된 맞춤형 학습권(Right to Quality Personalized Education)'이다. 이는 학습권의 핵심 원칙인 '수용가능성'과 '적응성' 확대에 대한 기대다.

　AI · 디지털, 특히 AI가 우리에게 주는 가장 큰 이익은 (빅)데이터 처리에 있다. 맞춤형 학습에 있어서도 마찬가지다. 학습자에 관한 데이터(Data of the Learner)와 학습자에 의해 생성된 데이터(Data by the Learner)가 AI에 의해 수집 · 분석되어, 학습자 맞춤형 학습을 위한 데이터(Data for the Learner)로 활용될 수 있기 때문이다. 학습자 데이터는 AI 모델 개발과 고도화를 위한 학습용 데이터로서 가치가 있다. 이러한 관점에서 UN은 서술-예측-적응의 세 수준으로 나눠, 학습자 데이터가 맞춤형 학습에 활용되는 구조를 설명하고 있다[12]. 여기서는 일반적 데이터 분석 기반 의사결정 과정의 주요 기능인 '예측(Predictive)-진단(Diagnostic)-처방(Prescriptive)-서술(Descriptive)'의 흐름으로 AI·디지털 기술이 어떻게 맞춤형 학습권 확대·보장과 관련되는지 이해해 보고자 한다. 이는 맞춤형 학습을 위해 학습자에게 제공해야 하는 지원(개입, Intervention)에 초점을 둔다는 의미가 있다. 또한 학습자 데이터 기반의 접근은 온라인수업과 오프라인 면대면 수업이 서로 괴리되지 않고, 개별 학습자를 중심으로 하는 연계·통합이 가능하도록 한다는 점에서 유용하다.

예측은 학습자에게 무슨 일이 일어날 가능성이 있는가를 사전에 예상하는 것이다. 여기에는 학습 부진, 교과목 미이수, 학업 중단 등의 부정적 가능성과 성취도 향상 등의 긍정적 가능성을 모두 포함한다. 학습자의 학습 과정과 결과에 대한 데이터를 기반으로 학습의 위험 혹은 성공 가능성을 조기에 예상하여, 개별 학습자에게 최적화된 추천과 처방이 제공될 수 있게 한다. 이는 교육기관과 교수자를 위한 조기 경고 기능으로 활용될 수 있다.

진단은 학습자에게 왜 그런 일이 일어나는가에 대한 원인을 규

---

12) 〈Artificial intelligence in education〉(UN, 2024)은 학습분석(learning analytics)을 설명(Descriptive)·예측(Predictive)·적응(Adaptive)의 세 수준으로 구분하고, 학습자 데이터를 바탕으로 맞춤형 개입과 개별 학습 경로 설계에 활용되는 구조를 설명하고 있다.

명하는 것이다. 학습자의 강점과 약점을 분석하고, 특히 학습자가 가진 문제의 원인을 정확히 파악하고자 한다. 또한 학습 속도나 선호 등 학습자의 학습 패턴을 분석하여 어떤 내용과 방식의 지원이 필요한지 확인한다. 진단은 이어지는 처방의 근거를 제공하는 과정이다.

처방은 예측과 진단의 결과를 토대로 학습자에게 무엇을 해야 하는가를 제시하는 것이다. 학습자의 상태에 따라 개별적인 난이도 조정, 실시간 피드백, 학습경로 제시가 이루어진다. 즉 개인화된 맞춤형 학습을 실행하는 것이다.

서술은 학습자에게 지금 무슨 일이 일어나고 있는가를 보여주는 것으로, 학습자의 현재 상태를 정확하고 객관적으로 파악할 수 있는 시각화된 정보 제공이 중심이다. 이를 통해 교수자와 학습자 모두 학습자의 학습 과정과 결과를 직관적으로 이해할 수 있다.

생성형 AI와 에이전트(agent) AI는 맞춤형 학습권 확대와 보장의 가능성을 더한다. 생성형 AI는 텍스트, 이미지, 코드 등을 생성하는 AI 모델이다. 생성형 AI는 학습자 개인 튜터·코치·도우미로서 가능성을 가진다. 교육 현장에서 챗GPT 등 생성형 AI를 개별 학습자의 질문에 답하고, 학습자의 이해 수준에 맞게 설명을 조정하며, 학습자가 작성한 과제에 대해 즉각적이고 개인화된 피드백을 제공하는 개인 튜터 혹은 조언자로 활용하려는 시도와 사례를 발견할 수 있다.

동일한 맥락에서 UNESCO[13]는 생성형 AI가 기초적인 읽기·쓰기·수리 능력(3Rs)을 학습자가 자신의 속도로 익힐 수 있는 1:1 코치가 될 수 있다는 점을 명시하고 있다. 또한 생성형 AI가 언어 번역, 쉬운 문장으로 재작성을 통해 언어 소수자 등 읽기에 어려움이 있는 학습자를 지원할 수 있음을 밝히고 있다.

생성형 AI는 정적인 프롬프트-응답 구조에 머물러 있다. 이를 보완하기 위해 에이전트 AI가 등장했다고 할 수 있다[14]. 에이전트 AI는 목표를 가지고 지속적으로 움직이는 시스템이다. 교육적 맥락에서 에이전트 AI는 "학습자의 목표와 상태를 인식하고, 스스로 계획·실행·조정하는 교육용 시스템"으로 정의된다[15]. 생성형 AI가 '질문하면 답해주는 도우미'에 가깝다면, 에이전트 AI는 '시간을 두고 지속적으로 관찰하고, 계획하고, 조정하는 역할'을 더한다. 생성형 AI에 에이전트 AI를 더하면 학생 한 명 한 명의 학습경로를 지속 업데이트하는 시스템 구현이 가능할 것으로

---

13) 〈Guidance for generative AI in education and research〉(UNESCO, 2023)

14) 〈Evolution of AI in education: Agentic workflows〉(Kamalov et al., n.d.)

15) 〈AI-powered educational agents: Opportunities, innovations, and ethical challenges〉 (Córdova-Esparza, 2025)

기대하는 이유다. 학습권 관점에서 보면, 모든 학습자에게 상시적 1:1 질문 · 설명 · 피드백 채널이자 파트너 · 조언자를 제공하는 효과가 있다.

에이전트 AI가 담당할 수 있는 다양한 역할을 구분 · 전문화하여, 여러 에이전트가 협력하여 학습자를 지원하는 다중 에이전트 시스템(Multi-Agent System, MAS)이 제안되기도 한다. 특정 과목 · 개념을 1:1로 가르치는 '도메인 튜터 에이전트', 학습 목표 설정, 계획 세우기, 자기 점검을 돕는 '메타인지 코치 에이전트', 학습 동기 부여, 불안 · 좌절 완화, 격려 메시지를 제공하는 '정서 · 동기 지원 에이전트', 그리고 진도 관리, 과제 알림 등을 제공하는 '행정 · 조직 지원 에이전트'로 구성된 다중 에이전트를 예로 들 수 있다[16].

교육 현장에 도입 · 활용되고 있는 대부분의 AI · 디지털 도구들은 생성형 AI와 에이전트 AI를 일부 접목하여 예측-진단-처방-서술의 기능을 개별 혹은 복합적으로 구현한 것이다. AI 코스웨어, 지능형 튜터링 시스템(ITS), 적응형 학습 시스템, 자동 채점 · 피드백 시스템, AI 챗봇 등이 있다. 구체적인 예로, AI 디지털교과서는 학습자를 위한 핵심 서비스로 AI 기반의 학습 진단 및 분석, 학생별 최적의 학습경로 및 콘텐츠 추천, 맞춤형 학습지원(AI 튜터)을 제시한다[17]. 같은 맥락에서 전국적으로 모든 시 ·

도교육청은 독자 혹은 컨소시엄 형태로 'AI 기반'을 표방한 학습 플랫폼을 이미 운영하거나 구축 중에 있다.

앞서 언급한 '최소 성취수준 보장'은 고교학점제 맥락에서 고등학교에만 적용되는 개념이 아니다. 〈기초학력보장법〉 시행에 따라 국가는 읽기 · 쓰기 · 셈하기를 포함하여 초 · 중등 교육과정의 최소한의 성취기준을 충족하는 학력을 보장해야 한다. 이는 모든 학생의 학습권을 보장하고 교육 격차를 해소하며, 궁극적으로는 사회에서 필요한 역량을 갖춘 인재를 육성하는 데 목적이 있다. 법에 근거하여 수립된 〈기초학력 보장 종합계획〉은 진단–맞춤형 지원계획–맞춤형 지원–향상도 검사의 지원 절차를 제시하고, 이를 위해 'AI 기반 기초학력 진단 및 맞춤형 지원체계 구축'을 주요 목표의 하나로 명시하고 있다.

이와 같이 생성형 AI, 에이전트 AI를 포함한 AI · 디지털 기술은 접근성 · 가용성 · 수용가능성 · 적응성을 핵심 원칙으로 하는 다층 · 다면적인 학습권 확대 · 보장의 가능성을 가지고 있으며,

---

16) 〈AI-powered educational agents: Opportunities, innovations, and ethical challenges〉 (Córdova-Esparza, 2025)
17) 〈AI 디지털교과서 개발 가이드라인〉(한국교육학술정보원, 2023)은 AI 디지털교과서를 "학생 개인의 능력과 수준에 맞는 다양한 맞춤형 학습 기회를 지원하고자 인공지능을 포함한 지능정보기술을 활용하여 다양한 학습자료 및 학습 지원 기능 등을 탑재한 소프트웨어"로 정의한다.

교육 현장에서 AI · 디지털 기술을 접목하려는 시도와 사례는 그
가능성에 대한 기대를 드러낸다고 할 수 있다.

4. AI·디지털 기반 학습권 확대의 이면

AI · 디지털 기술은 새로운 차원의 학습권 확대와 보장을 가능하
게 할 수 있다. 다만 접근성과 가용성 차원의 학습권에서, 수용가
능성과 적응성을 포괄하는 맞춤형 학습권으로 나아가기 위해서
는 갖추어야 할 조건과 함께 해결해야 할 쟁점과 과제가 존재한
다. AI · 디지털 기반 학습권 확대와 보장의 이면(裏面)을 살펴볼
필요가 있다.

OECD, UN, UNESCO, UNICEF 등 여러 국제기구는 AI ·
디지털 기술의 교육적 활용, 특히 학습권 확대와 보장을 위한
가능성을 제시하는 동시에, 실질적인 학습권 확대와 보장을 위
해 해결해야 할 쟁점과 과제를 제기하고 있다. 여기서는 여러
국제기구가 제기한 AI · 디지털 기반 교육의 쟁점을 종합하여,
UNESCO가 학습권의 핵심 원칙으로 제시한 4A 프레임워크의

영역별로 구분해 제시하고자 한다[18].

　가용성의 쟁점은 국가 혹은 학교가 공적으로 제공해야 할 기반과 관련된다. 다시 말해, 국가 혹은 학교가 AI · 디지털 학습 환경을 제대로 제공하고 있는가에 대한 문제다. 무엇보다 AI · 디지털 기술의 발전과 확산 속도에 비해 법 · 제도와 윤리 규범이 뒤처져 있으며, 이는 학습권 확대와 보장에 직접적인 사각과 공백을 만든다는 지적이 제기된다. 모든 국제기구가 AI가 교육의 형평성과 포용성에 미치는 영향을 관리하기 위해 데이터 거버넌스, 학교 수준의 의사결정, 교사 자율성과 규제 간의 균형 등을 촉구하는 이유다.

　교사와 AI의 역할 분담과 협력 모델 역시 중요한 쟁점이 될 수 있다. AI 혹은 에이전트가 수업 설계, 피드백, 평가, 상담을 자동화하면서 교사의 전문성이 위축되고 탈숙련(de-skilling)될 수 있다는 우려와 동시에, 데이터 이해와 AI 활용 등 새로운 역량에 대

---

18) 이는 〈Guidance for generative AI in education and research〉(UNESCO, 2023), 〈The Potential Impact of AI on Equity and Inclusion in Education〉(OECD, 2024), 〈Artificial Intelligence in Education〉(UN, 2024), 〈Generative AI: Risks and Opportunities for Children〉(UNICEF, 2024), 〈AI and Education: Protecting the Rights of Learners〉(UNESCO, 2025)의 관련 내용을 종합하고, UNESCO의 4A 프레임워크에 따라 정리한 것임을 밝힌다.

한 과도한 부담이 지적된다. AI · 디지털 기술을 효과적으로 활용하기 위해 교사에게 새로운 디지털 · 데이터 역량 요구가 증가하고 있으나, 적절한 연수나 지원 없이 책임만 늘어날 경우 업무 과부하와 전문성 위축으로 이어질 수 있다. 한편 AI 도입이 교사의 고용 안정성과 노동권 문제와 연결될 수 있다는 점도 지적된다. 생성형 AI가 수업 준비, 평가, 자료 제작을 지원할 수는 있으나, 이를 이유로 교사 인력 축소나 역할 축소의 명분이 되어서는 안 되며, 교사는 여전히 교육의 핵심 주체라는 점이 강조된다.

또한 교육에서 사용되는 다수의 AI · 디지털 도구, 콘텐츠, 플랫폼이 민간 빅테크 기업에 의해 제공되는 현실 속에서, 공교육의 공공성과 데이터 주권, 국가의 책무성이 약화될 수 있다는 우려도 제기된다. 국경을 넘는 에듀테크 기업과 플랫폼이 콘텐츠, 데이터, 알고리즘을 통제하면서 국가 교육 정책의 자율성과 학습권 보장에 도전이 되고 있다는 것이다.

접근성의 쟁점은 보편적 접근과 관련된다. AI · 디지털 기술의 교육적 활용에서 가장 먼저 우려되는 문제는 디지털 접근성 격차다. 국가 간은 물론 국가 내 지역 및 사회경제적 격차가 AI · 디지털 기반 학습권을 저해할 우려가 있다. AI · 디지털 기술이 제공하는 혜택은 인프라가 갖춰진 국가, 학교, 계층에 집중될 수 있으며, 인프라 취약 지역에서는 학습권이 구조적으로 제한될 수 있다. 유료 AI 서비스는 경제력에 따라 접근 격차를 더욱 심화시킬 가능성도 지적된다.

나아가 단순한 기기·인터넷·플랫폼 접근의 차이를 넘어, AI·디지털 리터러시 격차는 포용성 측면에서 가장 큰 위험 요소로 지목된다. 이러한 맥락에서 생성형 AI로 인한 새로운 형태의 디지털 격차 발생 가능성이 제기된다. 생성형 AI는 입력 (prompting) 능력, 언어 능력, 디지털 활용 능력이 부족한 학습자에게 더 불리하게 작용할 수 있다는 점에서다.

수용가능성의 쟁점은 교육의 질, 안전, 그리고 공정성과 관련된다. 우선 프라이버시 침해와 감시의 문제를 들 수 있다. AI·디지털 시대의 교육은 학습자 데이터의 대규모 수집과 분석을 전제로 한다. 그러나 이것이 적절히 관리되지 않을 경우, 학습권이 감시와 통제의 권리로 전도될 수 있다는 문제가 제기된다. 데이터 프라이버시 보호의 부재는 AI의 교육적 활용에서 가장 큰 위험 요소 중 하나로 지적된다. 특히 많은 국가에서 생성형 AI 관련 법과 규제가 미비해 학생과 교사의 데이터가 충분한 보호 장치 아래에서 수집·저장·활용되지 못하고 있다는 점이 문제로 제시된다. 교육 현장에 생성형 AI 기반 모니터링과 평가 도구를 도입할 경우, 학습자의 활동이 세밀하게 추적·기록되며 감시형 학습 환경으로 전환될 수 있다는 경고도 제기된다.

AI 알고리즘의 편향성 문제 역시 중요하다. AI가 성별, 계층, 장애, 언어 측면의 기존 사회적 불평등을 그대로 학습할 경우, 교육에서의 형평성과 학습권의 비차별 원칙이 심각하게 훼손될 수 있다는 문제의식이다. 서구·영어권 중심의 데이터에 기반한 생성형 AI가 언어적·문화적 다양성을 왜곡하고 고정관념을 재생산할 위험성도 지적된다.

편향된 데이터는 편향된 예측과 추천으로 이어지며, 이는 결국 불평등한 기회 제공의 메커니즘으로 작동할 수 있다. 특히 특수교육 대상 학습자에게 기술이 특정 능력을 기준으로 정상과 비정상을 구분하고 낙인찍는 테크노 에이블리즘(techno-ableism)의 발생 가능성도 제기된다. 학습자 평가와 선발 과정에서 활용되는 테크놀로지가 불투명한 기준으로 차별적 결과를 초래할 수 있다는 우려다.

AI·디지털 기술이 학습을 안내하거나 중요한 결정을 내릴 경우, 학습자가 '왜 그러한 결과가 나왔는지'를 이해할 수 있도록 하는 설명가능성 역시 요구된다. 그러나 현재의 AI·디지털 기술은 이러한 투명성과 설명가능성에서 여전히 한계를 보인다. 특히 생성형 AI는 설득력 있어 보이는 그럴듯한 거짓을 만들어 낼 수 있으며, 학습자가 이를 사실로 받아들일 경우 학습의 질이 심각하게 훼손될 수 있다. 표절과 부정행위, 평가의 공정성 문제 역시 함께 제기된다. 학교별로 AI 활용 규칙이 상이할 경우, 일부 학습자는 AI를 합법적으로 활용하고 다른 학습자는 제한된 상태에서 경쟁해야 하는 상황이 발생할 가능성도 있다. 부정행위를 방지하기 위한 e-proctoring(원격 시험 감독)은 다시 프라이버시 침해 문제를 야기하는 딜레마로 지적된다.

적응성의 쟁점은 학습의 개인화와 학습자 주체성과 관련된다. 우선 학습자의 자율성과 주체성 약화, 그리고 AI에 대한 과의존 문제가 제기된다. AI가 학습의 계획과 경로를 전적으로 제시할 경우, 학습자가 스스로 목표를 설정하고 탐구하며 시행착오를 통해 배우는 경험이 제한될 수 있다는 우려다. 고도로 개인화된 시스템이 학습자의 모든 선택을 안내할 경우, 비판적 사고와 추론 능력의 약화, 자기조절학습과 메타인지 발달의 저하로 이어질 수 있다는 지적도 제기된다.

특히 아동·청소년이 AI를 교사, 상담사, 혹은 친구로 인식하며 과도하게 의존할 경우, 현실 세계에서의 관계 형성 능력과 의사결정 능력에 부정적 영향을 미칠 수 있다는 경고도 나온다. AI가 아동·청소년의 사회·정서 및 인지 발달에 미치는 부정적 영향이 적지 않다는 것이다. 예컨대 생성형 AI가 외로움을 완화하고 정서적 위로를 제공할 수는 있으나, 동시에 의존, 조작, 나아가 부적절한 관계 형성의 위험을 수반할 수 있다는 점이 함께 지적된다.

5. AI·디지털 시대, 학습권 보장의 기준: 4A-5C 프레임워크

AI·디지털 시대에 부합하는 학습권 확대와 보장을 위해서는 AI·디지털 기반 교육이 4A, 즉 가용성·접근성·수용가능성·적응성을 충족하는 방향으로 나아가야 한다. 이러한 맥락에서 UNESCO는 기기·인터넷·콘텐츠·플랫폼 등의 디지털 가용성이 확보되고, 경제적·지리적·물리적·디지털 장벽 없이 차별 없는 접근이 가능하며, AI·디지털 기술이 교육의 질을 저해하지 않도록 안전하고 윤리적인 방식으로 사용되고, 다양한 학습자의 필요와 변화하는 사회 조건에 적응해야 함을 강조한다[19].

또한 UNESCO는 국가가 AI·디지털 전환을 추진할 때 충족해야 할 요소로 조정과 리더십(Coordination and leadership), 콘텐츠와 솔루션(Content and solutions), 역량과 문화(Capacity and culture), 연결성과 인프라(Connectivity and infrastructure), 비용과 지속가능

---

19) 〈AI and education: Protecting the rights of learners〉(UNESCO, 2025)
20) 이는 〈Guidance for generative AI in education and research〉(UNESCO, 2023), 〈The Potential Impact of AI on Equity and Inclusion in Education〉(OECD, 2024), 〈Artificial Intelligence in Education〉(UN, 2024), 〈Generative AI: Risks and Opportunities for Children〉(UNICEF, 2024), 〈AI and education: Protecting the rights of learners〉(UNESCO, 2025)의 관련 내용을 종합하고, 이 글에서 새롭게 제안한 '4A-5C 프레임워크'로 구조화하여 제시한 것임을 밝힌다.

성(Cost and sustainability)의 5C 프레임워크(5C framework)를 제시
했다. 이는 AI · 디지털 전환을 파편적 사업이 아니라 시스템적
변화로 만들기 위한 가이드로서 의미가 있다. 여기서는 학습권의
핵심 원칙인 4A와 학습권 보장을 위한 실행 조건으로 볼 수 있는
5C를 매트릭스로 구조화하여, AI · 디지털 시대 학습권 확대와
보장을 위한 정책 프레임워크로 제안한다. 다음 표는 4A-5C 매
트릭스 구조로 거시적인 정책 방향을 요약한 것이다[20].

AI · 디지털 시대 학습권 보장 정책 프레임워크: 4A-5C 프레임워크

구분 (원칙/조건)	조정과 리더십	콘텐츠와 솔루션	역량과 문화	연결성과 인프라	비용과 지속가능성
가용성	국가 차원의 조정 · 거버넌스 체계 확보	양질의 공공 학습 콘텐츠와 플랫폼 제공	교육주체의 AI · 디지털 활용 역량 확보	전국적 디지털 인프라 보급	지속가능한 재원 · 예산 확보
접근성	형평성 제고를 위한 정책 조정	콘텐츠 · 플랫폼 포용성 확보	역량 격차 해소 지원	누구나 접속 가능한 인프라 환경	취약계층의 경제적 장벽 해소
수용 가능성	윤리 · 책임성 기반의 정책 운영	콘텐츠 정확성 · 안전성 검증 체계	책임 있는 AI · 디지털 활용 문화 조성	안전한 AI · 디지털 학습 환경 보장	공공성 유지와 비용 · 품질의 균형
적응성	변화에 유연한 조정	플랫폼의 개방성 · 확장성	교육주체의 자율적 혁신 역량 지원	학습의 시 · 공간 제약 해소	지속가능한 운영 모델 마련

우리나라를 포함한 세계 각국은 이 정책 프레임워크에 부합한 정책을 설계하고 추진하고 있다고 본다. 다만 국가별 여건과 상황에 따라 실제 정책 추진 양상과 진척에는 크고 작은 차이가 존재한다. 우리나라 역시 교육의 AI · 디지털 전환을 둘러싼 여러 측면에서 특수한 상황과 지점에 놓여 있다. 이러한 맥락에서 이 프레임워크의 5C 영역별로 AI · 디지털 기반 학습권 확대 · 보장을 위한 몇 가지 구체적 제안을 하고자 한다.

첫째, 국가적 '조정과 리더십'이 작동해야 할 시점이다. 우선 'AI 디지털교과서(이하 AIDT)'의 교육 현장에서의 위치와 활용 범위를 보다 명확히 설정할 필요가 있다. 디지털교과서는 과거 '전자저작물'에서 AIDT 도입을 계기로 '지능정보화기술을 활용한 학습지원 소프트웨어'로서 '디지털교과서'라는 법적 명칭을 부여받았다. 그러나 이후 얼마 지나지 않아 AIDT의 법적 지위는 다시 '교육 자료'로 조정되었고, 검 · 인정 절차도 중단되었다. 이미 검정을 통과한 AIDT는 현재 학교 현장에서 '교육 자료'로 활용되거나 채택 여부를 논의 중인 상황에 놓여 있다. 본래 '교과서'로서 의무 채택이 예상되었으나, 최근 법 개정으로 인해 그 지위가 교과서가 아닌 교육 자료로 변경되었기 때문이다.

이로 인한 교육 현장의 혼란은 조속히 해소될 필요가 있다. 명칭부터 혼란을 준다. 이제 법적으로 디지털교과서를 표현할 수 있는 용어는 '전자책'이다. 〈초·중등교육법〉 제29조에 따라 교육부장관은 필요한 경우 전자적 매체에 실어 학생이 컴퓨터 등 정보처리장치를 이용하여 내용을 읽거나 보거나 들을 수 있게 발행한 전자책을 교과용 도서로 검·인정하거나 편찬할 수 있다.

한편 의무 채택에서 학교 자율 선택으로 전환되면서, 학교 또는 지역 간 '디지털 접근 격차'가 발생하고, 이것이 디지털 활용 역량 격차로 이어져 확장될 가능성 역시 고려해야 한다. AIDT 사용 여부 자체보다는, 개별 학생 데이터를 기반으로 AI에 의한 예측·진단·처방·서술 기능을 교육 현장에 접목할 수 있는 매개체에 대한 고민이 필요하다. AIDT는 코스웨어(courseware)이며, 코스웨어는 AIDT 이전과 이후를 막론하고 학교나 교사 수준에서 선택·활용되어 왔다. 이미 개발된 AIDT를 코스웨어의 하나로 활용하도록 '권장'하는 수준으로 정책 조정을 검토할 필요가 있다. 이는 이미 검정을 통과한 AIDT 발행사의 법적 대응 상황과 국내 에듀테크 발전이라는 관점에서도 고려할 필요가 있다. 다만 AIDT가 더 이상 교과서가 아니라는 점은 변함이 없다.

둘째, '콘텐츠와 솔루션' 측면에서 공공 학습 플랫폼 도입·개발 방향의 전환을 모색할 필요가 있다. AI·디지털 기반 교육에서 학습 플랫폼은 필수 요소다. 많은 국가들이 공공 플랫폼이 아닌 민간 상업 플랫폼에 의존하고 있는데, 도입 용이성 등 여러 장점을 지니지만 수익성과 데이터 수집을 우선시하기 쉬워 교육의 공공성과 형평성과 충돌할 위험이 크다는 지적도 따른다.

이러한 이유로 우리나라에서는 주로 SI(System Integration) 사업을 중심으로 공공 학습 플랫폼을 구축해 왔다. SI는 네트워크, 하드웨어, 소프트웨어 등 IT 요소들을 결합해 하나의 시스템으로 운영되도록 하는 사업을 의미한다. 공공 부문에서 SI 접근은 불가피한 측면이 있으나, 학습 플랫폼이 갖춰야 할 개방성과 확장성에는 한계를 가진다는 점 역시 인정해야 한다. 이로 인해 공공 학습 플랫폼은 구축—유지보수—재구축의 과정을 반복하며 점진적이며 지속적인 축적과 빌드업을 이루지 못해 왔다. 그 결과 오랜 시간 최신 기술을 빠르게 접목해 온 상용 플랫폼과의 격차가 누적되고 있다. 이것이 AI · 디지털 기반 맞춤형 교육의 격차로 이어질 수 있다는 우려는 과도하지 않다.

다만 상용 플랫폼을 새로운 시각으로 바라볼 필요는 있다. UNESCO와 UNICEF가 공공 디지털 학습 플랫폼(Public Digital Learning Platform, PDLP)의 원칙으로 강조한 '공공성' 준수를 전제로 해야 한다. UNESCO와 UNICEF는 공공성(Public), 포용 · 수용(Accommodating), 보완성(Complementary), 집중 · 단계성(Focused), 신뢰성(Trusted), 개방성(Open)의 여섯 가지 원칙을 제시하고 있다. 이는 교육이 시장 상품이 아니라 공공재이자 인권이라는 점을 플랫폼 설계에 반영해야 하며, 공공이 플랫폼을 소유·통제하고 재정을 지원하되 민간은 공동 인프라의 구성원으로 참여해야 함을 의미한다.

이러한 맥락에서 CANVAS, MOODLE, Open edX와 같은 오픈소스 학습 플랫폼을 기반으로 SI 사업을 통해 공공 학습 플랫폼을 구축·운영하는 방안도 대안이다. Open edX를 비롯한 오픈소스 플랫폼은 소스 공개뿐 아니라, 교육기관이 직접 운영·관리하거나 이를 전문 파트너 기업에 위탁할 수 있는 생태계를 갖추고 있다. 국내 K-MOOC와 다수 대학의 온라인강의시스템 역시 이러한 오픈소스 플랫폼을 국내 맥락에 맞게 최적화한 사례다.

셋째, '역량과 문화' 측면에서 AI·디지털 기반 학습 환경에 부합하는 학습자의 기본 소양으로 성장 마인드셋(growth mindset)과 자기이해지능(intrapersonal intelligence)에 주목할 필요가 있다. 성장 마인드셋은 "경험과 노력을 통해 능력과 지능을 향상시킬 수 있다는 신념[21]"으로, 고착 마인드셋(fixed mindset)과 대비된다. 성장 마인드셋은 AI·디지털 기술을 활용한 학습자 모두의 완전학습(mastery learning)의 가능성을 높여주는 기본 소양으로 의미가 있다. 완전학습체제에서 학습자는 자신에 적합한 수준과 속도로

---

21) 〈The New Psychology of Success〉(Dweck, 2006)

학습을 해 나가는데, AI·디지털 기술은 학습자들이 각자 자신의 속도에 맞게 학습하고 부족한 부분을 반복하고 강화할 수 있는 맞춤형 피드백을 제공할 수 있다. 이는 성장 마인드셋의 핵심인 경험과 노력을 통한 성장과 밀접하게 연관된다. 특히 정책적 배려가 필요한 '느린 학습자'에게 요구되는 소양이다.

자기이해 혹은 자기성찰지능은 "자신의 강점과 약점, 잘한 것과 못한 것을 충분히 검토하며 파악하는 능력"으로, 다중지능이론에서 모든 지능들이 효율적으로 발휘될 수 있도록 컨트롤 타워의 역할을 하는, 가장 중요하게 꼽히는 지능이다[22]. 앞서 언급한 것처럼 AI가 우리에게 주는 가장 큰 이익은 (빅)데이터 처리에 있고 이는 맞춤형 학습에 있어서도 마찬가지다. 학습자에 대한 폭넓고 깊이 있는 데이터는 학습자 자신의 보다 객관적인 자기인식과 주도적인 자기조절이라는 이익을 가져올 수 있다. 이러한 점에서 자기이해지능은 AI·디지털 시대에 필수적인 역량이다.

넷째, '연결성과 인프라' 측면에서 학습의 시·공간적 제약 완화 혹은 해소를 위한 접근이 필요하다. 교육부는 팬데믹 상황에서 활용할 수 있는 원격수업의 유형을 콘텐츠 활용 중심 수업, 실시간 쌍방향 수업, 과제 중심 수업으로 제시했고, 이후 제정·시행된 〈원격교육법〉에 따라 매년 수립되어 학교에 제공되는 '원격수업 운영기준'에서도 이 세 가지 수업 유형을 유지했다. 그러나 실제 현장에서는 실시간 쌍방향 수업에 편중된 경향이 강하고, 고교학점제 지원을 위해 도입된 온라인 공동교육과정과 온라인학교 역시 실시간 쌍방향 수업만을 채택하고 있다. 시·공간적인 면에서 다소 경직된 수업 유형 활용 양상을 보인 것이다.

〈온라인학교의 설립·운영에 관한 규정〉에서 온라인학교의 수업은 쌍방향 실시간으로 진행되는 원격수업의 방법으로 운영하되, 온라인학교의 장이 교육상 필요한 경우에는 출석수업의 방법으로 운영할 수 있도록 한다. 학생의 참여, 학생과 교사 간 상호작용, 그리고 교사가 직접 가르치는 수업을 중시하는 것은 당연하다. 다만 '실시간'이라는 시·공간적 제약을 다른 원격수업 유형과 혼합하여 보완할 필요가 있다. 교실온닷[23], 줌(Zoom) 등을 활용한 현재의 실시간 쌍방향 수업만으로는 학습자 데이터 기반의 맞춤형 학습을 기대하기 어렵다. 이러한 맥락에서 실시간 쌍방향 수업을 중심으로 하더라도 다른 수업 유형이 유연하게 혼합되어 활용될 수 있도록 유도해야 한다.

과제 중심 수업이 가지는 장점이 많으나 거의 유명무실하다는

---

22) 〈Frames of Mind: The Theory of Multiple Intelligence〉(Gardner, 1983)
23) 온라인 공동교육과정 운영을 위해 개발된 실시간 쌍방향 수업 플랫폼이다. 미네르바스쿨의 실시간 화상 회의 기반 Active Learning Forum(ALF)를 벤치마킹하여 개발되었으나, ALF와 같이 학습자의 참여도와 성과 데이터를 실시간으로 수집하고 분석하여 맞춤형 학습을 제공하는 수준은 아니다.

것도 고민해야 할 문제다. 주어진 과제를 수업의 '시간'으로 어떻게 어느 정도로 환산해야 하는지에 대한 기준이 없기 때문이다. 이는 여전히 역량으로서 학력(學力)보다는 이력으로서 학력(學歷)을 기준으로 하는 현행 교육과정 및 학사 운영에 기인한 것이다.

다섯째, '비용과 지속가능성' 측면에서는 AI · 디지털 기술의 교육적 효과성과 안전성을 검증하는 체계 마련이 필요하다. UN[24]은 AI · 디지털 기술이 학습권 확대의 기회를 제공할 수 있지만, 그 효과성은 주로 에듀테크 기업의 주장에 의존하고 있다고 지적한다. 이에 따라 AI · 디지털 기술의 학습 효과와 안전성에 대한 대규모 · 장기적 실증 연구의 필요성이 제기되고 있다. 특히 포용성과 형평성에 미치는 영향에 대한 체계적 조사 · 분석과 이를 위한 표준화된 효과성 · 안전성 평가 프레임워크 정립이 요구된다.

우리나라의 경우 디지털 기반 교육에 대한 사회적 영향평가 제도화가 제안되고 있다[25]. 증거 기반의 AI · 디지털 기술 활용–평가–환류 체계 구축이 필요하다는 것이다[26]. 이는 AI · 디지털 기반 교육의 공공성과 지속가능성 확보를 위해 중요한 과제다.

---

24) 〈Artificial intelligence in education〉(UN, 2024)
25) 〈디지털 시대 교육기회 균등의 헌법적 의미와 입법적 과제 탐색〉(김용, 2024): 〈지능정보화 기본법〉에 따른 지능정보서비스 영향평가와 유사한 틀로, 〈원격교육법〉에 따른 디지털 기반 교육의 사회적 영향 평가 제도화를 제안했다.
26) 〈디지털 플래그십 학교 모델 개발 연구〉(손찬희 외, 2024)

유아와 저학년 어린이를 위한 AI 교육과정

조기성 (계성초등학교 교사)

1. 어린이를 대상으로 하는 AI 교육의 본질
2. 어린이 AI 교육에 대한 정부 정책 이해하기
3. 어린이 AI 교육에서 다루어야 할 핵심 내용
4. 어린이를 위한 AI 교육과정 설계와 운영의 주의점

1. 어린이를 대상으로 하는 AI 교육의 본질

2025년 새로운 정부가 출범하면서 제123대 국정과제를 발표하고, "모두의 역량으로 여는 AI 강국, 인재로 도약하는 세계 3강"이라는 비전을 제시하였다. 이 과정에서 AI 인재 양성의 목표를 밝히며, 전 생애주기에 걸친 보편적 AI 교육을 선언하였다. 초·중·고 학생부터 성인에 이르기까지 생애주기별 AI 교육을 확대 지원하여 전 국민의 AI 이해 및 활용 역량을 향상시키겠다는 방향이다.

그러나 이러한 정책 방향만을 놓고 본다면, 어린이(유아 및 초등 저학년) 교육 단계부터 AI를 적극적으로 활용하거나 사용해야 한다는 오해를 불러올 수 있다. 어린이에게는 무엇보다 발달 단계에 맞는 교육과정이 필요하다. AI 강국을 위한 AI 교육을 시작한다고 하여 저학년부터 코딩 교육을 실시하거나 AI를 적극적으로 활용하도록 하는 것은, 걸음마를 막 시작한 아이에게 달리기를 강요하는 것과 다르지 않다. 달리기를 잘하기 위해서는 먼저 안정적인 걸음마를 통해 균형 감각을 익히고, 기초적인 운동 능력을 기르는 과정이 필요하다. 이러한 기초·기본 교육을 통해 신체 발달과 감각이 충분히 형성되었을 때, 달리기 또한 더욱 효과적으로 학습할 수 있다.

마찬가지로 유·초등 시기의 AI 교육은 AI를 적극적으로 사용하는 데에 초점을 두기보다는, 교육이 가능한 시기에 AI의 본질을 이해하고 이후 효과적으로 활용할 수 있도록 기초와 기본을 다지는 방향으로 구성되어야 한다. 이를 위해 읽기(Reading), 쓰기(wRiting), 셈하기(aRithmetic)의 '3R' 교육을 강화하고, 조작 활동과 논리적 사고를 기르는 것이 유아 및 초등 저학년 단계에서의 AI 교육이라고 할 수 있다.

AI 교육과 '3R' 기초 교육이 어떤 관계가 있는지 궁금하다면, 유아와 초등 저학년 시기는 '그릇'을 만들어가는 단계라는 점에 주목해 볼 필요가 있다. K-12(초·중·고)와 평생교육이 새로운 지식을 배우고 습득하는 단계라면, 초등학교 단계는 지식이라는 그릇을 만들고 그릇에 지식을 담는 방법을 배우며 익히는 과정이라고 할 수 있다. 그릇이 완성되지 않았는데 무리하게 지식을 담기만 한다면, 완성되지 않은 그릇은 망가지고 작은 그릇이 완성되었다고 하더라도 그릇에 담을 수 있는 지식은 한정적일 수밖에 없다. 유아와 초등 저학년 시기에는 지식을 담는 그릇을 크게 만들어 간 뒤, 초등 중학년(3학년) 이후에 그릇에 지식을 담는 방법을 배우고 스스로 지식을 담아 문제를 해결하는 역량을 키워가는 과정의 기초를 만드는 것이 중요하다. AI라는 만능 열쇠를 미리 보여준다면 그릇을 만들지 않은 채 모든 것을 AI로 해결하려는 AI 과의존으로 이어질 수 있다.

기초학습이 이루어지지 않은 상태, 즉 아이들의 발달 구조가 완성되지 않은 상태에서의 빠른 AI 학습은 득보다 실이 많을 것이라 예측된다.

2. 어린이 AI 교육에 대한 정부 정책 이해하기

2025년 9월 확정 발표된 123대 국정과제 가운데 99번째 과제로 언급된 'AI 디지털시대 미래인재 양성' 정책에서 유아 및 초등학교 단계에 해당하는 내용을 정리하면 다음 〈표〉와 같다.

내용 가운데 초등학교 저학년에 해당하는 내용을 살펴보면, 첫 번째로 놀이 및 체험 중심 활동을 통해 AI에 대한 이해와 친숙도를 높이는 다양한 방과후 프로그램을 운영한다는 점을 확인할 수 있다[1].

이 내용을 보면 방과후 프로그램을 통해 놀이와 체험 중심으로 AI에 대한 친숙도를 높이고자 하는 정책 방향이 제시되어 있음을

---

1) 〈AI for All 모두를 위한 AI 인재양성방안〉, 2025.11.10., 교육부

알 수 있다. 다만 방과후 프로그램은 모든 학생을 대상으로 하는 활동이 아니며, 놀이와 체험 중심이라고 하더라도 초등 저학년에게 AI를 체험 중심으로 제공할 경우 AI를 흥미 위주로 인식하고 단순히 재미로 사용하는 도구로 받아들일 가능성이 있다. AI를 활용하기 이전에 더 중요한 것은, 이를 바르게 활용할 수 있는 역량을 기르는 것이다.

방과후 프로그램은 선택 프로그램이다. 정부의 AI 관련 교육이 '모두를 위한' 교육정책이라면, 선택 활동이 아니라 모든 학생을 대상으로 이루어져야 한다. 만약 방과후를 통한 놀이·체험 중심의 AI 교육이 성공하더라도, 이는 방과후를 수강한 아이들과 수강하지 않은 아이들 사이에 또 하나의 격차를 만들 수 있다. 정규 교과에서 이루어지는 초등 AI 교육이 3학년부터라면, 출발점을 다르게 만드는 방식은 정책 효과 측면에서 한계를 가질 수 있다. 유아·초등 저학년에서 AI를 체험 중심으로 제공하는 것이 맞다고 하더라도, 선택형 방과후 활동이 아니라 정규 시간에 모든 학생을 대상으로 운영될 필요가 있다.

AI를 바르게 활용할 수 있는 역량을 기르기 위해서는 AI 활동에 앞서 정보 활용 역량과 문해력을 기초적으로 기르는 과정이 선행되어야 하며, 이러한 기초·기본을 갖춘 이후에 AI를 활용하

<表> AI 디지털시대 미래 인재 양성 영역별 세부 추진 내용

영역	세부 추진 내용 (2025년 이후)
I. 초등 저학년 맞춤형 교육	**1. 놀이 및 체험 중심 활동**: 초등학교 저학년을 대상으로 놀이와 체험 중심 활동을 통해 AI에 대한 **이해와 친숙도를 높이는** 다양한 방과후 프로그램 운영.
	2. 디지털 새싹 프로그램: 초·중·고 학생을 대상으로 비교과 시간이나 방과후에 AI 및 디지털 교육 제공을 확대. (예: **AI 플레이 그라운드**를 통해 음성인식, 이미지, 음악 생성 기술 체험 및 AI 기반 게임 제작)
	3. 교과 연계 기본 소양: 초등 실과 등 특정 교과 외 일반 수업에서 AI 교육 자료를 활용하여 AI 기본 소양을 쌓을 기회 제공.
	4. AI 중점학교 확대: AI 교육에 특화된 학교(초등학교 AI 중점학교)를 2028년까지 1,000개교로 확대 지원.
II. 필수 기본 소양 강화	**1. AI 윤리 교육**: 인공지능의 특성과 사회적 영향을 이해하고 책임감 있게 AI를 활용하도록 학교급/학년별 **AI 윤리 콘텐츠** 개발 및 보급 예정.
	2. 데이터 및 융합 교육: 데이터 이해, 분석, 활용 능력을 강조하고 과학, 수학 등 수업에 적용하며, 융복합적 문제 해결을 위한 **STEAM 교육(동아리, 융합형 교육실 구축)** 강화.
	3. AI 수업 도구 개발: 학생들이 AI 모델을 실제로 제작하고 활용할 수 있는 AI 수업 도구 개발 및 배포 추진.
III. 교육 환경 및 인력 지원	**1. 디바이스 및 네트워크**: AI 교육 자료 활용을 위해 학생 1인 1디바이스 보급 지속 및 학교 규모를 고려한 10G 무선망 확대.
	2. 인적 지원 강화: 학교의 AI 및 디지털 학습 환경 조성을 지원할 **디지털 튜터(전담 인력)** 배치를 확대하고, AI 분야 역량을 갖춘 청년(대학생)들이 학교 교육 활동에 참여하는 **AI 청년 멘토링** 도입 지원.
	3. AI 교육 지원센터: 모든 교육청에 단위 학교의 AI 교육 지원 및 학생/학부모 대상 교육을 실시하는 **AI 교육 지원센터** 설치/운영 목표.
IV. 유아 교육 혁신 (유보통합)	**1. 정부 책임형 유보통합 추진**: 0세 반부터 교사 대 아동 비율 개선, 3~5세 **단계적 무상교육·보육**실현 등을 포함한 정부 책임형 유보통합 추진.

는 것이 바람직하다. 실제로 현재 생성형 AI 역시 활용 연령을 만 13세 이상(보호자 동의 필요)으로 제한하고 있으며, 만 18~19세 이상은 별도의 동의 없이 활용할 수 있도록 하고 있다.

AI 교육이라고 해서 반드시 AI를 체험하고 활용해야만 AI 교육이 되는 것은 아니다. 오히려 바르게 활용할 수 있는 기초 교육을 중시하는 관점이 필요하다. 정책에는 AI 윤리 교육에 대한 내용도 포함되어 있으나, 유아 및 초등 저학년 단계에서 AI 활용과 동시에 AI 윤리를 교육하는 것 역시 시기상조로 볼 수 있다.

그 밖의 정책 내용은 주로 초등학교 중학년(3학년) 이후에 적용될 1인 1디바이스, 10G 네트워크 구축 정책 등으로 이해할 수 있다. 유아와 초등 저학년(1·2학년) 단계에서는 디바이스 사용을 가급적 지양하는 것이 바람직하다. 만약 활용이 필요하다면, 아날로그 방식보다 효과성이 크다고 판단되는 단순 퀴즈나 반복 연습이 필요한 과정에 한하여 제한적으로 활용하는 것이 적절할 것이다.

3. 어린이 AI 교육에서 다루어야 할 핵심 내용

앞서 언급했듯이, 유아와 초등 저학년에서의 AI 교육은 AI를 직접 다루거나 체험하는 데에 목적을 두기보다, 3R을 강화하는 방향으로 이루어지는 것이 바람직하다. 직접 말하고, 듣고, 쓰고, 셈하는 활동과 더불어 다양한 조작 활동을 통해 소근육을 발달시키는 과정은 이후 AI를 활용할 수 있는 기본적인 역량을 기르는 데 중요한 역할을 한다.

독서 활동을 통해 문해력을 기르고, 주제 중심 학습(2022 개정 교육과정에서의 개념 기반 탐구가 적용된 통합교과)을 통해 사고력을 확장하는 활동은 이미 현행 교육과정 안에 비교적 잘 정리되어 있다. 이 외에 저학년 단계에서의 AI 기초 역량을 위해 추가로 고려할 수 있는 활동 내용을 정리하면 다음과 같다.

통합교과 안에서의 AI 윤리 교육

초등 저학년(1, 2학년)에서는 통합교과(바른생활, 슬기로운 생활, 즐거운 생활)가 적용된다. 통합교과는 다음과 같은 주제를 중심으로 개념 기반 확장을 통해 학습이 이루어진다.

	주제
1학년	학교, 사람들, 우리나라, 탐험, 하루, 약속, 상상, 이야기
2학년	나, 자연, 마을, 세계, 계절, 인물, 물건, 기억

통합교과 활동에는 이미 바른생활을 중심으로 한 윤리 교육이 포함되어 있다. 따라서 저학년 어린이들에게 AI 윤리를 별도의 영역으로 가르치기보다, 통합교과 안에서 자연스럽게 녹여내는 방식이 적절하다. 가정에서부터 디지털 도구를 접한 경험이 있는 어린이들에게는 바르게 활용하는 태도가 자연스럽게 형성될 수 있도록 교육과정이 설계될 필요가 있다.

어린이들은 디지털 네이티브로 태어나 생활 속에 디지털 환경이 이미 녹아 있으며, 부모의 AI 활용 모습을 보며 성장하고 있다. 이러한 점을 고려할 때, 일상생활 속에서 활용될 수 있는 디지털과 AI 윤리 요소가 통합교과 안에 포함되어 바른 활용의 기본을 형성해야 한다.

예를 들어 1학년 2학기에 '하루'라는 주제로 수업을 할 때, 아이들의 하루 생활을 다루며 신체 건강과 마음 건강, 시간 활용에 대해 활동할 수 있다. 이 과정에서 아이들이 부모님의 스마트 기기를 이용해 동영상을 보는 상황을 언급할 수도 있다.

- 부모님의 스마트 기기는 허락을 받고 사용한다.
- 부모님과 약속한 시간만 사용한다.
- 동영상을 볼 때 기기와 눈 사이의 거리를 지킨다.
- 디지털 기기는 어른과 함께 있을 때 사용한다.

이러한 내용은 '하루'라는 소단원에서 함께 다루거나, 다른 수업에서 약속으로 정해 실천할 수 있다. 또한 '약속'이라는 단원에 적용해도 좋다. '하루'에서 다룬 내용을 '약속' 단원에서 실천하는 방식으로 확장하면, 디지털 활용과 윤리의 기본을 다루는 데 도움이 된다.

조작 중심의 기초 · 기본 교육: 종이접기, 만들기

저학년 시기에는 소근육 발달과 두뇌 발달을 위해 다양한 조작 활동이 필요하다.

- 종이접기

손 조작과 함께 정확한 과정과 단계를 따라 목표를 달성하는 활동으로, 소근육 발달과 두뇌 발달, 창의력 향상, 집중력 및 인내력 강화에 도움을 준다. 또한 잘못된 과정을 수정하고 결과를

찾아가는 경험을 통해 컴퓨팅 사고력의 기초를 형성할 수 있는
활동으로 볼 수 있다.

• 만들기

　손 조작을 통해 기초 단계부터 차근차근 완성해 가는 활동으
로, 레고와 같은 만들기 과정에서 잘못 조립된 부분을 고쳐 가는
경험은 문제 해결력을 기르는 데 매우 유용하다.

전략 게임과 보드게임

• 전략 게임: 오목, 바둑, 장기, 체스 등

　정해진 규칙 안에서 상대의 수를 예측하며 전략을 세워야 하므
로 두뇌 발달에 도움이 된다. 집중력, 논리적 사고, 문제 해결 능
력, 전략적 판단력을 향상시키는 대표적인 마인드 스포츠로 볼
수 있으며, 영역 확장과 포용(바둑), 연속된 수 만들기(오목), 전략
을 통한 상대 제압(장기, 체스) 등의 요소를 통해 컴퓨팅 사고력의
기초 활동으로 활용할 수 있다.

• 보드게임

　다양한 두뇌 발달 보드게임이 개발되고 있으며, '우노(UNO)'나

'할리갈리(HALLI GALLI)'와 같은 기초 게임을 통해 집중력과 사고력, 순발력을 함께 기를 수 있다.

기본이 중요한 교육과정

• 수 논리 중심의 기초·기본 교육: 연산 및 수리

   수학 교과를 통해 기본적인 셈하기 교육이 이루어지고 있으며, 기초 연산 능력을 강화하는 것은 이후 AI 교육을 위한 수리 능력의 토대가 되는 중요한 시기이다.

• 언어 중심의 기초·기본 교육: 말하기, 듣기, 쓰기

   말하기, 듣기, 쓰기 활동을 통해 논리적 사고를 기를 수 있어야 하며, 독서 활동을 통한 문해력 강화가 특히 중요하다. 동영상 중심의 자극보다 그림책과 글책을 통해 의미를 생각하고 상상하며 표현할 수 있는 교육이 요구되는 시기이다.

4. 어린이를 위한 AI 교육과정 설계와 운영의 주의점

어린이를 위한 AI 교육과정에서 가장 먼저 유의해야 할 점은, AI 교육이라는 이유로 어린이에게 직접적인 AI 활용 방법을 보여주거나 실제 도구 사용을 전제로 한 수업을 설계하지 않는 것이다. 저학년 어린이에게 AI 도구를 직접 사용하게 할 경우, 쉽고 편리한 사용 경험에 몰입하면서 정보를 스스로 탐색하고 정리하는 과정을 거치지 않게 될 가능성이 크다. 이는 학습의 효율성을 높이기보다는 오히려 기초 학습 역량 형성을 저해할 수 있다. 따라서 AI 교육을 설계하기에 앞서, 각 AI 도구가 제시하고 있는 활용 연령 가이드를 명확히 확인하고 이를 엄격히 적용하는 것이 필요하다.

또한 초등 저학년 시기에는 수업 중 디지털 기기와 AI 활용 자체를 전반적으로 지양할 필요가 있다. 이 시기의 어린이가 디지털 도구 사용에 과도하게 노출될 경우, 디지털 및 AI에 대한 과의존으로 이어질 위험이 크기 때문이다. 초등 저학년에서는 디지털 도구가 아날로그 활동보다 분명한 교육적 효과를 가지는 경우가 아니라면 사용을 최소화하는 것이 바람직하며, 이는 학교 수업뿐 아니라 가정에서도 함께 지켜져야 할 원칙이다.

218

이러한 관점에서 어린이를 위한 AI 교육은 'AI를 사용하는 교육'이 아니라, 'AI를 올바르게 활용할 수 있는 토대를 마련하는 교육'으로 이해되어야 한다. 교사용 AI 교수·학습 설계 가이드라인을 간단히 정리하면 다음과 같다.

① AI 도구의 사용 가능 연령을 확인해야 한다. 2025년 말 기준, 초등 저학년에서 활용 가능한 AI 도구가 아직 없다는 점을 전제로 수업을 구성해야 한다.
② 흥미 위주의 AI 체험 활동이나 도구 중심 활용 수업은 지양하고, AI 외 디지털 도구 역시 꼭 필요한 경우에만 제한적으로 활용하는 것이 바람직하다.
③ 대신 수업 설계의 중심은 조작 활동과 단계적 활동에 두어야 한다. 종이접기, 만들기, 순서가 있는 활동, 반복과 수정이 가능한 활동 등을 통해 어린이의 논리력과 컴퓨팅 사고력의 기초를 형성하는 것이 중요하다.

이러한 활동은 AI를 직접 언급하지 않더라도, 이후 AI를 이해하고 활용하는 데 필요한 사고의 틀을 충분히 길러줄 수 있다. 결국 저학년을 위한 AI 교육과정은 AI라는 용어를 앞세우기보다, 어린이의 발달 단계에 맞는 기본 역량을 차분히 쌓아가는 방향으로 설계되어야 한다.

덧붙이자면 이러한 기준이나 원칙은 교사 각자의 감각에 맡겨질 문제라기보다는 교사의 전문적 판단이 발휘되고 존중받고 지지받아야 할 영역에 해당한다. 저학년 AI 교육에서는 어떤 것을 도입할 것인지보다, 무엇을 아직 도입하지 않을 것인지를 판단하는 교사의 안목이 중요하다. AI나 디지털의 활용을 제한하고 보류하는 교사의 선택은 소극적인 대응이 아니라 어린이 발달의 단계와 학습권을 고려한 매우 적극적인 교육적 판단이어야 한다. 따라서 어린이를 위한 AI 교육과정의 설계와 운영은 교사가 기술의 가능성과 한계에 대한 이해를 바탕으로 교육적 기준을 세우고 환경 요인들을 조율해 가는 과정이며, 이때 교사의 전문성은 '학습자의 지금 맥락에서 어떤 것이 교육적으로 보다 적절한가'를 가리는 판단으로 구현되는 것이지 도구 활용의 숙련도에서 비롯되는 것이 아니다. 즉 유아와 저학년 어린이를 위한 AI 교육과정은 주어진 정책의 집행이 아니라 학습자의 발달을 고려한 교사의 전문적 판단을 중심에 두는 과정일 때 교육적 의미를 실현할 수 있을 것이다.

교육 데이터, 기대와 우려 사이

윤성혜 (러닝스파크㈜ 이사, 교육공학 박사)

1. 직관에 데이터를 더한다
2. 교육 데이터 활용의 현주소
3. 데이터가 여는 가능성과 드리우는 그림자
4. 교육 데이터 활용의 조건: 윤리 원칙과 실천

1. 직관에 데이터를 더한다

수학 수업 중, 선생님은 학생들을 관찰한다. 뒷줄에 앉은 민준이는 연필을 돌리며 자꾸 창밖을 보고, 지호는 조용히 문제를 들여다보지만 좀처럼 손이 움직이지 않는다. 선생님은 생각한다. "민준이는 집중이 안 되는 것 같네. 지호는 뭔가 막힌 건가?" 수업이 끝난 뒤 학습지를 걷어 보니 의외의 결과가 나온다. 민준이는 다 맞았고, 지호는 절반 이상 틀렸다. 모든 판단은 교사의 기억과 직관에 의존한 것이었다.

같은 수업을 학습분석 기능을 갖춘 에듀테크로 진행한다면 어떨까. 학생들이 태블릿으로 문제를 풀면 풀이 과정과 응답 시간이 자동으로 기록된다. 수업 후 대시보드를 확인한 교사는 데이터를 본다. 민준이는 정답률 100%, 평균 응답 시간 30초, 오답 없음. 지호는 특정 개념 영상을 세 번 반복 시청했고, 정답률 40%, 풀이 중단 2회. 선생님은 이제 다르게 판단할 수 있다. "민준이는 산만해 보였지만 문제 이해는 확실했구나. 지호는 겉으로는 조용했지만 개념에서 막혔네. 내일 보충 설명을 넣어야겠어."

교육 현장에 데이터가 빠르게 스며들고 있다. 출석, 성적, 클릭 로그, 영상 시청 시간까지. 이제 학습자의 데이터를 수집·분석해 교육적 의사결정을 돕는 학습분석(Learning Analytics) 대시보드는 에듀테크의 필수 사양이 되어 가고 있다. 데이터는 교사의 직관을 보완하고, 보이지 않던 학습자의 상태를 드러내 줄 수 있다. 그러나 동시에 질문이 따라온다. 이 데이터는 정말 우리가 알고 싶은 것을 말해 주고 있는가? 학습자와 교육자가 진짜 필요로 하는 정보인가? 우리는 그 의미를 제대로 이해하고 활용하고 있는가?

이 글에서는 교육 데이터의 가능성과 그 이면의 우려를 균형 있게 살피고자 한다. 데이터가 열어 주는 기회를 인정하면서도, 부적절한 활용이 야기할 수 있는 문제들을 직시한다. 그리고 데이터가 진정한 교육적 가치를 갖기 위한 조건, 즉 윤리적 원칙과 실천 방안을 탐색한다.

2. 교육 데이터 활용의 현주소

교육 현장에서 데이터를 활용한다고 할 때, 이는 단순히 많은 양의 데이터를 수집하고 분석하는 것만을 의미하지는 않는다. 중요한 것은 그 데이터가 교육적 의사결정과 처방으로 이어지는가이다. 이와 관련된 개념이 학습분석이다. 학습분석은 학습자와 학습 환경에 대한 이해와 최적화를 목적으로 데이터를 측정·수집·분석·보고하는 활동을 말한다(Siemens & Long, 2011).

학습분석의 목적은 네 가지로 구분할 수 있다(SoLAR, n.d.). 첫째, 과거 수행에서 경향성을 파악하는 설명(descriptive analytics), 둘째, 그러한 경향이 나타난 원인을 탐색하는 진단(diagnostic analytics), 셋째, 미래의 경향과 결과를 예측하는 예측(predictive analytics), 넷째, 학습을 최적화하기 위한 실행 가능한 전략을 제안하는 처방(prescriptive analytics)이다. 단순한 데이터 수집이나 시각화를 넘어, 구체적인 교육적 처방까지 연결되는 것이 학습분석의 특징이다.

교육 현장에서 수집되는 데이터는 매우 다양하다. 성적, 정답률, 풀이 시간과 같은 학습 데이터가 있고, 로그인 빈도, 클릭 수, 영상 시청 시간과 같은 행동 데이터도 있다. 질문, 토론 참여, 동료 협업 기록과 같은 상호작용 데이터 역시 수집된다. 이러한 데이터는 학습관리시스템(Learning Management System, LMS), 적응형 학습 플랫폼, 평가 시스템 등 다양한 경로를 통해 자동으로 축적된다.

이렇게 수집된 데이터를 교육 현장에서 활용하는 대표적인 방식이 대시보드다. 국내에서는 학습 플랫폼과 연계한 대시보드 활용이 점차 확산되고 있다. 예를 들어, 건강장애학생을 위한 원격 수업 플랫폼에서는 교사가 대시보드를 통해 학생의 학습 패턴을 파악하고, 과목별 학습 전략의 차이까지 피드백한 사례가 보고되었다(도재우 외, 2022). 해외에서도 ALEKS, OU Analyse와 같은 적응형 학습 시스템과 예측 분석 도구가 활용되고 있다.

그러나 이러한 데이터 활용이 실제로 교육적 효과를 내고 있는지는 여전히 논쟁적이다. Kaliisa 외(2024)는 38개 연구를 메타분석하여 학습분석 대시보드가 학생의 성취도, 동기, 참여, 태도에 미치는 영향을 검토했다. 결과는 기대에 미치지 못했다. 성취도의 경우 76.5%의 연구에서 무시할 수 있거나 작은 효과 크기를 보였고, 동기나 태도 측면에서도 대체로 효과가 크지 않았다. 상대적으로 참여 영역에서는 중간 정도의 효과를 보인 연구가 많았지만, 전반적으로 대시보드가 약속했던 기대에 충분히 부응했다고 보기는 어려웠다. 적응형 학습 시스템의 효과를 검토한 또 다른 메타분석에서도 유사한 패턴이 나타났다. 적응형 학습 시스템이 전통적 수업을 완전히 대체했을 때는 효과가 작았고, 보완적으로 활용되었을 때 중간 정도의 효과가 확인되었다(Sun et al., 2021).

교육 현장에 데이터가 빠르게 쌓이고 있다. 그러나 데이터가 많아진다고 해서 교육이 자동으로 나아지는 것은 아니다. 그 데이터가 무엇을 말해 주고 있는지, 그리고 무엇을 말해 주지 못하는지를 함께 살펴볼 필요가 있다.

3. 데이터가 여는 가능성과 드리우는 그림자

데이터가 여는 가능성

앞서 묘사한 민준이와 지호의 가상 사례와 같이, 교육 데이터는 교육 현장에 새로운 가능성을 열어주고 있다.

데이터 활용에 대한 가장 큰 기대는 개인화 학습이다. 개인화 학습이란 학습자 개개인의 필요, 강점, 흥미 등에 따라 학습 목표, 내용, 방법, 속도를 조정하는 것을 의미한다. 여러 기관과 연구자들이 다양하게 정의해왔지만, 공통적으로 강조하는 것은 학습 환경을 학습자의 특성에 맞게 조율한다는 점이다(Bernacki et al., 2021).

전통적인 교실에서 교사가 30명의 학생을 동시에 가르치면서 개별 학습자의 상태를 파악하기란 쉽지 않다. 그러나 학습 데이터가 축적되면 각 학생이 어디서 막히고, 어떤 개념을 반복 학습하며, 어떤 유형의 문제에서 오답이 많은지를 파악할 수 있다. Walkington과 Bernacki(2020)는 학습이론과 개인화 학습 설계의 관계를 설명한 바 있다. 일반적인 학습이론에서는 학습자의 특성이 학습 환경에 참여하는 방식과 학습 성과에 영향을 준다고 본다. 개인화 학습 설계는 여기서 한 걸음 더 나아가, 학습자로부터 수집된 데이터나 학습자의 선택을 바탕으로 학습 환경을 적응시켜 학습 성과를 높일 수 있다고 가정한다.

앞서 언급한 건강장애학생 사례가 이를 잘 보여준다. 교사는 대시보드를 통해 한 학생이 화법과 작문에서는 틀린 문제를 끝까지 다시 풀어 최종 정답률 100%를 달성했지만, 수학에서는 틀린 문제를 그대로 두어 정답률이 43%에 머물렀다는 것을 파악했다. 이를 바탕으로 교사는 "처음에 얼마나 맞추느냐보다 틀린 문제를 다시 풀어서 얼마나 내 것으로 만드느냐가 더 중요"하다는 피드백을 제공할 수 있었다(도재우 외, 2022). 데이터가 없었다면 발견하기 어려웠을 과목별 학습 전략의 차이를 포착한 것이다.

데이터는 학습 부진이나 중도 탈락 위험이 있는 학생을 조기에 발견하고 개입하는 데 활용될 수 있다. 문제가 누적되어 손쓰기 어려워지기 전에, 데이터가 보내는 신호를 통해 미리 개입할 수 있다는 것이다.

영국 Open University의 OU Analyse가 대표적인 사례다. 이 시스템은 학생의 학습 행동 데이터(과제 제출 여부, 로그인 패턴, 학습 자료 접근 빈도 등)를 분석해 학업 실패 위험이 있는 학생을 예측하고, 교수자에게 알림을 제공한다. 교수자는 이 정보를 바탕으로 위험군 학생에게 선제적으로 연락하거나 추가 지원을 제공할 수 있다. 이러한 예측 분석은 특히 대규모 온라인 강좌나 원격 교육 환경에서 유용하다. 대면 수업에서는 교사가 학생의 표정이나 행동을 관찰하며 어려움을 감지할 수 있지만, 온라인 환경에서는 데이터가 그 역할을 대신할 수 있다.

데이터는 개별 학생 수준을 넘어 학급, 학교, 나아가 교육 시스템 전체의 개선에도 기여할 수 있다.

교실 수준에서 교사는 학급 전체의 학습 현황을 파악하고 수업설계를 조정할 수 있다. 예를 들어, 특정 단원에서 학급 전체의 정답률이 낮다면 그 개념에 대한 추가 설명이 필요하다는 신호가 된다. 특정 유형의 문제에서 오답이 집중된다면 문제 자체의 난이도나 표현을 점검해 볼 수 있다.

학교 수준에서는 학년별, 과목별 학업 성취 추이를 분석해 교육과정 운영을 점검하거나, 특정 프로그램의 효과를 평가하는 데 데이터를 활용할 수 있다. 예컨대 특정 프로그램에 참여한 학생들의 성취도 변화를 추적해 프로그램의 지속 여부를 판단할 수 있다. 또한 학생들의 출결, 학습 참여, 정서 관련 데이터를 종합해 학교 차원의 학생 지원 체계를 설계하는 데도 활용할 수 있다.

교육청이나 정책 입안자 수준에서는 더 넓은 범위의 의사결정을 지원할 수 있다. 학교별, 지역별 학습 격차를 데이터로 확인하고, 자원 배분의 우선순위를 정하거나, 특정 정책의 효과를 평가

하는 데 활용할 수 있다. 예를 들어, 특정 지역에서 수학 기초학력 미달 학생 비율이 높다면 해당 지역에 추가 지원을 집중하는 근거가 된다. 새로운 교육 프로그램을 도입했을 때 실제로 학생들의 성취나 참여에 변화가 있었는지를 데이터로 검증할 수도 있다. 직관이나 경험에만 의존하는 것이 아니라, 데이터에 기반한 근거 있는 의사결정을 할 수 있게 되는 것이다.

데이터가 드리우는 그림자

그러나 데이터 활용에는 그림자도 따른다. 우선 학생의 클릭 하나, 영상 시청 시간, 문제 풀이 중단 횟수까지 기록되면서 프라이버시 침해 우려가 제기된다. 중국의 일부 학교에서는 출석 체크를 넘어 수업 중 학생이 집중하는지, 졸고 있는지, 심지어 웃고 있는지까지 AI가 분석해 교사에게 보고하는 시스템을 도입해 논란이 되었다. 이러한 데이터 수집이 학습 지원을 위한 것이라 해도, 학습자 입장에서는 자신의 모든 행동이 감시당하는 느낌을 받을 수 있다.

베이징대학 법학과 Zhang Ping 교수는 기술로 학생을 통제하면 개인의 차이와 창의성이 죽는다고 경고했으며, 청소년 정신건강 전문가들은 이러한 시스템이 학생들의 반감을 유발할 수 있다고 우려했다(GETChina Insights, 2019). 특히 학생은 데이터 수집에 대해 충분한 설명을 듣거나 동의 여부를 선택할 기회가 제한적인 경우가 많다. 데이터가 누구에게 공유되고, 얼마나 오래 보관되며, 어떤 목적으로 사용되는지에 대한 투명성이 부족하면 불안은 더 커진다.

알고리즘은 데이터에 내재된 편향을 그대로 반영하거나 증폭시킬 수 있다. 과거 데이터에 기반해 "이 학생은 학업 실패 위험이 높다"고 예측하는 시스템이 있다면 그 예측 자체가 낙인이 될 수 있다. '부진 학생', '위험군'이라는 라벨이 붙으면 교사나 학생 본인의 기대가 낮아지고, 그 기대가 실제 결과에 영향을 미치는 자기실현적 예언으로 이어질 수 있다. 또한 특정 집단에 대한 과거의 불평등이 데이터에 반영되어 있다면 알고리즘은 그 불평등을 재생산하거나 강화할 위험이 있다.

데이터에 의존하다 보면 측정 가능한 것만 중요하다는 착시가 생길 수 있다. 정답률, 응답 시간, 접속 횟수는 측정하기 쉽지만, 창의성, 협력, 회복탄력성, 학습에 대한 즐거움 같은 역량이나 태도는 데이터로 포착하기 어렵다. 측정하기 쉬운 것만 강조되면 교육의 본질이 왜곡될 수 있다. 학생이 정답을 맞혔는지는 알 수 있지만 그 과정에서 무엇을 고민했는지, 어떤 시행착오를 겪었는지는 데이터만으로 알기 어렵다.

　측정이 가능한 경우에도 그것이 우리가 진짜 알고 싶은 것을 말해주는지는 또 다른 문제다. 예컨대 우리가 알고 싶은 것은 학생의 자기조절학습 능력이나 노력 수준이지만, 실제로 측정되는 것은 로그인 횟수나 영상 시청 시간이다. 이처럼 직접 측정하기 어려운 개념을 간접적으로 추정하기 위해 사용하는 변수를 대리변인(proxy variable)이라고 한다. 연구에서는 '주당 평균 로그인 수'를 '노력 조절'의 지표로, 'LMS 로그인 간격의 규칙성'을 '시간관리'의 지표로 사용하기도 한다(이성혜 외, 2021). 그러나 로그인 횟수가 정말 노력을 의미하는가? 영상을 재생해 둔 시간이 정말 학습을 의미하는가? 이러한 간극을 인식하지 못하면 데이터에 기반한 판단이 오히려 학습자를 잘못된 방향으로 이끌 수 있다.

　데이터가 학습자에게 직접 제공될 때 의도치 않은 부작용이 발생할 수 있다. 특히 사회비교 정보를 제공하는 대시보드는 양날의 검이다. 자신의 위치를 객관적으로 파악하면서 학습 전략을 조정하는 데 도움이 될 수 있지만, 반대로 불안과 경쟁심을 자극할 수도 있다. 한 연구에서는 대시보드를 본 학생들의 감정을 조사했는데, 가장 많이 보고된 감정은 불안(anxiety)으로 41%에 달했다(Duan et al., 2022). 성적 백분위나 순위를 보여주는 것이 일부 학생에게는 동기를 유발할 수 있지만, 낮은 성과가 지속되면 '나는 원래 못하는 사람'이라는 고정 마인드셋을 강화하거나, 순위에 집착하고 단기적 성취만을 추구하는 왜곡된 학습 태도로 이어질 수 있다. 같은 정보도 학습자의 특성과 맥락에 따라 약이 될 수도, 독이 될 수도 있는 것이다.

데이터가 있어도 제대로 해석하고 활용하지 못하면 오히려 해가 될 수 있다. 상관관계를 인과관계로 착각하거나, 맥락을 무시한 채 단순 비교를 하는 것이 흔한 오류다. '대시보드를 자주 본 학생의 성적이 높다'는 데이터가 있을 때, 대시보드가 성적을 높인 것인지, 원래 성적이 높은 학생이 대시보드를 더 자주 보는 것인지는 구분해야 한다. 반대로, 데이터가 있음에도 활용하지 못하는 경우도 있다. "이걸 보고 뭘 하라는 건지 모르겠어요"라는 반응은 학습분석 활용의 주요 저해 요인으로 꼽힌다(Herodotou et al., 2020; Tsai & Gašević, 2017). 데이터를 교육적 의사결정으로 연결하는 역량이 부족하면, 수집된 데이터는 그저 숫자로만 남게 된다.

4. 교육 데이터 활용의 조건 : 윤리 원칙과 실천

앞서 살펴본 그림자들은 데이터 활용을 포기해야 한다는 의미가 아니다. 오히려 데이터가 교육적 가치를 갖기 위해 무엇이 필요한지를 묻게 한다.

데이터 활용에는 윤리적 원칙이 필요하다. 여러 국제기구와 연구자들이 제안한 원칙들을 종합하면 몇 가지 공통된 방향이 드러난다. 영국 정부의 데이터 윤리 프레임워크(Government Digital Service, 2020), 네덜란드의 교육 데이터 프라이버시 · 윤리 참조 프레임워크(Secure and reliable use of education data zone, 2021), 그리고 학습분석의 공정성과 형평성에 관한 연구(Guan, Feng, & Islam, 2023; Uttamchandani & Quick, 2022) 등을 종합하면 기본적인 윤리 원칙이 공통되게 나타난다.

첫째, 투명성(transparency)이다. 어떤 데이터가 수집되고, 어떤 목적으로 사용되며, 누구와 공유되는지가 이해하기 쉬운 형태로 공개되어야 한다. 투명성은 단순히 정보를 제공하는 것을 넘어, 데이터 주체가 자신의 정보가 어떻게 다뤄지는지 실질적으로 이해할 수 있어야 함을 의미한다(Government Digital Service, 2020; Secure and reliable use of education data zone, 2021).

둘째, 책무성(accountability)이다. 데이터 활용에 대해 누가 책임지는지가 명확해야 하고, 기관은 그에 대해 설명할 수 있어야 한다. 영국의 데이터 윤리 프레임워크는 효과적인 거버넌스와 감독 메커니즘이 구축되어야 함을 강조한다. 문제가 발생했을 때 책임 소재가 불분명하다면, 윤리적 데이터 활용은 구호에 그칠 수밖에 없다(Government Digital Service, 2020; Secure and reliable use of education data zone, 2021).

셋째, 공정성(fairness) 또는 형평성(equity)이다. 알고리즘이 특정 집단에 불리하게 작동하지 않도록 편향을 점검하고, 낙인효과나 차별을 방지해야 한다(Government Digital Service, 2020; Secure and reliable use of education data zone, 2021). 그러나 Uttamchandani와 Quick(2022)은 이 같은 시각의 확장을 요청했다. 알고리즘적 공정성도 물론 중요하지만 계산적 접근만으로 더 공정한 사회가 만들어지지 않는다는 것이다. 더 큰 사회적 맥락에서 억압을 재생산하는지, 해방을 지원하는지를 물어야 한다는 것이 그들의 주장이다.

이 같은 일반 윤리 원칙 외에도 교육에서의 데이터는 인간 중심성이 보다 강조될 필요가 있다. 데이터와 알고리즘은 의사결정을 지원하는 도구일 뿐, 최종 판단은 교육자와 학습자의 몫이다. 자동화된 의사결정에도 항상 인간이 개입하는 'human in the loop[1]'가 보장되어야 한다(Secure and reliable use of education data zone, 2021). 특히 교육 데이터가 인간의 독립적 판단 능력을 박탈하지 않도록 주의해야 한다. 교육 데이터에 대한 과도한 의존은 학습자와 교육자의 의사결정 능력을 저하시킬 수 있다. 예컨대, 학습자에 대한 예측 시스템은 학습의 효율성을 높일지언정 시행착오를 통한 학습 가능성은 약화시킬 수 있으며, 교사 또한 데이터의 예측 기능에 의존하다가 전문성 개발의 기회를 잃을 수도 있다(Guan, Feng, & Islam, 2023).

우리나라에서도 AI 발전과 함께 교육 데이터 윤리에 대한 논의가 본격화되고 있다. 2022년 교육부가 발표한 〈교육분야 인공지능 윤리원칙〉은 인공지능이 교육 분야에서 윤리적 측면에서 안정적이고 적절한 사용이 이루어지도록 하는 목적을 가지고 있다. 이 원칙은 인공지능을 교육에 적극 활용하되 교육공동체의 연대와 협력, 사회 공공성 증진, 데이터 처리의 투명성과 합목적 활용을 강조한다. 특히 10대 세부 원칙 중 "데이터 처리의 투명성을 보장하고 설명 가능해야 한다"와 "데이터를 합목적적으로 활용하고 프라이버시를 보호한다"는 항목은 교육 데이터 윤리의 핵심을 다루고 있다(교육부, 2022).
이러한 윤리 원칙은 데이터의 가치 실현을 위해 아주 중요한 부분이지만, 원칙만으로는 충분하지 않다. 원칙을 현장에서 실천하기 위해서는 구체적인 역량과 실천 방안이 필요하다.

먼저 교육자의 데이터 리터러시 향상이 필요하다. 현장의 교육자가 데이터가 무엇을 의미하는지 이해할 수 있어야 한다. 앞서 살펴본 대리변인의 한계, 상관관계와 인과관계의 구분, 맥락에 따른 해석의 차이 등을 인식할 수 있어야 한다. 교사가 대시보드를 보고 '이 학생은 로그인을 안 했으니 노력을 안 하는 것'이라고 단정하는 것과, '로그인 데이터가 낮은데, 다른 이유가 있는지 확인해봐야겠다'고 생각하는 것은 전혀 다른 접근이다. 데이터를 맹신하지도, 무시하지도 않고, 비판적으로 해석하고 활용할 수 있어야 한다. 네덜란드 프레임워크 역시 교육 데이터를 다루는 모든 사람이 통계와 교육 분야의 적절한 지식을 갖추어야 한다고 강조한다(Secure and reliable use of education data zone, 2021).

데이터에 대한 이해와 해석이 오롯이 교육자의 몫인 것은 아니다. 데이터 해석과 활용에 학생을 초대할 수도 있다. 수학 교육자 Carl Slater는 데이터를 분석하고 그 이면에 숨겨진 스토리를 만들어내는 과정에 학생을 참여시켰다. 갤러리 워크 방식으로 학생들

---

1) 휴먼인더루프(Human-in-the-loop, HITL)는 인공지능의 추론 등 과정의 중간에 인간이 개입하여 학습 데이터를 검수 및 조정함으로써 인공지능과 인간이 피드백 루프(고리)를 형성하는 구조를 말한다.

이 자신의 학습 데이터를 스스로 검토할 수 있게 한 것이다. 학생들에게는 "이 데이터에서 어떤 점이 놀라웠고 그 이유는 무엇인가요?", "누구의 경험이 여기에 반영되어 있나요? 소외된 사람은 누구인가요?", "어떤 패턴이 보이나요?", "이 데이터를 통해 어떤 조치를 취해야 할까요?"와 같은 질문을 던졌다. 학생이 데이터를 성찰하면 학생은 관찰 대상에서 학습의 능동적 설계자로 전환될 수 있다는 것이 Carl Slater의 믿음이다(Slater, 2025).

그밖에 이해관계자와의 공동 설계도 학습 데이터의 의미 있는 활용을 위한 좋은 방법론 중 하나다. 어떤 데이터를 수집하고, 어떻게 분석하며, 무엇을 보여줄 것인지를 설계하는 과정에 교사, 학생, 학부모가 참여하는 것이다. '무엇을 측정할 것인가'는 기술적 결정이 아니라 교육적 가치의 문제이기 때문이다. 예를 들어 학습자 대시보드에 상대적 순위를 포함할지 여부는 그것이 학습에 도움이 되는지, 어떤 부작용이 있는지에 대한 교육학적 이해와 현장의 목소리를 반영해 결정해야 한다.

실제로 이러한 공동 설계를 시도한 사례들이 있다. 국내의 한 교육청에서는 초·중·고 학생의 문해력 향상을 위한 학습분석 지표를 설계하면서 교사들과 함께 워크숍을 진행했다(윤성혜 외, 2023). 또 다른 사례에서는 공유대학 플랫폼의 학습분석 지표를 설계할 때 학생과 교직원이 함께 참여해 자신들이 필요로 하는 정보가 무엇인지, 어떤 형태로 제공되면 좋을지를 논의했다(윤성혜 외, 2025). 이러한 참여적 설계는 데이터가 현장의 필요에 부합하도록 하고, 사용자가 데이터의 의미를 이해하고 더 잘 활용할 수 있게 한다.

결국 데이터 활용의 효과는 기술 자체가 아니라 그것을 어떻게 설계하고, 해석하고, 활용하느냐에 달려 있다. 앞서 메타분석 결과가 보여주었듯이 에듀테크가 전통적 수업을 완전히 대체했을 때보다 보완했을 때 효과가 더 컸다(Sun et al., 2021). 데이터와 알고리즘은 의사결정을 지원하는 도구일 뿐, 최종 판단은 교육자와 학습자의 몫이다.

민준이의 산만함 뒤에 숨은 이해력을, 지호의 침묵 속에 가려진 어려움을 발견하는 것, 이것이 데이터가 열어주는 가능성이다. 그러나 그 발견을 어떻게 해석하고, 어떤 지원으로 연결할지는 여전히 교육자의 판단과 학습자와의 관계 속에서 결정된다. 교육 데이터의 가치는 그것을 누가, 어떤 원칙으로, 누구와 함께 설계하고 해석하느냐에 달려 있다. 투명성, 책무성, 공정성의 원칙 위에서, 교육자의 비판적 해석 역량과 학습자의 능동적 참여가 만날 때, 데이터는 비로소 학습을 지원하는 도구가 될 수 있다. 국내에서도 교육부의 윤리원칙 수립과 교사 역량 강화를 통해 이러한 방향이 구체화되고 있다. 이제 질문은 '데이터를 활용할 것인가'가 아니라 '어떻게 활용할 것인가'다. AI 시대 교육을 준비한다는 것은 기술 인프라 구축만을 의미하지 않는다. 데이터를 비판적으로 읽고 윤리적으로 활용하며, 학습자와 함께 그 의미를 구성해 가는 역량을 갖추는 것, 이것이 교육 공동체가 진정으로 갖추어야 할 AI 시대의 준비다.

참고문헌

교육부 (2022). 인공지능, 교육현장에서 안전하게 활용해요!: 〈교육분야 인공지능 윤리원칙〉 최초 마련. 교육부.

도재우, 어정인, 나용재, 김수진 (2022). 맞춤형 교육을 위한 교사의 학습분석 기반 대시보드 활용과 인식에 대한 연구. 한국교육연구, 39(4), 261–289.

윤성혜, 권현지, 전영훈, 이윤서, 이하경, 임동관, 김성욱 (2023). 인간 중심 학습분석학을 위한 공동 설계 사례 연구. 정보교육학회논문지, 27(3), 331–343.

윤성혜, 공정민, 이희제, 최지연 (2025). 공유대학 교수–학습 플랫폼을 위한 디자인 씽킹 기반 학습분석 지표 설계. 정보교육학회논문지, 29(1), 11–25.

이성혜, 이유경, 박소영, 함은혜 (2021). 자기조절학습 행동데이터에 대한 탐색적 연구: 해외 학습분석 연구를 대상으로. 교육공학연구, 37(2), 191–236.

Bernacki, M. L., Greene, M. J., & Lobczowski, N. G. (2021). A systematic review of research on personalized learning: Personalized by whom, to what, how, and for what purpose(s)?. Educational Psychology Review, 33(4), 1675–1715.

Duan, X., Wang, C., & Rouamba, G. (2022). Designing a learning analytics dashboard to provide students with actionable feedback and evaluating its impacts. In Proceedings of the 14th International Conference on Computer Supported Education (CSEDU 2022) (Vol. 2, pp. 117?127). SCITEPRESS. https://doi.org/10.5220/0011116400003182

GETChina Insight (2019, September 9). Schools using facial recognition system sparks privacy concerns in China. https://edtechchina.medium.com/schools-using-facial-recognition-system-sparks-privacy-concerns-in-china-d4f706e5cfd0

Government Digital Service (2020). Data Ethics Framework. Crown copyright. https://www.gov.uk/government/publications/data-ethics-framework

Guan, X., Feng, X., & Islam, A. Y. M. (2023). The dilemma and countermeasures of educational data ethics in the age of intelligence. Humanities and Social Sciences Communications, 10(1), 1-14.

Herodotou, C., Rienties, B., Hlosta, M., Boroowa, A., Mangafa, C., & Zdrahal, Z. (2020). The scalable implementation of predictive learning analytics at a distance learning university: Insights from a longitudinal case study. The Internet and Higher Education, 45, 1-13.

Kaliisa, R., Misiejuk, K., L?pez-Pernas, S., Khalil, M., & Saqr, M. (2024, March). Have Learning Analytics Dashboards Lived Up to the Hype? A Systematic Review of Impact on Students' Achievement, Motivation, Participation and Attitude. In Proceedings of the 14th Learning Analytics and Knowledge Conference (pp. 295-304).

Secure and reliable use of education data zone (2021). Privacy and Ethics Reference Framework for education data (Version 1.0). Utrecht: Acceleration Plan Educational Innovation with IT.

Siemens, G., & Gašević, D. (2012). Learning analytics and educational data mining: Towards communication and collaboration. Proceedings of the 2nd International Conference on Learning Analytics and Knowledge (LAK'12).

Siemens, G., & Long, P. (2011). Learning analytics: Empowering teachers to make data-informed decisions. EDUCAUSE Review.

Slater, C. (2025). Crafting data-driven narratives about students. Edutopia. https://www.edutopia.org/article/data-narratives-formative-assessment

SoLAR (n.d.). What is learning analytics? Society for Learning Analytics Research. https://www.solaresearch.org/about/what-is-learning-analytics/

Sun, S., Else-Quest, N. M., Hodges, L. C., French, A. M., & Dowling, R. (2021). The effects of ALEKS on mathematics learning in K-12 and higher education: A meta-analysis. Investigations in Mathematics Learning, 13(3), 182-196.

Tsai, Y. S., & Gašević, D. (2017, March). Learning analytics in higher education: Challenges and policies: A review of eight learning analytics policies. In Proceedings of the Seventh International Learning Analytics & Knowledge Conference (pp. 233-242).

Uttamchandani, S., & Quick, J. (2022). Chapter 20: An introduction to fairness, absence of bias, and equity in learning analytics. In C. Lang, G. Siemens, A. F. Wise, D. Gašević, & A. Merceron (Eds.), The Handbook of Learning Analytics. DOI: 10.18608/hla22.020

Walkington, C., & Bernacki, M. L. (2020). Appraising research on personalized learning: Definitions, theoretical alignment, advancements, and future directions. Journal of research on technology in education, 52(3), 235-252.

사회정서교육에 디지털 도구 활용, 깊이 있는 기본기 다지기

류은진 (국민대학교 기계공학부 교직 강사)

1. 사회정서교육과 디지털 도구
2. 디지털 도구를 활용하는 사회정서교육 기본 지식
   : TPACK 관점으로
3. 디지털 도구 활용 사회정서교육, 강화를 위한 준비 사항들

1. 사회정서교육과 디지털 도구

한국형 사회정서교육 프로그램이 대두되면서, 이를 디지털 도구와 함께 다루어야 할 필요성이 제시되고 있다. 먼저 한국형 사회정서교육과 그 근간이 되는 사회정서학습, 그리고 디지털 도구활용의 맥락을 살펴보고자 한다.

한국형 사회정서교육

교육부에서 2025년 제시한 한국형 사회정서교육은 〈표 1〉[1]과 같은 4가지 영역, 6가지 핵심 역량 등으로 구성되어 있다. 한국형 사회정서교육은 학교의 특징과 여건 분석에 따라 다양한 구성의 운영 모델을 선택할 수 있도록 되어 있으며 교과 융합 수업이나 방과 후 수업, 외부 강사 활용, 동영상 수업 등 다양한 방식이 가능하다. 학생의 상황에 따라 심리 안정 프로그램, 감정 조절 프로그램, 사회정서 역량 프로그램을 집중 운영할 수 있으며, 보호

---

1) 서완석 외(2024). 한국형 사회정서성장지원 모델 마련 연구. 한국교육환경보호원

<표 1> 한국형 사회정서교육의 핵심역량과 구성요인

	핵심역량	구성요인
자기	자기인식	자신의 생각, 감정, 행동의 인식과 이해, 스트레스 인식, 강점과 약점 인식, 자기효능감 등
	자기관리	마음챙김 훈련, 부정적 생각과 감정에 대처하기, 스트레스 조절하기, 자기조절력 향상, 개인적 목표/과제 설정 및 추진 등
관계	관계인식	타인의 생각, 감정, 행동의 존중, 공감하기, 다양성의 수용 등
	관계관리	자기 주장 및 의사소통의 기술, 대인관계 기술, 갈등해결 등
공동체	공동체 가치의 인식 및 관리	사회적 측면에서의 자기성찰, 소속감, 책임감, 주도성, 협력하기, 규칙 준수, 정당하지 않은 압력에 대응하기(방관자가 되지 않기), 문제 확인 및 해결 등
마음 건강	정신건강 인식 및 관리	정신건강 이해와 관리, 정신질환 이해와 대처, 정신질환을 대하는 적절한 태도(낙인 감소), 자해 및 자살 예방, 정신건강 관련 지원 및 도움 요청 등

자·학부모 대상 연수 및 특강, 교직원을 위한 심리 교육 관련 연수도 진행할 수 있다. 또한 초·중·고를 위한 교수·지도안 예시와 자료집이 제공되고 있다.

이 과정에서 교사는 학생의 상태를 편안한 상태, 일상적인 마음의 고통, 특별한 정신건강 문제, 정신질환으로 분류하고, 이에 따른 조치를 제공하도록 안내받고 있다.

사회정서학습의 대두

사회 · 정서 학습(SEL: Social and Emotional Learning)은 학습자들이 자신과 타인에 대한 이해를 높이고, 건강한 관계를 형성하며, 삶의 성공에 필요한 핵심적인 지식, 태도, 기술을 습득하고 활용하는 과정이다. 이는 단순한 학업 성취를 넘어, 개인이 정신적으로 건강하게 성장하고 사회 구성원으로서 성공적인 삶을 살아가도록 돕는 것을 목표로 한다.[2]

사회정서학습은 CASEL(Collaborative for Academic, Social, and Emotional Learning)[3]이 정의한 5가지 사회적 기술을 향상시키는 것을 목적으로 하는데 이 사회적 기술들은 상호작용하며 함께 발달한다고 본다. 5가지 기술 영역은 자기인식(Self-awareness), 자

2) 한국교육학술정보원 (2023). 디지털 기반 사회정서학습 활용 사례 및 모델. 학술교육정보원 (2023)
3) Collborative for Academic, Social, and Emotional Learning (학업과 사회정서 학습을 위한 협력체) http://casel.org

기관리(Self-management), 사회적 인식 (Social awareness), 관계 기술 (Relationship skills), 책임감 있는 의사결정 (Responsible decision-making)이다.

삶의 목적이 단순한 성공을 넘어 전반적인 웰빙(안녕감)을 추구하고, 이러한 웰빙과 동반된 내적 동기에 관심이 높아지면서 사회정서학습은 더욱 주목받고 있다. 한편 핵가족화와 자녀 수 감소 등 사회적 변화로 인해 가정이나 일상에서 다양한 사회적 상호작용을 경험할 기회가 줄어든 점 또한, 학교 차원의 사회정서 역량 강화 필요성을 높이는 요인으로 작용하고 있다. 학교생활은 사회적 상호작용을 학습하는 공간이자, 교실에서의 학습 성취를

〔그림 1〕 사회정서학습에서의 5가지 영역

위해서도 필수적인 환경이다. 특히 실제적(authentic) 맥락과 연결되는 구성주의 기반 학습에서는 원활한 사회적 상호작용이 중요하다는 점이 여러 연구에서 강조되고 있다.

COVID-19 이후 개인의 권리를 강조하는 사회적 흐름 속에서 사회적 기술과 정서 조절에 어려움을 겪는 학생이 증가하고 있다는 점 역시 사회정서학습이 주목받는 배경이다. 타인과 원활히 상호작용하기 위해서는 자신의 정서를 조절할 수 있어야 하며, 이를 위해 자기인식과 자기관리가 선행되어야 한다. 급변하는 사회 환경 속에서 학생들 역시 높은 스트레스를 경험하고 있으며, 이와 관련해 회복탄력성(resilience)이 중요한 개념으로 대두되고 있다. 자기 인식과 정서 조절이 회복탄력성과 깊은 관련이 있다는 점은 여러 연구에서 제시되고 있다[4]. 이와 관련하여 정서는 생존을 향한 역량강화이며, 새로운 학습목표이기도 하다.

대표적인 프로그램으로는 케네스 머렐[5]의 '강한 아이(Strong Kids)' 프로그램이 있다. 이 프로그램은 2011년부터 사회정서학습을 강조하며, 감정 이해, 스트레스 관리, 대인관계, 문제 해결 영역을 중심으로 유아부터 중학생까지의 정서를 다루고 있다. 국내

---

4) 김주환(2019). 회복탄력성(리커버): 시련을 행운으로 바꾸는 마음 근력의 힘. 위즈덤하우스.
5) Merrell's Strong Kids. https://strongkidsresources.com/

에서는 2014년 전남대학교 신현숙 교수 연구팀이 중학생과 초등학생을 위한 사회정서학습 프로그램을 개발·시행하였으며, 사회정서 기술의 직접 훈련, 교과 학습과의 통합, 상호작용과 협동을 돕는 수업 전략 적용, 안전한 학교 풍토 조성 등을 포함하고 있다. 최근에는 사회정서학습 관련 연구가 증가하고 있으며, 약 90여 편의 논문이 발표되는 등 더욱 확대되고 있다[6].

디지털 도구를 활용한 사회정서학습 현황

미국 식품의약국(FDA)은 2021년 6월, 미국 아킬리 인터랙티브 랩(Akili Interactive Labs)의 디지털 치료제 '엔데버 알엑스(EndeavorRx)'를 만 8세 이상 12세 미만 ADHD 소아 환자 치료제로 승인하였다. 이처럼 디지털 도구를 치료 및 중재 도구로 활용하려는 시도는 이미 실용화 단계에 이르고 있다. 디지털 혁명 시대에 맞추어 기존의 웹과 앱을 넘어, 빅데이터를 활용한 AI, VR·AR 등 메타버스 기술이 접목된 다양한 도구들이 활발히 개발되고 있다.

해외 사례를 살펴보면, National University에서 제공하는 Harmony SEL은 초등학교 입학 전 아동부터 5학년까지를 대상으로 교실·학교·가정을 연계한 대면·비대면 상호작용을 지원한다. MindUP는 골디 혼 재단에서 개발한 프로그램으로, 아동·청소년의 스트레스와 불안 완화를 위해 마음챙김(mindfulness) 기술을 활용하도록 설계되었다. 호주에서는 전 연령 정신 예방 플랫폼 BeYou[7] 등을 활용해 정신건강을 측정하고 서비스를 관리하였으며, Smiling Mind 앱을 통해 정신건강 증진 활동을 지원하기도 했다.

또한 뇌파 측정 기기나 앱을 활용한 스트레스 관리 도구에 대한 관심도 증가하고 있다. AI 기술을 활용한 Microsoft Reflect는 구성원 간 정서를 교류하고 배려하는 시스템으로 활용되며, '오늘 기분이 어때요?'와 같은 질문을 통해 정서를 언어로 표현하도록 돕는다. 이에 따라 캐릭터의 표정과 색깔이 변화하는 방식으로 감정 표현을 시각화한다.

국내에서도 사회정서학습과 디지털 도구 활용에 관한 연구가 활발히 이루어지고 있다. 사회정서학습을 고려한 디지털 활용 미술·도덕 교육, 디지털 도구를 활용한 문제 해결 수업 전략[8], AIDT를 활용한 수업 전략 및 개별화 학습 설계 연구 등이 진행

6) 정민영 (2024). "사회정서학습 연구에 대한 메타분석." 학습자중심교과교육연구, 24(15), 659-673.
7) Beyou. https://beyou.edu.au
8) 김보경, 김세영, 임지영. (2023). 초등 디지털 활용 교육에서 사회정서학습 문제 예방을 위한 수업 및 디지털 도구 설계원리 탐색. 교육공학연구, 39(3), 679-715.

되고 있다(김보경 · 김세영 · 임지영, 2023). 현장에서는 퀴즈앤, 캔바, 패들릿과 같은 공유 시스템을 활용해 학생들이 자신의 정서를 이해하고 또래와 토론하는 수업이 디지털 선도 교사를 중심으로 시도되고 있다.[9]

2. 디지털 도구를 활용하는 사회정서교육 기본 지식 : TPACK 관점으로

현재 교실에서 사회정서교육의 필요성과, 이와 관련하여 디지털 도구를 활용하는 것에 대한 관심은 확대되고 있으나, 구체적인 실행 방법이나 전략, 그리고 효과 검증에 대한 논의가 필요하다고 사료된다. 이에 대한 논의점과 제안을 다음과 같이 제시하고자 한다.

Mishra & Koehler[10]가 제시한 TPACK(테크놀로지 교수내용지식, Technological Pedagogical Content Knowledge) 관점, 즉 테크놀로지 지식(TK), 교수지식(PK), 내용지식(CK)의 관점에서 조망하고자 한다.

TK: 교사와 학생의 디지털 리터러시 향상

선행연구들에서 공통적으로 교사와 학생의 디지털 리터러시가 기본이 되어야 함을 강조하고 있다. COVID-19 이후 교사와 학생의 디지털 리터러시, 그리고 사회 전반의 디지털 인프라가 향상되고 있다.

또한 2022년 교육과정과 발맞추어 교사들의 수업에서의 디지털 활용에 관한 연수가 활발히 이루어지고 있다. 초등학교를 중심으로 교사의 디지털 리터러시가 전반적으로 향상되고 있으며, 디지털교육이 교원양성과정 과목이 되면서 예비교사의 디지털 리터러시도 향상되고 있다.

VR, AR, 퀴즈 등 국내외 교육용 플랫폼도 다양하게 제공되고 있다. 2015년 교육과정에서 SW 교육이 대두되면서 교사와 학생의 디지털 도구의 기술적 원리에 대한 지식이 제고되었다면, 2022년 교육과정에서는 인공지능까지 확장되며 기술적 원리와 활용에 대한 지식이 제고되고 있는 실정이다.

---

9) 2025년 5월 군산대학교 교직과 예비교사 역량강화 특강 지도안

10) Mishra P., Koehler M. J. (2006). Technological Pedagoical Content Knowledge: A Framework for Integrating Technology in Teacher Knowledge. Teachers College Record, 108(6), 1017-1054

PK: 교수지식

디지털 교육에서는 다양한 디지털 도구를 안내하고 기본적인 기술에 대한 지식을 제공함과 동시에, 이를 교수방법으로 활용하는 것들을 다루고 있다. 이는 2015년 교육과정에서 교육방법과 교육평가의 고도화를 추진한 흐름과 맞닿아 있다.

2022년 교육과정에서 교사가 시대에 맞게 교육과정을 만들고 수업을 설계하며, 맞춤형 학습을 위한 개별화 학습을 강조하는 것과도 맥락을 같이한다. 이와 관련하여 교사에게 학생들에 대한 보다 면밀한 이해와, 집단과 개인을 아우르는 보다 정교한 교수 설계 역량이 요구되고 있는 실정이다.

이에 새로운 디지털 도구를 수업 설계에 적용하는 관점을 '매체 vs 방법', '매체 vs 환경'의 관점으로 보는 고전적 논쟁을 다시 살펴볼 필요가 있다.

– 매체와 방법

Clark과 Kozma의 논쟁은 지금도 유효하다. 학자마다, 교사마다, 교수 상황에 따라 두 의견이 다양하게 수용되고 있다.

먼저 Clark은 매체와 방법을 분리해야 한다고 보고 '매체 무관론'을 주장하며, 매체를 식료품 트럭에 비유하였다. 트럭으로 다양한 식료품을 전달한다고 해도 식료품의 속성은 변하지 않는다는 것이다. 매체는 전달 체계일 뿐이며, 그 안의 수업 내용이나 방법이 더 중요하다는 주장이다. 결국 인지하고 학습하는 것은 사람이기 때문이다. 이 이론은 매체를 통해 학습기계처럼 문제를 맞추고 못 맞추고 하는 행동주의적 접근이 아니라, 인간의 내적인 인지 과정에 더 초점을 두고 있다.

그러나 Kozma는 이러한 이분법보다는 매체와 방법이 교수 설계의 본질적인 부분으로서 더욱 통합적인 관계를 가져야 한다고 역설하였다. Kozma는 매체의 능력이 특정 방법을 가능하게 하므로 매체와 방법이 설계 단계에서 분리될 수 없으며, 따라서 이 둘은 "필연적으로 혼합되어" 인과적 역할을 수행한다고 보았다.

이러한 관점의 차이는 Clark이 기존 데이터를 기반으로 한 경험주의적 귀납의 결과라면, Kozma의 주장은 기술의 기능을 의도적으로 설계하고 활용하여 원하는 학습 효과를 창출해야 한다는 구성주의적 설계과학의 관점을 대변하고 있다고 할 수 있다.

Kozma의 관점은 교수 설계자의 역할을 매체에 종속되지 않는 이상적인 방법론을 찾는 것에서, 특정 매체가 제공하는 고유한 잠재력(affordance)을 최대한 활용하는 최적의 방법론을 설계하는 것으로 변화시키는 중요한 패러다임 전환이다. 매체 선택은 이제 설계 과정의 후속 단계가 아닌, 방법론을 구현하는 초기 통합 단계로 볼 수 있다.

① 예비교사 · 신임교사: Clark 관점의 적용

필자가 예비교사들과 교수설계를 학습할 때는 우선 Clark의 관점을 견지하고 있다. 교수방법의 선택에서는 교사의 경험이 중요한데, 훈련 과정에 있는 예비교사들은 학생으로 경험했던 것을 교사의 관점으로 다시 볼 필요가 있다. 충분히 검증되고 정리된 교재와 자료 중심으로 학생과 과제를 분석하거나 기존의 교수방법을 숙지하는 것이 기본적인 과제이며, 전체적인 교육과정이 이에 기반하여 이루어져 있다. 여기에 디지털 도구를 활용하는 것은 그다음일 수 있다.

어떤 상황에서는 디지털 도구보다 아날로그로 수업하는 것이 더 효과적일 수 있다. 최근 학습 동기가 낮은 대학의 경우 교수와 학생의 친근감 형성을 위해 출석 앱을 사용하지 않고 교수가 일일이 호명하는 방식으로 바꾸기도 하였다.

익명성을 보장하거나 다양한 의견을 함께 생각해 보는 토론에서는 패들릿이 유용하지만, 팀별 프로젝트 학습에서 디자인 씽킹이나 액션러닝 등을 활용해 아이디어를 도출하고 의견을 조율할 때는 전지와 포스트잇이 더 유용하기도 하다.

수업 진행에서는 교사의 효능감도 매우 중요한데, 익숙하지 않은 디지털 도구를 사용할 경우 교사와 학생 모두 수업에서 불편함이 생길 수 있다. 이를 위해 안정적으로 오류가 적은 디지털 도구가 필요하며, 또한 교사가 이에 익숙해지는 시간이 필요하다는 점도 존중되어야 한다.

② 경력교사 · 수석교사 · 연구자: Kozma 관점의 적용

그러나 예비교사나 신임교사가 아닌 수석교사를 포함한 경력교사들과 연구자들은 Kozma의 관점을 수용할 필요가 있다. 매체가 가진 것을 최대한 활용할 수 있는 수업 내용을 찾을 수 있다.

예를 들어 필자가 교양과목인 심리학개론을 대학에서 수업했을 때, 시스템 부하 때문에 교수자를 제외한 수십 명의 학생들이 얼굴을 보이지 않고 수업해야 했다. 이때 자신을 탐색하는 내용들(아들러의 형제관계에 따른 성격 등)에 대한 의견을 공유할 때 1:1 채팅을 활용한 적이 있는데, 대면 수업에서보다 좀 더 진솔하고 빠르게 소통할 수 있는 장점이 있었다.

또한 상담실에서 과호흡이 왔던 학생을, 거리감이 확보된 원격 상황에서 상담할 수 있었다. 원심력의 원리를 알 수 있는 시뮬레이션 게임이나 수식을 눈으로 볼 수 있게 하는 알지오매쓰 등도 디지털 도구의 강점을 활용한 사례다.

Kozma의 관점은 인공지능이 대두되면서 더욱 강조되고 있는데, 디지털 도구를 활용했을 때 기존의 학습 동기 및 학습 가치관, 학습 시간 등의 인지 구조까지 바뀔 것이라고 고민하고 있는 시점에는 교수방법과의 연관을 분리하기 어렵다.

예를 들어, 수업 후 성찰 노트 과제는 책을 보고 단순히 발표하는 수업보다 훨씬 어려운 과제였다. 이해해서 전달하는 것이 아니라 자신의 경험이나 생각을 녹여 글로 표현하는 활동이었기 때문이다. 성찰의 중요성은 인터넷 발달과 함께 정보 기반 사회가 되면서 레포트를 숙제로 사고파는 일이 성행하자, 이를 대비한 성찰 중심 과제로 변화한 것이기도 하다. 그 과정에서 표절방지 시스템이 개발되어 사용되었다.

그런데 생성형 AI가 인간적인 정서적 부분까지 포함하는 글을 쓸 수 있게 되면서, 교수방법의 틀뿐 아니라 교육의 목표를 무엇으로 두어야 하는지까지 재고하게 되었다. 사회과학 분야가 아닌 프로그래밍이나 수학식 같은 경우는 AI가 정답을 제공하는 경우가 많아, 교수목표와 방법에 대한 혁신적 변화 요구가 더 촉발되고 있다.

이에 필자는 중요 단어를 다시 강조하면서 이를 외우도록 독려하고, 수업 후 퀴즈를 매주 내면서 기말고사에도 반복적으로 학습할 수 있도록 하고 있다. 또한 성찰이 체화될 수 있도록 영상으로 녹음하도록 하고 있다.

기말과제에서는 자신과 연관되어 창의적으로 활용하거나 포트폴리오가 될 수 있는 과제를 수행하도록 하며, 이와 관련하여 디지털 도구를 선택해 활용하도록 하고 있다. 이는 필자와 동료의 고민과 교수법 특강 등을 참고하여, 학생들과 함께 조율하며 진행하고 있다.

정리하자면, 예비교사나 신임교사들은 선배들이 쌓아놓았고 본인이 익숙한 교수방법과 기존 체계를 중심으로 Clark의 관점에서 디지털 도구를 조금씩 접목하는 것을 제안하며, 경력교사나 수석교사, 연구자들은 Kozma의 관점으로 디지털 도구의 어포던스를 활용한 보다 혁신적인 교수방법을 찾고 시도하고 공유할 필요가 있다고 하겠다. 사회정서학습은 인지학습보다 개별적이고 맥락적으로 다루어져야 하므로 Kozma 관점의 접근이 더욱 필요할 것으로 사료된다.

– 매체와 환경

새로운 디지털 도구를 수업에 활용할 때 매체와 환경으로 사용하는 관점은, 교육에 맞는 기술 개발의 비용 문제와 직결된다[11].

2000년대 초반 인터넷 시대에 모든 교실에 프로젝터와 컴퓨터가 설치되고 수업 내용을 디지털로 제시하던 흐름이 최근 전자칠판으로 바뀌면서, 디지털 자료에 바로 필서를 하는 것도 환경으로 사용하는 사례다. 코로나 시대에 실시간 원격수업이 진행된 것 또한 환경으로서의 디지털 도구 활용 관점이다.

다음으로 기존 수업 흐름 속에서 매체로서 활용하는 관점이 있다. 2000년대 이후 초등학교 중심으로 수업에 사용할 수 있는 다양한 플래시 게임이나 동영상이 제공되었던 것을 생각하면 된다.

지금은 너무 익숙해졌지만, 당시의 교사들 역시 어릴 때 경험하지 못했던 디지털 도구를 적용하기 위해 고심해 왔다.

환경 또는 매체로 보는 관점을 VR, AR 콘텐츠와 관련해 한 번 더 생각해 볼 필요가 있다. 게임기반학습이나 게이미피케이션의 교육방법과 연관하여 고민해 볼 필요가 있다. 2000년대 중반 국내에서 게임기반학습 연구가 대두되었을 때, 대표적인 게임 플랫폼인 MMORPG(다중접속 롤플레잉게임)의 몰입성을 교육에 활용하면서 게임 접속과 방법에 익숙해진 뒤, 레벨이 올라가며 협동심과 관련 내용 혹은 영어 등의 학습 효과를 도모하기도 하였다.

2010년대 중반 이후 해부학 수업에서 교실 전체에 3D 신체 시뮬레이션을 제공하는 서비스, 닌텐도 Wii 같은 신체 인식 기술을 활용해 체육관 벽면을 활용하여 문제를 푸는 동작 기반 학습 등 환경을 제공하는 서비스도 대두되고 있다.

그러나 이러한 환경적 제공의 경우 개별 도구의 질은 훌륭하더라도, 교사의 기술 지식이나 효능감이 높다고 하더라도 완성된 프로그램은 교사가 바꿀 수 있는 것이 거의 없는 경우가 많아 활용이 제한되기도 했다. 이에 게임의 매력성에 주목해 교육에 접목하고자 하나 비용 문제로 인해 대두된 것이 게이미피케이션이

---

11) 백영균 (2005). 게임기반학습. 학지사.

다. 게임의 요소(스토리, 보상, 그래픽, 캐릭터, 경쟁 등) 중 구현할 수 있는 것들을 활용한 것이다.

최근의 교육용 플랫폼은 교사가 수정할 수 있는 부분이 매우 많다. ZEP과 같은 VR 플랫폼의 경우 배경 및 그림 등을 수정하고 바꿀 수 있다. 이렇듯 VR 교육 플랫폼은 간단한 퀴즈 형태로 푸는 매체로 활용할 수도 있고, 특정 내용을 동영상으로 학습한 뒤 퀴즈와 과제를 수행하고, 화면 전환 등을 통해 다음 레벨로 전환하는 등 장시간의 수업을 플랫폼에서 수행하는 환경으로 활용할 수도 있다.

CK : 내용지식

그동안 인지 중심의 학습이 이루어지고 있고, 역량의 관점에서 지식 · 기술 · 태도로 다양한 수행을 다루고 있지만 여전히 인지가 중심이다. 사회적 기술과 정서를 다루는 것은 교실 수업의 주가 아니라 상담교사의 생활지도 등의 별도 시간에 다루는, 다소 부차적으로 여겨지고 있는 것도 사실이다. 교사의 학창 시절과 교직 과정에서도 그러한 경향이 있어 왔다.

이에 교사의 사회정서학습 경험, 최근의 뇌과학적 지식으로의 접근, 안전기지로서의 학교 관점에서 사회정서학습 내용의 기본적인 내용을 정리하고자 한다.

– 교사의 사회정서학습 경험

교직과목에서의 '생활지도와 상담'에서 배웠던 내용들이 사회정서교육을 구성하는 내용의 근간이 되고 있다. 학교는 지식을 포함한 역량과 정서 조절, 사회성을 함양하여 자신의 진로를 찾아 스스로 기능하는 사회인이 되도록 하는 것을 목표로 하고 있다. 사회정서학습의 내용적 측면에서 사회 및 정서와 관련하여 교사가 적절히 숙지하고 체험하고 있는가를 고민해야 한다고 사료된다. 교재를 다시 보고, 방학 중 교사 교육과정을 들어도 좋겠다.

이 중 사회정서교육 및 상담에서 중점을 두는 것은 '정서'이다. 정서는 감정을 동반한다. 감정을 충분히 느끼고 경험하고, 더 나아가 웰빙(안녕감)을 느끼도록 하는 것이 중요하다. 내가 과연 충분히 나의 감정을 경험하고 나와 소통하며 웰빙을 자주 경험하는가를 점검해야 할 때이다.

이는 어떤 교사에게는 디지털 도구의 방법이나 활용에 익숙해지는 것보다 더 어려울 수 있다. 교사들 또한 인지 중심의 교육을 받아 왔고, COVID-19 이후 사회적 교류의 양이 줄어드는 사회적 흐름도 있어 왔다. 다양한 위계와 일을 하는 사람들과 교류하고 조율하며 일하는 직장인들과 달리, 교사들은 원한다면 학생들과만 볼 수 있기도 하다. 사회정서학습의 내용이 되는 자기감정 탐색, 관계 기술 등의 학습이 필요한 교사도 있을 것이다.

또한 최근의 교사들은 교육환경과 아동의 변화로 인해 다양한 정신적 문제를 토로하고 있다. 이와 관련하여 교사의 정신건강을 지원하고 돕는 프로그램들이 많이 시행되고 있다. 교육상담은 치료뿐 아니라 예방적 차원에서의 교육도 수행되고 있는바, 교사들의 정서교육과 필요한 경우 상담 및 치료 지원도 더욱 확충되어야 할 것으로 사료된다.

– 사회정서교육의 신체적 접근: 신체감각 및 뇌과학적 접근

정서는 관찰하기 어려울 수 있고, 관찰하더라도 상대에 따라 적절히 전달하는 것에도 기술을 요한다. 이에 사회정서학습과 상담 분야에서는 정서를 신체감각과 뇌과학적 접근을 통해 보다 관찰이 용이하며, 학습자 스스로도 경험할 수 있도록 하고 있다.

① 인내의 창
SEE Learning의 경우 트라우마적 경험도 다루고 있는데, 트라우마 치료에서 신체감각을 활용하여 감정을 인지하고 조절하는 방법들의 효과성이 증명되었고, 일반상담에서도 신체감각 기반 치료가 확대되고 있는 흐름을 반영한 것이다. 이 방법의 원리는 Dan Siegel의 인내의 창(window of tolerance)으로 설명될 수 있는데, 정서조절이 잘된다는 것은 교감신경의 과각성과 부교감신경의 저각성 영역 사이를 조절하는 상태를 말한다[12].

과각성 영역	높은 에너지, 불안, 분노, 과경계 투쟁/도피	에너지를 매우 소비
	현실기반(Grounded), 유연성, 열린/호기심 어린, 현재(present) 정서적 자기 조절이 가능	스트레스는 적응대처 안전 상태로 잘 회복
저각성 영역	멈춤/정지(shut down), 멍함, 우울 수동적/소극적, 철수(Withdrawn) 얼어붙음, 해리, 수치심	신진대사 낮아짐 에너지 보존 '헛힘 쓰지 않는' 모드

인내의 창

학교 교실에서 학생들은 상황에 따라 흥분하기도 하고 차분하게 조용히 있기도 한데, 이를 적절히 조절하지 못하고 한쪽 상태에만 머무는 경우 사회적 교류에도 문제를 야기한다. 최근 아동 발달과 관련하여 제한 경험이 적어 과각성 상태에 머무르거나, 과도한 훈육이나 신체활동의 부족으로 저각성에 머무는 사례도 많아 과각성과 저각성을 다양하게 경험하면서 이를 신체가 감당하게 할 필요성이 대두되고 있다[13].

사회정서학습에서는 신체활동 놀이나 게임을 활용하여 과각성·저각성을 모두 경험하게 할 수 있고, 앞서 제시한 마음챙김 기법에서도 교감신경과 부교감신경의 균형을 위해 차분해지는 호흡명상뿐 아니라 움직이는 명상을 활용하기도 한다.

---

12) Ogden, Pat (2019). 김명권, 주혜명, 신차선, 유나래, 이승화 공역. 트라우마와 몸: 감각운동 심리 치료의 이론과 실제. 서울: 학지사.

13) Hong,and Rana (2023). Theraplay: innovations and integration. Jessica Kingsley Publishers.

② 안전감과 삼중뇌

또 하나는 뇌과학적으로 안전감을 느끼게 하는 것이 사회정서적으로 필요하다고 보는 관점이다. 삼위일체뇌(Triune Brain)는 폴 맥린이 제시한 관점으로, 인간의 뇌를 생명유지를 담당하는 파충류의 뇌(뇌간), 감정 · 기억 · 성욕 · 식욕 등 욕구와 관련된 포유류의 뇌(변연계 및 편도체), 옳고 그름을 판단하고 감정을 조절하며 계획 · 통제하는 영장류의 뇌(전두엽)로 설명한다.

교육현장에서 학생들이 감정을 조절하고 집중하여 학습하는 것은 전두엽의 역할인데, 변연계나 뇌간이 과도하게 활성화되어 있다면 어려움을 겪게 된다. 따라서 학생들이 영양섭취와 수면이 적절하여 건강한 상태를 유지하고, 트라우마적 감정이나 기억이 과도하지 않으며, 학교가 안전하다고 경험할 수 있을 때 정서조절과 통제력을 바탕으로 학습에 집중할 수 있다고 할 수 있다.

③ 거울신경과 감정중심의 우뇌적 대화

여기서 한 발 더 나아가고자 한다. 우리는 타인의 감정을 이해하고 공명하는 거울신경을 가지고 있으며, 정서를 다루는 기능은 뇌에서 우뇌가 주로 담당한다. 학생들이 트라우마나 어려운 감정을 경험하고 있다면, 앞서 제시한 바와 같이 학생이 신체감각을 활용하여 감정을 느끼도록 유도하고, 교사는 안전감을 느끼도록 해야 한다.

이때 교사는 학생의 신체를 관찰하면서 그의 감정에 공명하고자 하는 노력을 통해 거울신경을 활성화한다. 또한 감정에 집중하면서 우뇌를 활성화하는 것이 바람직하다고 한다. 학생 역시 감정에 집중할수록[14] 우뇌가 활성화되고 변연계에서 느끼는 두려움 등의 감정에 더 가까이 다가가 이를 만나고 진정하는 데 도움이 된다고 한다. 물론 이때 교사는 동시에 학생을 어떻게 안내하고 수업을 이끌어갈지에 대한 좌뇌적 판단을 선행하면서, 학생에게도 적절한 인지적 해석을 하도록 돕는 것이 필요하다.

– 사회정서교육에서 가족 내 애착과 양육의 영향

사회정서의 어려움을 극심하게 겪는 경우 안정애착이 아닌 경우가 많으며, 그 어려움이 초기(학자에 따라 1년 반~3년)에 있을수록 어려움을 극복하는 회복탄력성이 낮고, 학교폭력 등의 어려움을 겪을 경우 정신적 병리 상황에 노출될 가능성이 높다고 알려져 있다. 또한 초기 가족관계에서의 애착의 어려움에 따라 과각성 혹은 저각성을 나타내는 경향이 있는 것으로 알려져 있다[15].

애착을 통해 적절한 정서조절이 가능하며, 자아가 형성되고 강화되어 스스로를 타인과 구별하고 경계를 인식하며 적절히 교류할 수 있는 것으로 알려져 있다. 이를 개선하기 위해서는 충분히 수용하고, 그들의 마음에 적극적으로 공명하는 것이 필요하다[16].

애착은 볼비가 초기애착을 경험하지 못한 아이들의 신체발달과 정신지능 발달의 어려움을 관찰하면서 논의되었고, 이후 에인즈워스의 '낯선 상황 실험'을 통해 아동이 부모와 잠시 떨어져 있을 때의 반응을 기준으로 애착 유형을 구분하였다. 안정형 애착

---

14) Schore, Allan (2022). 강철민 역. (신경과학으로 설명한) 감정중심의 오른뇌 정신치료. 서울: 학지사.
15) Montgomery (2022). 이영호 역. (모든 치료자가 꼭 알아야 할) 필수 신경생물학. 서울: 하나과학사.
16) Fonagy, Peter. (2022). 황민영 역. 정서 조절, 정신화, 그리고 자기의 발달. 서울: 학지사.

은 부모가 나갔을 때 적절한 불안감을 보이고, 다시 양육자가 돌아오면 달려가 정서적 안정을 추구하며 긍정적 상호작용을 재개한다. 불안정-회피 애착은 방에 함께 있을 때나 나갈 때나 돌아올 때나 별 반응이 없는 경우이다. 저항애착은 낯선 사람에게 불안해하고, 돌아온 부모에게 화를 내며 쉽게 감정을 안정시키지 못하는 경우를 말한다.

또한 부모의 수용성/반응성 수준과 요구/통제 수준에 따라 민주적 양육, 권위주의적 양육, 허용적 양육, 방임적 양육으로 구분되는데, 아동의 감정을 적절히 수용하고 반응하며 필요한 경우 제한을 두고 통제할 때 아동은 안정을 느끼고 정서를 쉽게 조절하는 것으로 알려져 있다.

가족 내 애착이나 양육 환경이 상대적으로 건강하지 않은 경우에는 부모교육이 필요하며, 이러한 대인관계 유형이 교실이나 사회생활에서 어른을 대하는 태도에 투영되는 경향이 있음을 알아차릴 필요가 있다. 이때 이를 교사의 유능감과 직접 연결하기보다, 한 걸음 떨어져서 바라볼 필요가 있다.

TK, PK, CK의 통합

사회정서를 학습 내용으로 하는 수업은 수업과 함께 그 효과가 학교 및 일상생활 전반에 일반화되는지 확인할 필요가 있다. 앞서 이야기한 바와 같이 한국형 사회정서교육에서도 좀 더 통합적으로 다루기를 권하고 있다.

또한 교육적 요소가 강할 때는 기존의 인지 중심 교육방법 등을 활용해야 하며, 여기에 관련 디지털 도구를 활용할 수 있다. 정서 중심 교육방법일 때는 신체를 활용할 수 있도록 몸의 움직임이나 긍정적 감정을 경험할 수 있는 놀이 방법을 활용하기를 권유한다. 디지털 도구로는 뇌파를 측정할 수 있는 앱이나 도구 활용을 제안한다.

또한 더 내밀한 내용을 다룰 때, 예를 들어 가족 내 애착과 양육 환경의 어려움이 크거나 감정 조절이 어려운 학생의 경우에는 개별 상담과 병행되어야 한다. 특히 이 경우에는 상담자와 학생이 특별한 1:1 관계를 경험하여 애착을 재경험하는 것이 더 바람직하다.

3. 디지털 도구 활용 사회정서교육, 강화를 위한 준비 사항들

디지털 도구를 활용한 사회정서교육을 강화하기 위해서는 무엇보다 교사의 사회정서학습 역량 강화가 선행되어야 한다. 앞서 강조한 바와 같이 교사 개인의 사회정서역량을 일상에서 활용 가능한 수준으로 끌어올리는 노력이 필요하다. 이를 위해 교사 스스로가 사회정서학습 수업을 경험할 기회를 확보하는 것이 중요하며, 학생을 대상으로 한 사회정서학습 프로그램이 운영되거나 상담교사 · 방과 후 교사 등의 학교 내 프로그램이 진행될 때 교사가 함께 참여하며 학습과 실행을 병행할 필요가 있다.

아울러 사회정서역량 함양은 별도의 프로그램에만 국한되지 않고, 일반 수업에서도 자연스럽게 촉진될 수 있어야 한다. 예컨대 팀 협동이 필요한 학습을 정규 수업 속에 포함하고, 협력을 잘 수행한 학생에게 적절한 보상을 제공하는 방식으로 협력 행동을 강화할 수 있다. 동시에 교사는 학습 과정에서 드러나는 아동의 정서, 특히 어려움을 겪는 아동의 정서를 수용하고 이를 반영하는 태도를 갖추어야 한다. 다만 정서적 수용만으로는 충분하지 않으므로, 일관적이고 공정한 기준으로 통제함으로써 민주적인 수업 분위기와 안전감을 함께 높여야 한다. 또한 한 차시 수업 안에서도 즐겁고 시끌벅적하거나 움직임이 많은 과각성 활동과, 차분하게 생각을 정리하는 저각성 활동을 적절히 배치하여 반복하는 것을 권유한다. 이러한 원리는 수업뿐 아니라 생활지도에서도 동일하게 적용될 수 있으며, 교사가 민주적인 태도로 학생의 안전감을 확보하는 방식으로 일상적 생활지도 전반에서 안전감을 강화할 필요가 있다.

다음으로 학교 행정 차원의 준비가 중요하다. 교내 자원인 교육복지, 상담교사, 진로상담교사, 방과 후 교사, 자원봉사자 등이 수업 및 방과 후 활동에서 사회정서교육에 참여할 수 있도록 연결하고 조정하는 체계가 필요하다. 일선 교사에 따르면 일반 학습에서 정서적인 부분까지 다루는 것이 아직은 불편하다는 보고도 있는 만큼, 우수한 다양한 인력을 활용해 교사 간 협력적 수업 설계를 지원할 필요가 있다. 또한 학교는 이미 지역 내 여러 기관(청소년아동상담복지센터, 다문화교육센터, 육아종합지원센터, 건강가정지원센터, 아동상담센터, 아동발달센터 등)과 협업하고 있는데, 이 협업의 결과가 학교의 사회정서교육으로 실질적으로 연계되도록 관리하는 역할도 필요할 것으로 사료된다.

마지막으로 부처 차원의 기반이 뒷받침되어야 한다. 학교와 관련 기관 간 원활한 협업을 위해 필요하다면 보건복지부와 교육부 간 업무 협조가 강화되어야 하며, 현재 제공 중인 교사 지도서와 함께 사회정서학습 관련 교육 확대 및 교사의 정신건강 향상을 위한 지원을 확충해야 할 것으로 사료된다. 더불어 보호자ㆍ학부모가 참여할 수 있도록 제도적 차원의 장치도 함께 마련되어야 하는데, 필요하다면 참여를 촉진하는 강제 또는 보상 도구의 설계까지 검토할 필요가 있다.

AI 기반 문해력 진단의 현주소와 과제

: 기초학력 지원을 중심으로

이경남 (광주교육대학교 국어교육과 교수)

1. 문해력 위기의 시대, AI는 만능열쇠가 될 수 있는가
2. 읽기 능력 진단의 진화: AI가 도와주는 것들
3. 데이터가 말해주지 않는 것들: AI의 사각지대
4. 기초학력 지원을 위한 교사와 AI의 협업 방향

1. 문해력 위기의 시대, AI는 만능열쇠가 될 수 있는가

우리는 왜 문해력(文解力, literacy) 위기를 걱정하고 있을까? 최근 COVID-19를 겪으며 문해력 저하에 대한 우려가 커지고 있다. 문해력은 명료하게 설명하기 어려운 개념이다. 그래서 문해력 위기라는 현상 역시 정확한 문제점을 짚어내기 쉽지 않다. 정확히 말하면, 어떤 원인으로 문해력이 부족해지는지 알기 어렵고, 부족하다고 말하는 문해력의 실체를 구체적으로 분석하는 것 또한 쉽지 않다.

문해력 위기에 대한 문제 제기는 하루아침에 나타난 것이 아니다. 2010년대 초부터 세계 여러 국가에서는 문해력 저하를 극복하기 위한 다양한 정책을 추진해 왔다(이경남, 2022). 우리나라 역시 2010년대 중반부터 기초학력 지원을 위한 여러 정책을 추진해 왔다. 두드림학교 운영, 학습종합클리닉센터 설치 등 다양한 정책이 이미 교육 현장에 깊이 적용되어 왔다. 그러나 최근 우리가 염려하는 문해력 위기는 이전과는 다른 양상을 보이고 있다.

문해력 위기의 통계적 근거로는 PISA 평가 결과가 자주 언급된다. PISA(Programme for International Student Assessment)는 OECD가 3년마다 주관하는 국제 학업성취도 평가로, 읽기 · 수학 · 과학 영역을 평가한다. 특히 PISA 2022 읽기 평가 결과가 최근 많이 언급되고 있다. PISA 읽기 평가는 2000년부터 시행되어 데이터가 누적되어 왔는데, 그 흐름을 살펴보면 문해력 위기에 대한 단서를 확인할 수 있다.

우리나라는 줄곧 읽기 능력 상위권 국가에 속해 왔으며, OECD 평균보다 약 20점 이상 높은 평균 점수를 기록해 왔다. 평균 점수만 보면 문해력 위기와 우리나라가 크게 관련 없어 보이기도 한다. 그러나 평균 점수만으로는 놓치기 쉬운 변화 양상을 살펴볼 필요가 있다.

PISA 2022 읽기 평가 결과를 보면, 낮은 성취 수준인 2수준 미만 학생의 비율이 PISA 2000 결과와 비교해 꾸준히 증가하고 있다. 동시에 상위 수준인 5~6수준 학생의 비율 역시 꾸준히 증가했다. PISA 2022에서는 5~6수준 학생이 약 13%로, PISA 2000과 비교해 약 3배 늘었으며, 하위 수준 학생 역시 약 15%로 비슷한 비율 증가를 보였다. 평균 점수는 여전히 상위권이지만, 상위권과 하위권 학생 간 읽기 능력 격차가 확대되고 있음을 알 수 있다. 이러한 읽기 능력 격차의 확대는 PISA 결과 보고서에서도 지적되고 있다.

읽기 능력 격차가 커진다는 것은 어떤 의미를 지닐까? 잘 읽는 학생도 늘어나고, 읽기에 어려움을 겪는 학생도 늘어난다는 것은 문해력 격차가 확대되고 있음을 의미한다. 만약 읽기에 어려움을 겪는 학생만 증가한다면 기초학력 지원을 강화하는 방식으로 대응할 수 있다. 그러나 격차 자체가 커지고 있다는 점은 사회적 책무성이 개입되어야 할 문제임을 시사한다. 문해력은 가정, 학교, 사회 등 모든 사회 구성원이 함께 형성하고 책임져야 할 능력이기 때문이다. 따라서 우리가 인식해야 할 문해력 위기는 단순한 평균 하락이 아니라 문해력 격차의 확대에 초점을 두어야 한다.

먼저, 문해력 격차를 줄이기 위해서 읽기에 어려움을 겪는 학생이 증가하고 있다는 점에 주목할 필요가 있다. 잘 읽는 학생이 늘어나는 현상은 긍정적 측면과 함께 부정적 측면을 동시에 내포하고 있다. 그러나 읽기에 어려움을 겪는 학생이 늘어나는 현상은 분명 위기로 인식해야 한다. 많은 읽기 교육 연구자들이 이러한 추세를 멈추기 위한 방향을 고민하고 있지만, 이를 명확하게 제시하는 데에는 어려움이 따른다. 그 이유 중 하나는 학습자가 실제로 읽는 과정을 직접 관찰하기 어렵기 때문이다.

문해력 위기를 정확하게 진단하기 위해서는 문해력이 무엇인지에 대한 이해가 선행되어야 한다. 문해력은 글을 읽고 쓸 줄 아는 능력을 의미한다. 그 기초는 읽기 능력이다. 읽기 능력은 문자를 소리 내어 읽는 능력과 글의 의미를 이해하는 능력으로 구분된다. 과거 교육 여건이 어려웠던 시기에는 읽기 능력을 음독 중심으로 한정해 이해했다. 그러나 오늘날에는 글의 의미를 깊이 이해하는 능력을 문해력의 핵심으로 다룬다. 쓰기 능력 역시 단순한 받아쓰기를 넘어, 생각을 표현하는 작문(composition) 능력까지 포함한다. 즉, 문해력은 문자 언어를 이해하고 의사소통할 수 있는 능력을 의미한다(이경남, 2021).

문해력의 핵심은 '문자 언어(written language)'를 활용한다는 데 있다. 인류는 구술 문화에서 문자 문화로 점차 이동해 왔다(Ong, 1982). 구술 문화에서는 소리에 의존하고 상황 중심의 언어를 사용하며, 즉흥적인 언어 사용이 특징이다. 반면 문자성에 기반한 언어 사용은 깊이 있는 사고를 가능하게 한다. 기록된 문자는 반복해서 읽을 수 있으며, 반복 읽기는 성찰과 사고의 자원이 된다. 문자 언어는 인류의 사고 발달과 깊은 관련이 있다(Ong, 1982). 즉, 문해력은 사고 발달에 자양분이 되는 능력이다.

따라서 문해력의 위기란 구어 의사소통의 문제가 아니라, 문자를 읽고 이해하는 능력과 문자로 사고를 표현하고 소통하는 능력이 약화되고 있음을 의미한다. 문자 언어 기반의 문해력이 약화되면 깊이 성찰하고 복합적으로 사고하는 능력 또한 발휘하기 어려워진다.

문해력이 무엇인지 명확히 규정하기 어려운 이유는 읽기 과정을 직접 관찰하기 어렵기 때문이다. 많은 연구가 문해력을 정의하고 설명하지만, 실제로 학습자가 그렇게 읽고 있는지를 확인하는 데에는 한계가 있다. 분명한 점은 문해력이 복잡하고 복합적인 능력이라는 사실이다. 특히 읽기 능력은 복합적인 구인

(constructs)으로 구성되어 있다(Pearson & Hamm, 2005). 이러한 특성 때문에 문해력을 정확히 진단하고 적절한 피드백을 제공하는 데 어려움이 따른다.

이러한 상황에서 우리는 과연 문해력 위기라고 말할 수 있을까? 아마 이 글을 읽는 독자라면 위기라는 인식에 공감할 것이다. 우리는 즉시성이 높고 휘발성이 강한 영상 매체를 수시로 접하며 문자를 멀리하고 있다. 이러한 경향은 어린 학생일수록 더욱 두드러진다. 이러한 시간이 누적된다면 인류의 사고 방식이 어떻게 변화할지에 대한 우려를 갖지 않을 수 없다. 그리고 이러한 변화는 문해력과 밀접하게 연결되어 있다.

AI는 이미 우리 생활 깊숙이 들어와 있다. AI의 강점은 복잡하고 많은 시간이 소요되던 작업을 짧은 시간 안에 처리할 수 있는 것이다. 그렇다면 문해력 위기를 극복하는 데에도 AI가 도움을 줄 수 있을까? 복합적인 문해력 진단에 획기적인 역할을 할 수 있을까? 많은 노력이 있었음에도 문해력 격차가 심화되는 상황에서, AI는 인간이 하지 못한 부분을 보완해 줄 수 있을까?

이 글에서는 이러한 질문을 바탕으로 문해력과 AI의 관계를 살펴보고자 한다. 주요 질문은 다음과 같다.

첫째, AI는 문해력의 어려움을 인간보다 정확하게 진단할 수 있는가?

둘째, AI는 문해력 발달에 인간보다 더 효과적인 도움을 줄
수 있는가?

셋째, AI는 인간이 극복하지 못한 영역을 보완할 수 있는가?

첫 번째 질문은 AI가 문해력에 영향을 미치는 복합적 요인을
분석해 진단과 처방이 가능한지와 관련된다. 읽기 능력은 장기간
에 걸쳐 발달하며, 그만큼 다양한 요인이 작용한다. 정확한 진단
을 위해서는 이러한 요인과 발달 기제를 파악해야 한다. 인간이
이를 위해서는 장기간의 관찰과 평가가 필요하다. 그렇다면 AI는
이러한 복합적 진단을 보다 효율적으로 수행할 수 있을까? 기술
적으로 보면, AI는 진단 영역에서 상당한 가능성을 보여주고 있
다. 다만 진단 이후의 처방과 지도까지 가능할지에 대해서는 보
다 신중한 접근이 필요하다.

두 번째 질문은 문해력의 발달 원리에 대한 이해를 요구한다.
문해력은 단순한 훈련이 아니라 사회적 상호작용 속에서 발달한
다. 읽고자 하는 동기는 타인과의 의사소통 욕구에서 비롯되며,
이는 인지적 몰입과 발달로 이어진다. 이러한 사회적 자극을 AI
가 어떻게 제공할 수 있을지는 중요한 과제다.

세 번째 질문은 AI가 무엇을 대체할 수 있는지에 대한 문제다.
AI는 인간이 고려하지 못한 다양한 변인을 빠르게 분석하고 예

측할 수 있다. 이는 인간의 한계를 보완하는 데 분명한 강점이다. 그러나 문해력 발달에 필수적인 언어적 자극과 정서적 교류를 AI 가 대체할 수 있을지는 여전히 의문이다. Baron(2021)은 오디오북 이 인간이 읽어주는 자극의 약 70% 정도 효과를 낸다고 제시했지 만, 읽어주는 과정에 담긴 지지와 정서적 교류까지 대체할 수 있 는지는 신중히 검토해야 한다.

결국 AI는 문해력 위기를 극복하는 만능열쇠가 될 수 없다. 문 해력은 수천 년에 걸쳐 인류가 진화하면서 사회적 소통을 통해 축적해 온 능력이다. AI는 문해력 위기를 완화하는 데 도움을 줄 수 있지만, 문해력 발달의 핵심은 여전히 인간과 인간 사이의 접 촉과 소통에 있음을 잊어서는 안 된다.

2. 읽기 능력 진단의 진화
: AI가 도와주는 것들

문해력 위기 극복에 가장 큰 도움을 줄 수 있는 영역은 바로 진단 이다. 읽기 능력이 복합적인 능력이라는 점을 다시 주지할 필요 가 있다. 복합적 구인이라는 말은 1시간 안에 몇 문항으로 구성된 시험지만으로는 읽기 능력을 충분히 평가할 수 없다는 것을 의미한다(Pearson & Hamm, 2005). 읽기 능력을 정확하게 진단하기 위해서는 다양한 도구를 활용해야 하며, 이는 인지적 요소뿐 아니라 정서적 요소까지 통합적으로 진단해야 함을 뜻한다.

문해력의 기본은 읽기 능력이다. 글을 읽고 이해해야 표현하고 소통할 수 있다. 읽기 능력의 진단을 이해하기 위해서는 읽기 능력이 무엇으로 구성되는지를 먼저 이해해야 한다. 읽기는 문자를 소리 내어 읽을 수 있는 해독(decoding) 능력과 글의 의미를 이해하는 독해(comprehension)로 구성된다(Gough, 1986). 읽기 능력이 해독과 독해로 구성된다는 이론은 1980년대부터 논의되어 왔으며, 최근에는 뇌과학의 발달로 이를 지지하는 근거들이 제시되고 있다(Wolf, 2018).

읽기 능력을 진단하기 위해서는 해독과 독해를 구분하여 살펴볼 필요가 있다. 글자를 소리 내어 읽는 해독 능력은 실제로 읽는 소리를 직접 듣고 판단해야 하므로 개별 평가가 필요하다. 반면, 글의 의미를 이해하는 능력은 묵독과 관련되기 때문에 텍스트를 읽고 이해 여부를 확인하는 문항을 통해 평가할 수 있다. 즉, 해독 평가는 시간과 인력이 많이 필요한 반면, 독해 평가는 타당한 문항이 갖추어지면 상대적으로 효율적으로 실시할 수 있다.

그렇다면 우리는 왜 읽기 능력을 정확하게 진단하지 못하고 있을까? 초등학교 저학년 시기에는 발달적으로 해독 능력을 집중적으로 점검해야 한다. 문자를 소리로 옮기는 해독 능력이 유창해지는 시기이기 때문이다. 그러나 많은 학생을 대상으로 한 명씩 점검해야 하므로 시간적 제약이 크고, 그 결과 모든 학생을 정확하게 진단하는 데 어려움이 따른다.

대규모 독해 시험지는 효율적으로 다수의 학생을 평가할 수 있을 것처럼 보인다. 우리가 흔히 접하는 독해력 평가는 지문을 읽고 선다형 문항을 해결하는 방식이다. 이러한 시험지는 짧은 시간 안에 많은 학습자를 동시에 평가할 수 있다는 장점이 있다. 그러나 이러한 효율성 뒤에는 선다형 검사 특유의 한계가 존재한다. 제한된 시간 안에 지문을 읽고 문항을 푸는 과정에는 실제 읽기 이해 과정이 충분히 반영되지 않기 때문이다. 이는 독해 자체가 인지적 요소와 정서적 요소가 복합적으로 작용하는 복잡한 구인이기 때문이다.

이러한 한계를 보완하는 데 AI는 문해력 진단에서 다음과 같은 방식으로 도움을 줄 수 있다.

첫째, 해독과 읽기 유창성 평가에서 시간 비용을 크게 줄일 수 있다. 해독 능력을 평가하기 위해서는 교사가 학생을 직접 대면해 관찰해야 했다. 그러나 최근에는 음성을 인식해 문장을 얼마나 정확하고 유창하게 읽는지를 평가할 수 있는 AI 기반 코스웨어가 개발되고 있다. 이를 통해 다수의 학생이 태블릿이나 모바일 기기를 활용하여 해독과 읽기 유창성을 동시에 평가받을 수 있다.

그동안 우리말 음성의 문자화가 어려웠던 이유는 음운 변동이 많은 언어적 특성 때문이다. 소리를 보정해 정확한 문자로 옮겨야 정확한 문자화가 가능했기 때문이다. 그러나 소리 내어 읽기 정확성을 평가할 때는 보정된 음성이 아니라 실제 발화된 소리를 그대로 문자화한 뒤 원문과 비교·대조해야 한다. 또한 우리말의 읽기 유창성에는 의미를 고려한 표현성까지 포함된다. 이러한 요소들 역시 AI 기술을 통해 측정과 평가가 가능해졌다.

둘째, 시선 추적 장치(eye-tracking) 기능이 AI 기술과 결합되면서 실제 읽기 과정을 보다 정밀하게 측정할 수 있게 되었다. 1980년대 인지주의 읽기 연구자들은 눈동자가 오래 머무르는 부분일수록 읽기 난도가 높고, 빠르게 지나가는 부분일수록 이해가 수월하다는 가설을 제시했다. 이를 바탕으로 적외선 장치를 활용해 시선 이동을 분석하는 연구가 이루어졌다. 눈동자의 이동 패턴이 텍스트와 일치하는지, 시선이 다른 곳으로 분산되는지를 통해 읽기 성공 여부를 추정할 수 있다. 과거에는 장비 가격과 접근성의 한계가 있었으나, 최근에는 AI가 데이터를 보정하면서 모바일과 태블릿 환경에서도 시선 추적이 가능해졌다.

셋째, AI 기술을 활용한 독해력 평가가 가능해졌다. 다양한 지문이 제시되고 학습자의 문항 반응이 데이터로 누적된다. AI는 이러한 데이터를 분석해 학습자의 읽기 어려움을 진단한다. 학습자의 반응에 따라 쉬운 지문이나 더 어려운 지문을 제시하면서 읽기 수준을 지속적으로 진단할 수 있다. 이러한 방식은 단 한 번의 시험으로 독해력을 평가하는 것보다 정확성이 높다. 장기간의 읽기 데이터를 바탕으로 해야 얻을 수 있는 분석 결과를 AI는 상대적으로 짧은 시간 안에 제공할 수 있다. 이는 읽기에 어려움을 겪는 학습자에게 보다 구체적인 피드백 기준을 제공한다.

넷째, AI는 학습자의 읽기 능력을 개별화하여 분석하고 관리하는 데 도움을 준다. 교사가 많은 학생을 동시에 분석해야 하는 부담을 줄여 주며, 학습자의 이력 데이터를 기반으로 읽기 어려움의 원인을 진단하고 처방하는 기술이 적용되고 있다. 이러한 기능은 교수자의 판단을 보완하는 역할을 한다.

이와 같은 분석 결과는 학습자의 능력을 한눈에 보여주는 대시보드 형태로 제공되는 경우가 많다. 대시보드는 학습자의 읽기 패턴과 취약점을 시각적으로 보여 주며, 교사가 학습자를 지도하는 데 중요한 근거 자료가 된다. 개인의 읽기 능력을 정확하고 상세하게 분석해 개선 방향을 제시하는 측면에서는 AI의 효율성과 정확성이 점차 높아지고 있다.

다섯째, 학습자가 읽어야 할 텍스트의 어려움 정도, 즉 텍스트 복잡도를 AI가 보다 정확하게 분석할 수 있다. 미국의 국가 수준 교육과정인 CCSS는 Lexile, ATOS 등 텍스트 난이도 지수를 부록에 제시하고 있으며(조용구·이경남, 2020), 이러한 지수는 실제 교육 현장에서 널리 활용되고 있다. 우리말 텍스트의 난이도를 분석하는 기술 역시 이미 개발되어 왔으나, 학생들이 실제로 느끼는 난이도를 반영할 충분한 데이터가 부족하다는 한계가 있었다. 그러나 AI 기술의 발전으로 대규모 학습자 데이터가 축적되면서, 텍스트 난이도 지수의 정확성도 점차 개선되고 있다. 이는 학습자 수준에 적합한 읽기 자료를 추천하는 데 중요한 기반이 된다.

최근 읽기 연구 분야에서는 읽기 과학(Science of Reading, SOR)이 강조되고 있다. 미국 국립읽기위원회 보고서(NRP, 2000)는 읽기 구성 요소로 음운 인식, 파닉스, 유창성, 어휘, 독해를 제시한다. 읽기 과학은 이러한 요소들을 과학적으로 측정하고 지도할 근거를 탐구하는 이론적 틀이다. AI가 제공하는 읽기 패턴 분석은 해독과 독해의 어려움을 보다 명확히 진단하며, 뇌과학적 근거를 바탕으로 어떤 처치가 필요한지 고민할 수 있게 한다. 이 점에서 읽기 과학은 AI 기술이 읽기 진단에 왜 중요한지를 설명하는 이론적 근거가 된다.

정리하면, AI는 그동안 인간의 직관에 의존해 이루어지던 문해력 진단을 개선하는 데 중요한 역할을 한다. 구체적으로 AI는 해독과 읽기 유창성 진단, 시선 추적을 통한 읽기 과정 분석, 독해력의 정밀한 평가, 학습자 개인별 읽기 능력 관리, 텍스트 난이도 지수의 정확성 향상 등에서 활용되고 있다. 이러한 AI 기술의 접목은 갑작스러운 변화가 아니라, 읽기 연구 분야에서 축적되어 온 과학적 측정 요구가 기술 발전과 자연스럽게 결합한 결과라고 볼 수 있다.

3. 데이터가 말해주지 않는 것들
   : AI의 사각지대

앞서 문해력 위기에서 언급했듯이, AI 기술이 만능열쇠가 아니라는 점을 기억해야 한다. 우리가 생각한 것보다 많은 영역에서 AI 기술은 문해력 향상에 기여하고 있으며, 앞으로도 AI 기술이 제공할 수 있는 문해력 진단의 결과는 예측하기 어려울 만큼 발달할 것이다. 그럼에도 주지할 필요가 있는 지점은 문해력이 인지적 능력만을 포함하는 것이 아니라는 점이다. 어떤 텍스트를 읽고 잘 기억하고 이해하며, 문자로 생각을 옮기고 표현하는 것만을 의미하지 않는다는 점은 이미 언급했다. 문해력의 본질은 사회적 의사소통에 있다.

문해력이 사회적 의사소통에 기반한다고 보는 이유는, 읽기 능력 발달의 근원이 누군가와 말하고 싶은 욕구에서 출발하기 때문이다. 읽는 뇌의 처리 과정에만 주목하다 보면, 읽기 능력의 근원이 의사소통에 있다는 사실을 놓치기 쉽다. 읽기 능력은 진화론적으로도 다른 사람과 소통하고 싶어 하는 욕구를 바탕으로 발달해 왔다. 기록의 역사 또한 현시대를 함께 사는 사람뿐 아니라 후대의 인류와 소통하고 싶어 하는 욕구를 근원으로 형성되었다. 즉, 문해력이 우수하다는 것은 사회적 의사소통 능력이 뛰어나다는 것과 같은 의미로 볼 수 있다.

읽기의 근원이 의사소통에 있듯이, 문해력의 발달에 영향을 주는 것은 언어 접촉과 소통 욕구이다. 아이는 태어나면서부터 양육자와 끊임없이 소통한다. 부모는 아이와 언어로 소통하고 싶어 하며, 아이도 점차 부모의 기대에 반응하면서 언어를 중얼거린다. 구술 언어가 발달하면서 부모가 읽어 주는 문자 언어를 읽고 싶어 하는 욕구도 커진다. 문자 언어를 읽으며 정보를 얻고, 그 정보는 다른 사람과 의사소통하는 데 자료로 활용된다. 다른 인간을 이해하는 능력 또한 문자 언어로 된 책을 읽으며 공감하고 감정이입하는 과정에서 발달한다.

이처럼 문해력의 발달에 대해 강조한 이유는, AI가 사회적 의사소통 능력을 신장하는 데에는 한계가 있다는 점을 말하기 위해서다. 핀란드에서는 COVID-19가 교육에 미친 영향을 점검하는 보고서에서 사회적 의사소통과 언어 자극이 부족했던 부분을 언급하며, 이를 회복할 수 있는 교육적 처치를 진행해야 한다고 강조했다(이경남, 2022). 언어 발달에서 중요한 자극은 사람과 사람의 소통 과정이며, 그 과정에는 누군가와 의사소통하고 싶은 진실한 동기가 필요하다. 즉, 인지적 요소뿐 아니라 한 사회의 구성원으로서 자신의 위치를 이해하고, 다른 사람과의 관계 속에서 자신을 이해하는 과정이 문해력 향상에 중요한 자원이 된다.

사회·문화적 맥락뿐 아니라 정서적 요인도 문해력에서 중요하다. AI의 진단이 정교해진다고 하더라도 정서적 요인을 모두 확인하기는 어렵다. 정서적 요인은 긴 시간의 관찰과 다양한 심리적 요인 분석이 필요하며, 문해력 환경과도 밀접하게 관련된다. 예를 들어, 집 안에 내가 읽을 수 있는 나만의 공간이 필요하고, 집 주변에 편하게 갈 수 있는 도서관이 있어야 한다. 또한 책을 읽고 싶거나 글을 쓰고 싶게 만드는 주변 사람들도 필요하다. 그 주변 사람이 또래 친구라면 더 좋은 자극이 될 수 있다.

AI 챗봇이나 생성형 AI의 대화 기능이 사회적 자극을 일부 채워 줄 수 있을지는 모르지만, 인간은 현실 세계에서 자기 정체성을 확립해야 한다. 자기 효능감, 동기, 태도와 같은 정서적 요인은 현실 세계에서의 자기 정체성과 밀접하게 연결된다. AI 대시 보드가 제시하는 학습자의 능력에서 빠져 있는 부분이 바로 감정과 태도와 관련된 정서적 요인이다. AI는 인지적 능력을 정교하게 분석할 수 있지만, 공감과 지원은 인간이 더 잘할 수 있다.

AI 기술이 문해력에 도움을 주면서도, 역설적으로 격차를 심화할 수 있다는 점도 고려해야 한다. AI 도구 활용 능력의 차이는 디지털 기기의 유무 차원을 넘어 디지털 격차를 심화할 수 있다. AI 도구 활용 능력 차이로 인한 디지털 격차는 문해력 격차에 어떤 영향을 줄 수 있을까? 문해력의 범위를 생각하면 이해가 쉽다. 문해력이 의사소통에 기반하며, 문자 언어의 이해와 표현과 관련된 능력임을 앞서 언급했다. 기술 변화와 함께 강조되는 능력이 바로 디지털 리터러시이며, 이는 의사소통 환경이 디지털 환경으로 변화하는 흐름을 반영한 능력이다.

디지털 격차는 디지털 리터러시의 격차로 이어진다. AI가 다양한 방식으로 문해력 향상에 도움을 주는 한편, AI 도구 활용 능력의 차이는 디지털 리터러시 격차로 연결될 수 있다. 디지털 리터러시의 격차는 정보 격차를 낳는다. 다양한 정보 가운데 나에게 필요한 정보가 무엇인지 선택하는 능력의 격차도 포함된다. 즉, AI 기술을 활용해 문해력 진단과 학습을 강화할수록, 디지털 리터러시 격차가 함께 확대될 수 있다는 점을 고려해야 한다.

문해력 관련 AI 기술이 공교육과 사교육 분야에서 널리 활용되고 있다. AI가 만능열쇠인 것처럼 인식되면 우리는 AI에만 의존하게 될 수 있다. 그러나 AI에만 의존하면 문해력의 본질이 무엇인지 길을 잃을 위험이 있다. 부족한 능력을 보완하는 데 AI를 활용하면서 책을 읽고 다른 사람과 의사소통할 수 있는 실제적 문해력을 길러 줄 필요가 있다. 또한 우리가 의존하는 AI 기반 디지털은 우리가 미처 예상하지 못한 또 다른 격차를 만들어 낼 우려가 있다. 많은 데이터를 통해 얻는 자료가 이익이 되기도 하지만, 한편으로는 문해력을 편협한 범주로 이해하게 하거나 새로운 격차를 만들 수 있다는 점을 기억해야 한다.

4. 기초학력 지원을 위한 교사와 AI의 협업 방향

그렇다면 기초학력 지원을 위해 우리는 AI를 어떻게 활용해야 할까? 앞에서 소개한 AI 기술은 학습자의 문해력 향상에 많은 도움을 줄 수 있다. 그러나 AI 기술만으로 문해력이 향상되지는 않는다. 인간이 할 수 있는 지원과 AI가 협업해야 하며, 그 과정에서 교사의 역할은 매우 중요하다.

기초학력 지원에서 가장 중요한 출발점은 학습자에 대한 정확한 진단이다. 무엇이 어려운지 정확하게 파악해야 하며, 어려운 지점에 대한 정밀한 진단은 이후 지도 계획을 세우는 데 핵심적인 근거가 된다. 진단 영역에서만큼은 인간이 AI를 따라가기 어렵다. 이미 개발된 기술과 앞으로 등장할 기술은 인간이 분석하기 어려운 복잡한 데이터를 처리하며, 학습자의 현재 능력과 부진의 원인을 보다 정교하게 해석할 수 있다. 이러한 점에서 AI는 기초학력 지원의 진단 단계에서 중요한 역할을 수행할 수 있다.

문해력 향상을 위한 교사의 역할 또한 명확해질 필요가 있다. 문해력 향상에서 교사의 핵심 역할은 '문해력 후원자(literacy sponsor)'이다. 문해력 후원자라는 개념은 읽기 교육 연구 분야에서 중요하게 다루어져 왔으며, 학습자의 읽기 동기와 의사소통 동기를 촉진하는 데 핵심적인 역할을 한다. 문해력 후원자는 부모, 교사, 또래 친구 등으로 구분되는데, 학교 교육 맥락에서는 교사가 가장 적극적인 문해력 후원자 역할을 수행한다.

AI를 활용한 문해력 지원이 효과를 거두기 위해서는 AI와 교사의 역할 분담이 중요하다. AI는 문해력 진단과 분석에서 강점을 발휘하고, 교사는 문해력 향상을 위한 지도와 지원에 집중해야 한다. 특히 문해력 지도는 데이터에 기반한 인지적 지도에 그치지 않고, 정서적 지원과 공감을 함께 포함해야 한다. 또한 책을 매개로 한 의사소통을 넘어, 다양한 공동체 속에서 학습자가 사회적 의사소통을 경험할 수 있도록 돕는 역할도 필요하다. AI와 교사의 역할이 적절히 조화를 이룰 때, AI 도구는 교육적 시너지를 발휘할 수 있다.

디지털 기반 환경을 보완하는 교사의 역할 역시 중요하다. 교사는 학습자와 직접 대면하며 지도할 수 있는 존재이다. 이는 AI와 대비되는 장점이라기보다, 교사가 이미 수행해 온 교육의 본질에 가깝다. 대면 교육의 핵심은 학습자와의 소통을 통해 사회 구성원으로서의 자기 정체성을 이해하고 성장하도록 돕는 데 있다. 문해력은 결국 학습자가 행복한 삶을 살아가는 데 중요한 자원이기 때문이다. 따라서 문해력 지원은 한 인간의 성장과 발달을 향한 지속적인 지지와 소통을 바탕으로 이루어져야 한다.

기초학력 지원은 누구나 교육을 받을 수 있는 권리를 보장하는 데 있어 기본이 된다. 특히 문해력은 사회의 한 구성원으로 건강하게 성장하기 위한 기초 역량이다. 이러한 역량을 갖춘 구성원이 모일 때 사회는 보다 건전하고 풍요로운 방향으로 나아갈 수 있다. 프레이리와 마세도(Freire & Macedo, 1987)는 문해력이 세상을 이해하고 의미 있는 삶을 살아가는 데 핵심적인 역할을 한다고 강조했다. 문해력은 단순히 읽고 쓰는 기술을 넘어, 세상 (world)을 이해하는 안목을 제공하는 능력이다.

결국 기초학력 지원은 읽고 쓸 줄 아는 기술을 가르치는 데서 멈추지 않고, 세상을 이해하는 힘을 길러 주는 데 초점을 두어야 한다. AI는 읽기와 쓰기의 기술적 측면을 지원하는 데 효과적인 도구가 될 수 있다. 그러나 교사는 그 데이터에 '온기'를 더해야 한다. 이 온기는 학습자가 세상을 지혜롭게 살아갈 수 있도록 하는 원동력이 된다. AI 도구는 교사의 온기와 조화를 이룰 때에만 기초학력 지원에서 진정한 효과를 발휘할 수 있을 것이다.

참고문헌

Baron, N. S. (2021). How we read now: Strategic choices for print, screen, and audio. Oxford University Press.

Freire, P., & Macedo, D. (1987). Literacy: Reading the word and the world. Bergin & Garvey.

Gough, P. B., & Tunmer, W. E. (1986). Decoding, reading, and reading disability.

OECD. (2023). PISA 2022 results (Volume I): The state of learning and equity in education. OECD Publishing.

Ong, W. J. (1982). Orality and literacy: The technologizing of the word. London: Methuen.

Wolf, M. (2018). Reader, come home: The reading brain in a digital world. Harper.

이경남. (2021). 기초학력으로서 문식성의 범주와 수준 탐색. 새국어교육, -(126), 91-113.

이경남. (2022). 우리나라의 기초학력으로서 문해력 지원 정책 현황 분석과 시사점 -영국과 핀란드의 정책 사례를 중심으로-. 새국어교육, -(133), 327-356.

조용구, 이경남. (2020). 국어 텍스트 분석 프로그램(KReaD 지수)의 개발. 독서연구, 0(56), 225-245.

교사를 위한,
AI 기반 평가 설명서

: 서·논술형 평가부터 교사 주도 평가까지

오규설 (효성여자고등학교 국어 교사, 경북대 강사)

1. 인공지능 시대, 평가 패러다임의 전환과 교사 주도 인공지능 활용 평가
2. 자동문항생성: 인공지능으로 시험 문제 만들기
3. 자동 채점: 인공지능으로 선생님 대신 채점하기
4. 인공지능 활용 평가의 명과 암
5. 현장의 목소리와 대안: 교사 주도 인공지능 활용 평가
6. 제언: 인공지능 활용 평가는 '위협'이 아니라 '기회'다

세계적으로 인공지능이 교육 현장에 물밀듯이 침투하고 있다. 교사가 학생을 가르치는 일에서부터 학생이 수업을 듣는 일까지, 인공지능은 새로운 행위자(Agent)[1]로서 교사와 학생의 일을 보조하거나 대체하고 있다.

이 확률 알고리즘은 교실의 가장 내밀하고 권위적인 영역인 평가에까지 손을 내밀고 있다. 바로 이 시점에서 인공지능을 활용한 평가는 단순히 교사의 평가 업무를 보조하거나 자동화하는 기술적 편의성을 넘어, 우리에게 "학생을 평가하는 이유가 무엇인가", "기계가 인간을 평가할 수 있는가", "인간을 잘 평가하려면 어떤 것이 필요한가"와 같은 본질적인 질문을 던진다.

이 장에서는 교실 평가에서 가장 핵심적인 요소인 평가의 개발·채점과 관련하여, 인공지능을 활용한 평가 개발 기술을 말하는 자동문항생성(Automatic Item Generation, AIG)과 서·논술형 평가로 통칭되는 에세이 자동 채점(Automatic Essay Scoring, AES)에 대해 살펴본다. 이후 인공지능 활용 평가가 교실 현장에 미칠 긍정적·부정적 영향과 현장의 기대와 우려를 검토하고, 교육 현장

---

1) 프랑스의 과학철학자 라투르는 행위자-네트워크 이론(Actor-Network Theory, ANT)에서 인간과 현대 사회의 다양한 기술과 과학을 아우르는 기술과학(technoscience)을 포함한 비인간을 행위 능력을 지닌 '행위자'로 보고, 이들이 상호작용하며 구성하는 관계망인 '네트워크' 내에서 세계가 구축되고 유지되며 변형된다고 설명한다. 인공지능은 교육 분야에서 이러한 새로운 행위자로 기능할 수 있다. 자세한 논의는 오규설(2024a) 참조.

의 대응 방안으로 인공지능 활용 교사 주도 평가에 대해 논의하며, 이를 실현하기 위한 정책적·학술적 과제를 제안하고자 한다.

1. 인공지능 시대, 평가 패러다임의 전환과 교사 주도 인공지능 활용 평가

산업화 이후 지금까지 교육 평가는 합의된 지식과 역량을 측정하여 학생들을 선발하고 변별하는 데 초점을 둔 '학습에 대한 평가(Assessment of Learning)'의 시대였다. 이 패러다임에서 평가는 교육 주기의 종착점에서 중간·기말고사, 수능 등 총괄 평가의 형식으로 이루어졌다. 이러한 평가에서는 주로 선다형 문항을 중심으로, 문항이 얼마나 상위 집단과 하위 집단을 잘 변별하는지(문항 변별도, item discrimination), 문항에 오류가 없고 문항 유출 방지 등 보안이 유지되는지(문항 무결성, item integrity)에 초점을 둔다.

이 패러다임의 한계에 대해 현장과 학계에서는 수많은 비판이 제기되었고, 그 대안으로 학습자로서 학생의 성장을 돕기 위한 '학습을 위한 평가(Assessment for Learning)'로의 패러다임 전환 요구가 지속적으로 제기되었다. 구체적으로는 구성형(construct type), 짝짓기형(matching type), 논술형(essay type) 등 다양한 문항 유형을 활용하여 학습자의 성취 수준에 대한 정보를 타당하게 제공하는 평가 방식의 전환, 수준별 교육 내용 및 평가 문항의 개발, 학생의 수준에 맞게 평가 문항과 피드백이 제공되는 맞춤형 평가 등의 아이디어가 제안되었다. 그러나 기술적·물리적 제약으로 인해 '학습을 위한 평가'는 쉽게 현장에 도입되지 못했다.

패러다임 전환의 핵심 도구, 그리고 핵심 전제

인공지능은 이러한 제약을 극복할 수 있는 대안으로서, 평가 패러다임 전환의 핵심 도구로 주목받고 있다. 인공지능 활용 평가는 형성평가를 중심으로 수백, 수천 명의 학생 수준에 맞는 평가를 제공하고, 학생의 답안을 자동 채점하여 각 학생의 수준에 적합한 피드백을 즉시 제시할 수 있다. 이러한 접근성, 가용성, 적응성은 학습을 위한 평가의 토대를 마련하여 학생의 성장을 지원할 수 있다는 점에서 무궁한 가능성을 지닌다.

　여기서 중요한 것은 평가의 주도권을 인간 행위자이자 책무를 지닌 교사가 갖는 것이다. 인공지능 시대에 교사 주도 평가(Teacher Empowered Assessment, TEA)는 교육의 본질적 가치를 지키면서 인공지능 기술을 주체적으로 활용하기 위해 필요한 핵심 원칙이다. [2] 교사의 역할은 인공지능과 디지털 평가 기술을 기반으로 학생의 학습을 진단하고 안내하는 전문가로 재정의된다. 즉, 교사는 평가 과정에서 수동적 참여자가 아니라 평가의 계획, 평가 도구의 개발과 선택, 채점 보조 자료로서 인공지능이 제시한 채점 결과와 피드백에 대해 자율성과 주도권을 지닌 존재로서, 학생의 성장을 지원하고 학습을 지도하는 주도적인 평가 설계자이자 판단의 전문가로 전환되어야 한다.

이를 위해 우선적으로 요구되는 것은 교사의 평가 문식성(assessment literacy)[3], 인공지능 리터러시(AI literacy)[4]의 함양이다. 교사는 교수·학습 내용과 성취기준에 대한 명확한 이해를 바탕으로 타당도와 신뢰도를 담보하는 평가를 설계·실행하고, 평가 결과를 해석하여 차기 교수·학습에 반영할 수 있어야 한다. 또한 인공지능을 활용한 평가에서 교사는 인공지능을 이해하고 활용하며, 비판적으로 평가하고 윤리적 문제를 성찰하는 역량을 갖추어야 한다. 이를 통해 교사는 인공지능 활용 평가가 교사의 평가 권한을 대체하는 것이 아니라, 인공지능이 생성한 문항과 채점 결과, 학습자 맞춤형 콘텐츠와 학습 경로 제안에 대해 자율성과 주도권을 가지고 교실 평가를 수행할 수 있을 것이다.

---

* 이하 각주는 글 마지막에 제시하였습니다.

2. 자동문항생성
: 인공지능으로 시험 문제 만들기

좋은 교수 · 학습의 요건에는 양질의 평가가 필수적이며, 평가의 중심에는 평가 문항이 있다. 기존의 평가에서는 숙련되고 경험이 많은 평가 전문가 집단이 암묵지에 기반하여 고품질의 문항을 개발하는 방식을 취하였다. 우리나라에서도 매년 수능 시험 출제를 위해 각 교과의 전문가를 비밀리에 초빙하여 모처에서 장기간 합숙한다는 사실이 알려진 바 있다. 그러나 컴퓨터 기반 평가(Computer Based Test, CBT)가 도입되고 온라인 기반 학습 서비스의 수요가 늘어나면서, 양질의 문항에 대한 수요가 폭발적으로 증가하였고, 이에 따라 자동문항생성에 대한 필요성이 대두되고 있다.

자동문항생성(Automatic Item Generation, AIG)은 인지 이론과 컴퓨터 알고리즘을 결합하여 고품질의 문항을 생성하는 기술을 말한다(Gierl & Haladyna, 2012)[5], 이는 인공지능의 태동기인 1960년대부터 제안되어 현재 평 가 공학(Assessment engineering) 분야에서 활발하게 연구되고 있는 영역이다.

자동문항생성의 역사

자동문항생성의 역사는 "어떻게 하면 숙련된 인간 평가 전문가가 출제한 문항을 자동화하여 만들 수 있을까?"라는 질문에 대한 도전의 연속이며, 이러한 도전은 현재에도 지속되고 있다. 자동문항생성 연구는 1960년대부터 시작되었다. Bormuth(1969)는 읽기 성취도 검사 문항을 일반화된 규칙으로 표현하고, 그 규칙을 이용해 다양한 문항을 자동 생성하는 이론을 제안하였다.[6] 그러나 당시에는 연산 성능이 부족하여 제한적인 사례에 그쳤고, 자동문항생성에 대한 아이디어는 크게 주목받지 못했다.

이후 2000년대에 이르러 자동문항생성은 인지심리학과 심리측정학을 결합한 접근으로 새롭게 시도되었다(Embretson, 1999; Bejar, 2002; Irvine & Kyllonen, 2002). 이 시기의 접근 방식은 규칙 기반 접근으로 불리는데, 우선 양질의 문항 구조를 이론적으로 정의한 인지 모형(cognitive model)을 설계하고, 이를 바탕으로 문항 난이도와 인지적 요구 사항을 결정하는 핵심 구조 요소와 문항의 표면적 요소를 포함한 문항의 틀, 즉 문항 모형(item model)을 구축한다. 이후 이 문항 설계 규칙에 따라 컴퓨터 알고리즘을 코딩하여 동형의 문항을 생성하는 방식이다. 그러나 평가 전문가가 설계한 인지 모형과 문항 모형을 구축하는 데 많은 비용이 소요되고, 생성된 문항의 검증에도 상당한 시간이 필요하여 이 접근 방식은 크게 확산되지 못했다.

2010년대 이르러 자동문항생성은 인지심리학, 심리측정학과 디지털 기술을 결합한 평가 공학의 한 분야로 발전했다.[7] 특히 지식의 표상(knowledge representation)을 컴퓨터가 처리할 수 있는 방식인 상징 조작(symbolic manipulation)으로 변환한 디지털 지식 표상은 자동화된 변환을 가능하게 하였고, 인간 전문가와 컴퓨터의 협업을 촉진한다.[8] 즉 평가 전문가의 암묵지(tacit knowledge)[9]를 정교한 논리 구조를 지닌 지식 표상으로 변환하고, 이를 토대로 문항 모형을 설계하여 문항 생성을 자동화하는 방식이다. 이 시기부터 문항 모형 기반 접근은 이론적·경험적 토대를 갖추게 되었으며, 대표적인 사례로는 의학·치의학·수학 분야에서 활용된 웹 기반 자동문항생성 도구인 IGOR(Item GeneratOR: Gierl et al., 2008)[10]가 있다.

2010년대 후반 이후, 자연어 처리와 심층 신경망의 발전에 힘입어 자동문항생성은 LLM과 결합하는 양상으로 발전하였다. 이는 이전의 접근과 달리 모델·데이터 기반 접근을 취하며, 비구조화된 텍스트 데이터와 문항 생성용 프롬프트를 입력 데이터로 하여 문항을 생성하는 방식,[11] 프롬프트 엔지니어링·전이 학습·도메인 특화 모델(SLM) 등에 기반한 자동 질문 생성(Automatic Question Generation, AQG) 연구와 결합하여 문항을 생성하는 방식[12] 등 다양한 LLM 기반 연구와 함께 양질의 문항을 자동화하려는 시도가 계속되고 있다.

자동문항생성의 장점과 약점

자동문항생성의 장점은 인지 모형과 문항 모형에 기반하여 양질의 문항을 생성함으로써, 평가 요소에 대한 문항 데이터베이스를 풍부하게 구축할 수 있다는 데 있다. 이를 통해 교실 현장에서 형성평가와 총괄평가를 교수·학습과 연계하여 보다 효과적으로 운영할 수 있는 가능성이 열린다. 또한 문항 유출과 같은 평가 보안 문제를 완화할 수 있으며, 평가 개발과 운영 과정에서 비용을 절감할 수 있다는 이점도 있다.

그러나 자동문항생성은 문항의 질을 담보하기 위해 숙련된 평가 전문가의 검증 과정이 필수적이라는 점, LLM 기반 자동문항생성 모델이 체계적 편향에 따라 특정 집단에 불리한 문항을 생성하는 차별문항기능(Differential Item Function, DIF)에 취약할 수 있다는 점, 그리고 대단위 서비스 레벨에서 시행되지 않았다는 점에서 여전히 한계를 지닌다.[13] 이러한 이유로 자동문항생성 연구의 다수는 실험적 수준에 머물러 있으며, AIG가 상용화되어 정책적으로 도입된 사례도 아직은 드물다.

그럼에도 불구하고 인공지능을 활용한 평가 개발의 측면에서 자동문항생성 기술이 발전하여 양질의 문항을 풍부하고 다양하게 자동 생성할 수 있게 된다면, 한 단위 수업에 포함되는 형성평가의 실제적 운영과 학습자 수준에 부합하는 문항을 제공하는 맞춤형 평가의 중요한 토대가 될 수 있을 것이다. 또한 자동문항생성 기술은 교사가 주도하는 구조 안에서, 교사가 양질의 문항 설계 틀을 제공하거나 생성된 문항 가운데 학생 수준에 적합한 문항을 선별하여 활용하는 방식으로, 교사 주도 평가의 맥락 내에서 운영될 수 있다.

3. 자동 채점
: 인공지능으로 선생님 대신 채점하기

한 명의 교사가 여러 교실의 학생들이 작성하는 서·논술형 응답을 채점하기란 쉽지 않은 일이며, 채점자 내 신뢰도나 채점자 엄격성 등 채점자 특성이 반영되므로 채점 결과의 타당도와 신뢰도를 보장하기도 쉽지 않다. 뿐만 아니라 여러 교사가 학생들의 응답을 나누어 채점할 때에는 앞의 문제와 더불어 채점자 간 신뢰도 문제가 추가로 발생할 수 있다. 이러한 이유로 선다형 중심 평

가에 대한 대안으로 제시된, 소위 서·논술형 평가로 불리는 구
성형(constructed-response type) 및 에세이 형식(extended response
essay type 또는 constructed-response essay type)의 평가는 교실 현장
에서 쉽게 실현되지 못하였다.

자동 채점 연구는 이러한 구성형·논술형 평가의 문제를 해
소하기 위해 유능한 교사 채점자 수준과 유사한 성능을 가진 알
고리즘을 개발하여, 서·논술형 평가의 효율성을 추구하는 방향
으로 활발히 전개되고 있다. 자동 채점(Automated Essay Scoring,
AES)은 학생이 쓴 글을 컴퓨터 알고리즘이 분석하여 점수를 예측
해 주는 기술로, 숙련된 인간 채점자가 채점한 글과 채점 정보를
학습하여 새로운 글의 점수를 통계적으로 추정한다.[14]

자동 채점의 연구사

자동 채점은 반세기에 걸친 컴퓨터 과학, 응용언어학, 심리측정
학의 학제 간 연구의 결과물로, 1960년대부터 현재에 이르기까지
인간의 언어를 이해하고 서·논술형 평가의 객관화를 지향해 온
연구 분야이다. 자동 채점 연구의 발전은 일반적으로 네 단계로
나누어 볼 수 있다.

자동 채점 연구는 Page(1966)의 "The Imminence of Grading Essays by Computer"에서 시작한다.[15] Page는 교사의 채점 부담 완화와 대규모 평가 효율화를 목적으로 에세이의 표면적 현상에 주목하여, 기계가 측정하기 어려운 어휘 선택 · 유창성 · 문법 · 문체 등을 'trins'로, trins를 근사화하는 표면적 통계 변수로 단어 길이 평균 · 문장 수 · 고급 어휘 빈도 비율 · 쉼표 수 등을 'proxes'로 설정한 trins-proxes 프레임워크를 활용하였다. 그리고 이를 인간 채점 결과와 회귀 분석을 통해 연결했다. 이 접근은 인간 채점자와 높은 상관관계를 보였으나, 길이만 긴 문장을 쓰거나 어려운 단어만 나열한 에세이에 높은 점수를 주는 등 한계를 드러냈다. 또한 당시의 높은 비용, 컴퓨팅 파워의 한계 등으로 상용화되지 못하였으나, Page의 회귀 분석 기반 접근은 자동 채점 연구의 효시가 되었다.

이후 인공지능의 암흑기와 함께 자동 채점 연구도 침체기를 맞았다. 1980년대 인공지능에 대한 과도한 기대가 실망으로 바뀌면서 연구 투자가 급감했고, 초기 시스템이 보여 준 단순한 표층적 특징 의존과 복잡한 논리 구조를 파악하지 못하는 문제는 자동 채점에 대한 회의론을 키웠다. 그러나 1990년대 이후 컴퓨팅 파워의 비약적 향상과 코퍼스, 자연어 처리 기술의 발전과 함께 자동 채점 연구는 다시 추진력을 얻었고, 자동 채점 연구는

'자질 공학(Feature Engineering)'의 시대로 접어들었다. 자질 공학이란 컴퓨터가 에세이를 평가할 수 있도록 글의 특징을 수치화하는 작업을 말한다. 예를 들어 문장의 평균 길이, 어휘의 다양성, 문법 오류 개수, 특정 접속사의 사용 빈도 등을 수치로 변환하여 컴퓨터가 계산할 수 있게 만드는 것이다. Pearson에서 출시한 IEA(Intelligent Essay Assessor)는 잠재 의미 분석(Latent Semantic Analysis, LSA) 기법을 활용해 단어 간 의미적 관계를 수학적으로 계산하고 학생의 글이 주제와 얼마나 관련이 있는지를 평가했으며,[16] ETS가 개발한 e-rater는 자연어 처리 기술을 통해 문법, 어휘 사용, 글의 구조와 조직 등 다층적 자질을 추출하여 채점에 활용했다.[17] 그러나 이 시기의 자동 채점 서비스들은 모두 인간 전문가가 사전에 정의한 자질에 의존해야 했다. 즉, "좋은 글이란 무엇인가"를 구성하는 요소들을 연구자가 일일이 설계하고 프로그래밍해야 했기 때문에, 문맥의 미묘한 뉘앙스나 논리 전개의 창의성 같은 복잡한 특성을 포착하는 데는 근본적인 한계가 있었다. 그럼에도 이 시기의 연구들은 대규모 표준화 시험에서 자동 채점을 실용화하는 중요한 전환점이 되었다.

2010년대 중반 이후 딥러닝 혁명은 자동 채점 연구에도 변화를 가져왔다. 순환신경망 계열인 LSTM(Long Short-Term Memory)이나 CNN(Convolutional Neural Network)을 활용한 연구들이 등장하기 시작했다.[18] 이 모델들은 텍스트를 단어의 집합이 아닌 순차적인 맥락(context)으로 처리하여 문장 간 연결성과 의미적 흐름을 학습할 수 있었다. 인간이 일일이 채점 기준을 설계할 필요 없이 대량의 채점된 데이터만 있으면 인공지능이 스스로 패턴을 학습했다. 이러한 자동화는 효율성을 높였지만, 동시에 인공지능이 왜 그런 점수를 주었는지 설명하기 어려운 '블랙박스' 문제를 야기했다. 모델의 결정 과정이 불투명해지면서 교육적 피드백 제공이나 평가 타당성 검증에 어려움이 생긴 것이다.

2018년 BERT의 등장과 이후 GPT 시리즈의 발전은 자동 채점 연구의 새로운 가능성을 열었다. 특히 2020년대 들어 LLM이 본격적으로 자동 채점 연구에 적용되기 시작했다. 이들 모델은 방대한 텍스트 데이터를 사전 학습하여 수십억 개의 파라미터를 통해 언어의 구조와 의미, 문맥까지 이해할 수 있게 되었다. GPT 모델이 보정 샘플이 제공될 경우 기존 자동 채점 시스템과 유사한 성능을 보인다는 보고나,[19] LLM 기반 채점이 인간 전문가 채점과 0.5에서 0.8 사이의 상관관계(QWK)를 보이며,[20] 인간 채점자 간 일치도보다 더 높은 일관성을 보인다는 보고도 있다.[21] 그러나 여전히 대부분의 경우 LLM 기반 자동 채점 모델은 인간 채점자 간 일치도에는 미치지 못하며, 프롬프트·문항 유형에 따라 편차와 편향이 상당하고,[22] 모델마다 채점 경향성이 다르며 때로는 인간보다 관대한 점수를 주는 경향이 있어 신중한 활용이 필요하다는 견해도 존재한다.[23] 특히 창의성이나 논증의 깊이 같은 고차원적 특성 평가에서는 여전히 한계를 보인다.[24] LLM의 가장 큰 강점은 자동 채점과 함께 상세한 피드백을 제공할 수 있다는 점이지만, 다양한 교과의 맥락이나 주제에 LLM 기반 자동 채점을 적용할 때 도메인 특화 데이터와 작은 미세 조정 크기에 대한 적응성 제한으로 인해 어려움을 겪을 수 있어, LLM 기반 자동 채점 연구는 여전히 진행형이다.

자동 채점 서비스 현황

글로벌 교육 평가 기관에서는 이미 2000년대 초반부터 자동 채점 서비스를 사용하고 있다. 미국 ETS는 TOEFL iBT와 GRE의 작문 영역에서 e-rater 엔진을 활용한다. 고부담 시험에서 e-rater는 인간 채점자를 대체하는 것이 아니라 함께 작동한다.[25] 구체적으로 에세이 한 편당 인간 채점자 한 명과 e-rater가 각각 점수를 부여하고, 두 점수가 1점 이상 차이 나면 다른 인간 채점자가 추가로 개입하는 방식이다.[26]

Pearson의 IEA(Intelligent Essay Assessor)는 1997년 처음 사용된

이후 현재 Pearson 교육 기술의 주력 제품으로, 주 단위 및 국가 단위 시험에서 광범위하게 활용되고 있다. 주지하듯 IEA는 잠재 의미 분석을 핵심 기술로 사용하며, 인간 채점자와 IEA의 LSA 기반 자동 채점을 동적으로 결합해 대규모 평가 효율성을 극대화하는 Continuous Flow를 개발하여 상용화하였다.[27] 이는 PTE Academic(Pearson Test of English), 플로리다주를 포함한 K-12 대규모 평가 등에 사용되고 있다.

UC 버클리에서 개발되어 Turnitin이 인수한 Gradescope도 주목받고 있다. 이 서비스는 에세이뿐만 아니라 수식, 화학식, 컴퓨터 코드, 손글씨, 다이어그램 등 다양한 형태의 답안을 인식하여 인공지능 기반 답안 그룹핑(AI-Assisted Answer Grouping)을 통해 학생들의 유사한 답안을 자동으로 묶고, 채점과 피드백을 진행한다. 우리나라에서는 대학을 중심으로 보급되고 있으며, 2024년 기준 전 세계 2,600개 교육기관에서 7억 개 이상의 문항이 Gradescope를 통해 채점되었고, 평균적으로 채점 시간을 30% 단축시키는 것으로 보고되고 있다.[28]

국내에서는 시도 교육청을 중심으로 자동 채점 서비스를 도입하고자 노력하고 있다. 서울시교육청의 'AI 기반 서·논술형 평가 지원 시스템', 경기도교육청의 교사-인공지능 협업 모델 기반 하이러닝 플랫폼, 충남교육청의 마주온 플랫폼, 대구시교육청의 인공지능 활용 채점 보조 시스템 등이 대표적이다.[29] 이러한 흐름을 통해 향후 인공지능 활용 자동 채점 연구는 더욱 활발하게 전개될 것으로 예상되며, 관련한 대중적 논쟁도 발생할 것으로 예측된다.

4. 인공지능 활용 평가의 명과 암

인공지능 활용 평가는 교실 현장에 효율성을 가져다줄 것으로 보이지만, 동시에 기술적·윤리적 난제들에 직면하고 있다. 따라서 인공지능 활용 평가의 이점과 문제점을 명징하게 검토하는 것은, 이를 활용하려는 교사와 교육 정책 입안자들에게 필수적이다.

인공지능 활용 평가의 강점

인공지능 활용 평가의 강력한 동인은 효율성에 있다. 주지하듯 서·논술형 평가의 실행에 있어 수백 명의 학생이 쓴 긴 글을 읽고 일일이 채점하고 피드백을 제공하는 것은 물리적으로 불가능에 가까운 일이었다. 그러나 인공지능, 특히 생성형 인공지능의 등장으로 교사의 채점과 피드백을 효율적으로 관리할 수 있는 가능성이 생겼다. 미국 공립학교 교사 2,232명을 대상으로 한 설문조사 결과에 따르면, 인공지능 도구를 사용하는 교사들은 수업 준비, 학습 자료 제작, 채점 등의 업무에서 주당 평균 5.9시간, 연간 약 6주의 시간을 절약하는 것으로 나타났다.[30] 이러한 효율성은 교사가 보다 양질의 평가를 설계하고, 개별 학생의 수준에 적합한 맞춤형 교육을 시행할 수 있는 여지를 제공한다.

또한 디지털 기반의 인공지능 활용 평가는 즉각적 피드백을 제공하여 학습 효과를 극대화할 수 있다. 기존의 평가에서는 형성평가는 차치하더라도 총괄평가 시행 뒤 개별적 피드백을 제공하기가 어려웠다. 그러나 인공지능 활용 평가에서는 학생이 답안을 제출하는 즉시 채점 결과는 물론, 현재 수준 및 개선점을 피드백으로 제공할 수 있다. 이러한 피드백의 즉시성은 학습 효과를 극대화하고 자기조절 능력을 향상시켜, 자기주도적 학습의 토대를 제공한다.[31]

그리고 인공지능 활용 평가 서비스는 인간 채점자와 달리 비인간 행위자로서 기능하므로, 학습자가 감정적으로 비교적 자유로워 평가 상황에서 학생들의 심리적 부담과 학습 불안을 완화할 수 있다.[32] 또 언제 어디서든 접근할 수 있다는 점에서 시·공간의 제약에서 비교적 자유로워, 접근성과 유연성 측면에서 학습 지원 도구로서 이점이 있다.

인공지능 활용 평가의 취약점

그러나 앞서 검토한 바와 같이 인공지능 활용 평가는 여전히 상용화하기에 여러 장벽이 있으며, 교육적 영향에 대한 우려도 존재한다.

가장 심각한 위협은 환각(hallucination)으로 인한 문제이다. 평가 개발에서의 환각은 문항의 오류로 이어져 평가 자체의 신뢰성을 훼손한다. 예를 들어 인공지능은 논리적 오류가 존재하는 문항이나 존재하지 않는 지식을 포함한 문항, 교육과정과 정렬되지 않은 문항을 생성할 수 있다. 이로 인해 학생들이 학습에 실패할 수 있고 오개념을 학습하게 될 수 있으며, 무엇보다 평가 문항의 요건을 충족하지 못한 문항들로 인해 평가의 타당도와 신뢰도가 훼손될 수 있다.

자동 채점에서의 환각은 자동 채점 모델의 일관성 결여, 타당도가 결여된 피드백 생성 문제로 나타날 수 있다. LLM 기반 자동 채점에서 동일 에세이에 대한 반복 채점 시 서로 다른 점수를 부여하는 일관성 문제가 발생할 수 있다. 이는 확률 모델인 LLM 의 태생적 속성에 따른 것이므로 RAG, GraphRAG 등의 대안이 제시되고 있지만, 환각이 해소되는 것은 쉽지 않을 것으로 보인 다.[33]

다음으로 편향(bias)과 차별문항기능(Differential Item Functioning, DIF)에 따른 공정성 문제이다. 주지하듯 인공지능은 데이터를 학 습하고, 생성형 인공지능은 초대규모 텍스트 데이터를 학습하는 데, 데이터에 내재된 편향이 산출에 반영되어 나타날 수 있다. 자 동 채점에서 사전 학습된 모델이 특정 집단·지식·문화적 변인 에 편향된 경우, 어떤 학생의 응답에 대해 체계적으로 편향을 유 발하는 채점을 수행할 수 있다.[34]

이는 자동문항생성에서도 마찬가지로, 특정 집단에게 유리하 거나 불리한 문항을 체계적으로 생성할 가능성이 존재한다. 이에 따라 유사한 능력을 지닌 서로 다른 집단에 속한 개인이 문항에 다르게 반응할 가능성을 의미하는 차별문항기능이 나타날 가능 성이 커지는 것이다. 실제로 2020년 영국에서 코로나19로 인해 A-level·GCSE 시험 취소에 대응하여 도입한 알고리즘 기반 성 적 산정 시스템은 저소득 지역 공립학교 학생들을 체계적으로 하 향 조정하여 대규모 사회적 반발을 불러일으켰고, 결국 알고리즘 결과를 전면 철회하는 사태로 이어졌다.[35] 이 사건은 AI 기반 평가가 공정성과 투명성을 확보하지 못할 경우, 얼마나 빠르게 신뢰를 상실하고 정책 실패로 귀결될 수 있는지를 보여주는 대표적 사례이다.

자동 채점의 경우 특수한 위험이 더 존재한다. 앞서 제시한 표면적 자질에 의존하는 문제와 더불어, 문법적으로 그럴듯하지만 의미적 통일성이 결여된 텍스트에 대해 일부 자동 채점 모델이 높은 점수를 주는 횡설수설(gibberish), 에세이나 과제물에 좋은 점수를 부여하도록 강제하는 프롬프트를 숨겨 놓는 Invisible Text prompting 등 적대적 공격의 문제에 취약성을 보인다.[36]

그리고 자동 채점은 기학습된 데이터의 패턴을 모방하는 데 탁월하지만, 독창적인 내용을 평가하는 데에는 제한적이다. 즉, 학습 데이터의 분포에서 벗어난 독특하지만 창의적이거나, 기존에 존재하지 않던 비판적 시각의 답안에 대해 오류로 판단하여 낮은 점수를 부여할 가능성이 존재한다.[37] 이는 문제 해결형 과제, 프로젝트형 과제, 비평 등 창의성과 비판적 시각을 요구하는 과제의 채점에서 치명적인 한계로 작동할 수 있다.

그리고, 근본적인 문제

무엇보다 인공지능 활용 평가는 우리에게 근본적 문제를 던진다.

인공지능 활용 평가는 평가 결과의 사회적 수용성과 결과 타당도의 문제를 가진다. 교육 평가에서 타당도 개념의 패러다임을 전환한 Messick(1996)은 결과적 측면에서 점수의 해석과 평가의 사용에 따른 의도된 또는 의도하지 않은 결과를 포함하여, 편향을 포함한 교수 · 학습의 긍정적 · 부정적 영향을 다루어야 한다고 보았다.[38] 또한 McNamara(2006)는 타당도 개념을 단순히 측정의 정확성만이 아니라, 평가의 사회적 결과와 그것이 반영하는 가치까지 포함하는 것으로 확장한다.[39] 인공지능 활용 평가의 맥락에서 이러한 타당도 논의는 우리에게 새로운 질문을 던진다. 학생들은 인공지능이 채점한 점수를 교사가 채점한 점수와 같이 수용할 것인가? 교사들은 인공지능이 채점한 점수를 바탕으로 교육적 결정을 내릴 수 있을까?

이는 '평가 주체'에 대한 논의와 연결된다. 평가는 전문 교육을 이수하고 교육 현장에서 실무 경험을 쌓은 인간이, 성장하고 있는 인간의 학습 과정과 능력 수준을 측정하고 추론하는 행위이다. 교사의 평가에는 교사가 가진 교과 지식과 실무 경험의 암묵지, 학생에 대한 관심과 기대, 가르친 내용을 평가하는 데 따르는 책임감이 포함되어 있다. 그러나 인공지능은 기계일 뿐이다. 기계가 생성한 문항이나 채점한 결과를 학생이 어떻게 받아들일지, 아직 누구도 명확히 알지 못한다. 또한 평가의 오류에 대한 책임, 평가 결과에 대한 책임을 어떻게 지울 것인가라는 책임 소재의 문제는 평가 주체의 존재적 모호성을 가중시킬 것이다. 결국 인공지능을 활용한 평가로부터 촉발되는 평가의 교육적 기능은 근본적으로 변화할 가능성이 크다.

5. 현장의 목소리와 대안: 교사 주도 인공지능 활용 평가

인공지능 활용 평가에 대해 교사들은 어떤 생각을 가지고 있을까? 교사들은 매 중간·기말고사 출제에 대한 부담과 과중한 수행평가 채점 업무에서 벗어나고 싶어 하면서도, 교사의 고유한 권한인 '평가권'을 기계에 넘기는 것에 대해서는 강한 거부감을 보인다. 2025년 디지털 교육 위원회(Digital Education Council, DEC)의 글로벌 설문조사에 따르면, 응답자의 64%는 인공지능이 교수자의 역할을 근본적으로 변화시킬 것이라고 예견하였으나, 인공지능 활용 평가에 대해서는 전반적으로 신중한 태도를 보였다.[40] 국내 조사에서도 교사들은 인공지능을 수업과 평가에 활용하는 데 기대를 가지면서도, 인공지능에 과도하게 의존하는 수동적 양상을 경계하며 보조적 수단으로 활용되기를 기대하는 것으로 나타났다.[41]

이러한 인식은 교사의 평가 문식성 증강(augmentation)에 대한 기대와 전문성 약화에 대한 우려 사이에서 형성된 것으로 볼 수 있다. 이는 결국 평가의 주도권을 교사가 가질 수 있는가라는 문제로 귀결되며, 인공지능 활용 평가의 한계를 인식하고 교사가 주도권을 갖는 평가 패러다임 전환의 필요성을 시사한다.

인공지능 시대에 교사의 주도권을 보호하고 증진하는 문제는 국제 교육 공동체의 핵심 의제이기도 하다. UNESCO와 국제노동기구(ILO)가 주도하는 'International Task Force on Teachers for Education 2030(UNESCO TTF)'는 인공지능 통합 전략의 핵심 요소로 교사의 전문적 역량과 주도권 보호를 강조한다.[42] 특히 이들은 인공지능이 채점, 피드백 생성, 수업 계획 등 교사의 전통적 업무를 자동화할 수 있는 잠재력을 인정하면서도, 인공지능에 과도하게 의존할 경우 교사의 전문성 저하(de-skilling)와 교직의 탈전문직화(de-professionalisation)를 초래할 위험을 경고한다. UNESCO TTF가 강조하는 '교사의 대체 불가능한 역할'은 공감, 윤리적 추론, 판단력, 대인관계 형성, 인간적 가치의 육성 등 교육의 핵심을 이루는 인간 고유의 역량에 기반한다. 이러한 관점에서 교사 권한 부여(teacher empowerment)는 교사가 전문적 판단에 근거하여 교육 목표와 정책 결정 과정에 참여할 권리를 갖는 것을 의미한다. 이러한 교사 주도 인공지능 활용 평가는 교사–인공지능 상보성 프레임워크와 TEAM 프레임워크를 통해 구체화될 수 있다.

교사–인공지능 상보성 프레임워크

〈표〉 상보성을 달성하기 위한 네 가지 차원 (Holstein et al., 2020)

1. 목표 증강 (Goal augmentation)	2. 지각 증강 (Perceptual augmentation)
인공지능 에이전트가 교사가 교육 목표를 설정하고, 모니터링하며, 평가하는 것을 지원하여 전략적 교육 계획과 효과를 풍부하게 한다.	데이터 분석 및 실시간 통찰력을 통해 학생 학습 과정을 지각하고 해석하는 교사의 능력을 향상시킨다.
3. 행동 증강 (Action augmentation)	4. 결정 증강 (Decision augmentation)
교사가 관리할 수 있는 그룹의 범위와 확장성을 확대하여, 다른 방법으로는 달성할 수 없는 방식으로 교사가 더 많은 그룹을 관리하거나 개별화된 지원을 제공할 수 있도록 한다.	인공지능 기반의 교육적 권장 사항을 통해 교사의 결정을 매개하는 것을 포함하며, 이는 교사의 자율성과 전문적 판단을 보호하면서도 교육적 추론을 풍부하게 한다.

교사-인공지능 상보성(complementarity) 프레임워크는 인공지능 시스템의 강점과 교사의 인간적 역량을 상호 보완적으로 활용하여 인공지능의 이점을 극대화하고 한계를 완화하는 접근 방식이다. 이 프레임워크는 평가 국면에서 교사의 역량을 대체하는 것이 아니라 증강하는 데 초점을 두며, Human-in-the-Loop(HITL) 접근을 통해 구현될 수 있다. HITL은 인간이 자동화된 시스템의 운영, 감독, 의사결정에 능동적으로 참여하는 구조를 의미하며, 인공지능 활용 평가 맥락에서는 정확성, 안전성, 책임성, 윤리적 의사결정을 보장하기 위해 인공지능 워크플로의 특정 지점에 인간이 개입하는 방식을 뜻한다. 이는 〈표〉의 프레임워크를 통해 구현할 수 있다.[43]

평가의 시작 단계에서 '목표 증강'은 인공지능 에이전트를 활용하여 교사가 설정한 학습 목표에 따라 평가 문항을 생성하거나 시험을 구성하는 데 도움을 주어, 교사가 학습 목표를 설정하고 모니터링하며 평가하는 것을 지원함으로써 전략적인 교육 계획 및 효과를 풍부하게 하는 것이다. 교사는 평가 문항의 개발과 평가의 구성을 포함하여 거시적인 차원에서 교육의 효과성을 제고할 수 있다.

'지각 증강'은 체계적으로 구축된 교수·학습 서비스 내에서 인공지능 에이전트가 제공하는 학생들의 학습 현황 대시보드, 문항반응이론(Item Response Theory, IRT) 모델을 내장한 에이전트의 분석 결과에 따라 학습 진행 상황을 모니터링하고 학생의 이해에 대한 통찰력을 얻을 수 있다. 특히 인지진단모형(Cognitive Diagnostic Model)과 같은 심리측정학 기반의 모델링을 통해 학습 격차나 오개념을 표면화하여, 교사가 개입해야 할 영역을 명확히 지각하고 평가 결과에 대한 교사의 추론을 강화할 수 있다.

'행동 증강'은 교사가 관리할 수 있는 집단을 확장하여, 한 명의 교사가 더 많은 학생 집단을 관리하거나 개별화된 지원을 제공하게 한다. 이는 단원별 진단평가, 평가 요소별 형성평가, 학습 주기별 총괄평가의 풍부한 평가 데이터베이스에 기반한 맞춤형 형성 피드백(adaptive formative feedback), 맞춤형 학습 경로(adaptive learning pathway)에 의해 구현될 수 있다. 이를 통해 교사는 인공지능 지원 피드백 초안 생성, 개별화된 교육 프로그램을 설계하여 맞춤형 학습 경험을 제공하는 역량을 제고할 수 있다.

'결정 증강'은 인공지능 기반의 교육적 권장사항을 바탕으로 교사의 결정을 매개하여 교사의 전문적 판단과 자율성을 보장하면서 평가 결과에 대한 교사의 추론을 타당화한다. 인공지능 에이전트는 에세이 채점 지원이나 학생의 학습 현황에 대한 교육적 개입의 권장사항을 제안할 수 있다. 이때 중요한 것은 인공지능이 교사의 결정을 '대체'하는 것이 아니라 '매개'하는 데 있다. 교사는 인공지능의 권장사항과 인공지능의 채점 결과에 대해 비판적인 검토와 윤리적 판단, 교육적 직관을 함께 활용하여 학생의 수준과 요구에 적합한 교육적 결정을 내릴 수 있어야 한다. 이는 교사가 '비판적 책임'을 가지는 것을 의미하며, 인공지능의 제안에 대해 비판적으로 검토하여 교사의 전문적 자율성을 확보하도록 지원한다.

TEAM 프레임워크

교사가 인공지능 도구를 활용하여 주도적으로 평가를 개발하고 시행하는 TEAM 프레임워크는 교사에게 평가 설계와 실행의 전 과정에서 자율성과 의사결정권을 부여하여, 교사를 평가의 수동적 실행자가 아닌 능동적 설계자로 위치시킨다.[44] 교사는 로우 코딩 인공지능 에이전트 설계 플랫폼을 통해 평가 과정에 요구되는 다양한 인공지능 에이전트를 직접 설계한다.[45] 예를 들어 교수·학습 과정에서 학생의 이해를 돕는 수업 보조 챗봇, 맞춤형 평가 문항 생성 에이전트, 학생의 응답을 분석하고 형성적 피드백을 제공하는 자동 채점 및 피드백 에이전트 등이 있다. 이와 같은 교사가 직접 설계한 인공지능 에이전트는 교사의 교육 철학과 교실에서의 통찰력을 인공지능 기술에 직접 내장할 수 있게 하여, 교육의 다양성을 보장하고 획일화를 방지한다.

TEAM 프레임워크는 체계적인 교사 연수 프로그램을 통해 구현될 수 있다. 이는 3단계로 운영되는데, 1단계는 인공지능, 생성형 인공지능의 원리와 평가 공학에 대한 개요, 인공지능 활용의 윤리적 고려사항을 포함하는 인공지능 활용 역량 제고 프로그램이다. 2단계는 인공지능 에이전트 설계 플랫폼을 활용하여 교사가 자신의 요구에 맞게 직접 에이전트를 설계하는 과정을 포함하며, 파일럿 테스트를 통해 인공지능 에이전트가 교실에서 어떻게 활용되는지에 대한 경험을 제공한다. 3단계는 교육과정 지식과 교사의 평가 문식성을 온톨로지로 구축하는 온톨로지 활용 모델링, 맞춤형 알고리즘 등을 구현하는 고급 에이전트 구축 등 실제 현장에서 활용 가능한 '증강된' 인공지능 에이전트를 구현한다. 이와 같은 체계적인 연수 프로그램을 통해 교사의 평가 문식성을 제고하고 인공지능을 협력적으로 운영할 수 있는 역량을 함양할 수 있게 된다.

6. 제언
: 인공지능 활용 평가는 '위협'이 아니라 '기회'다

인공지능 활용 평가는 장밋빛 미래가 아니라 이미 도래한 현실이다. 따라서 인공지능 활용 평가에 대한 접근은 금지와 규제보다는 관리와 교육의 대상으로 인식을 전환할 필요가 있다. 이러한 점에서 인공지능에 대한 IB(International Baccalaureate)의 대응은 참고할 만하다. IB는 학문적 진실성(Academic Integrity) 정책에 인공지능 도구 사용 가이드를 포함시키고, 학생들이 인공지능 도구를 윤리적이고 효과적으로 사용하는 방법을 학습할 수 있도록 프로그램과 평가의 전환이 필요함을 강조하였다. 이를 위해 구술·프로젝트·수행평가 등 평가 설계를 다변화하고, 교사와 학생 간 대화와 과정 중심 평가를 강조한다.[46]

이는 인공지능 활용 평가의 허용 조건과 교육의 방향을 명확히 하는 동시에, 평가의 신뢰성을 지키는 장치로서 학습 과정 중심 접근과 비판적 사고 교육을 중심에 두고, 인공지능 활용 평가의 핵심이 윤리적 규범에 있음을 분명히 한 것이다.[47] 이러한 접근은 앞서 논의한 McNamara(2006)가 강조한 평가 결과의 사회적 수용성과 결과 타당도의 중요성을 고려한 사례라 할 수 있다. 인공지능 활용 평가의 도입은 기술적 완성도뿐만 아니라 교육 공동체의 신뢰와 수용 여부에 달려 있다.

향후 연구 과제: 한국형 인공지능 활용 평가 생태계의 구축

인공지능 활용 평가의 지속 가능한 발전을 위해서는 자동문항생성과 자동 채점을 축으로 하는 인공지능 활용 평가 생태계의 연구 기반이 체계적으로 구축되어야 한다.

첫째, 교육과정 온톨로지에 기반한 자동문항생성 체제 개발이 필요하다. 온톨로지는 인공지능이 특정 분야 지식의 개념과 관계를 체계적으로 인식하고 활용할 수 있도록 하는 공식적·의미론적 구조를 의미한다. 교육과정으로 표상된 지식 체계를 온톨로지로 전환하고 이를 자동문항생성 알고리즘과 결합한 정렬된 자동문항생성 체제를 구축할 필요가 있다.[48] 이는 지식의 위계와 선후를 고려한 체계적 문항 생성을 가능하게 하며, LLM의 고질적 문제로 지적되는 환각을 최소화할 수 있는 대안이 될 수 있다.

둘째, 규칙 기반 접근과 모델·데이터 기반 접근을 결합한 혼합형 자동문항생성 알고리즘 연구가 교과별로 전개될 필요가 있다. 기존 접근들은 각각 한계를 지니고 있으므로, 문항의 타당도와 품질을 확보하기 위해서는 규칙 기반 접근의 논리적 구조와 모델·데이터 기반 접근의 추론 능력과 창발성을 함께 활용하는 알고리즘 개발이 요구된다. 또한 교과마다 지식의 속성과 문항 형식, 평가 관습이 상이하므로 교과 특화 자동문항생성 알고리즘의 개별 구축이 필요하다.

셋째, 자동 채점 연구를 위해서는 대단위 고품질 문항·채점·피드백 데이터 구축이 선행되어야 한다. 현재 대부분의 자동 채점 연구는 영어권 데이터에 기반하고 있으며, 한국어 서·논술형 평가에 특화된 대규모 데이터셋은 매우 제한적이다. 개인정보 보호와 윤리적 데이터 수집 원칙을 준수하면서, 다양한 학년·교과·능력 수준을 포괄하는 학생 응답과 전문가 채점 데이터를 체계적으로 수집하고 연구 목적으로 활용할 수 있는 데이터 저장소 구축이 요구된다.

넷째, 교과 특화 채점 알고리즘 및 피드백 모델 개발이 필요하다. 자질 공학 기반 접근과 LLM 기반 접근 모두 아직 상용화 수준에는 이르지 못했으며, 교실 현장에서 서·논술형 평가 보조 도구로 활용하기에는 성능상 한계가 존재한다. 한국어의 언어적 특성을 반영한 파운데이션 모델을 기반으로 설명 가능한 자동 채점 모델과 교과 특화 채점 모델을 설계하고, 그 효과성을 검증하는 연구가 병행되어야 한다. 이를 통해 교사의 주도적 판단을 실질적으로 지원하는 자동 채점 모델 개발이 가능해질 것이다.

다섯째, 수준별 평가 문항과 교수·학습 자료 데이터베이스 구축, 맞춤형 평가 알고리즘 개발을 통해 학생의 학습 수준과 오개념을 진단하고 형성평가를 지원하는 '맞춤형 평가 체제' 구축이 필요하다. 이 체제는 난이도가 정밀하게 보정되고 교육과정 정렬, 인지 수준, 문항 정보(난이도, 변별도 등)를 메타데이터로 포함하는 지능형 문항 데이터베이스와, 학습 데이터를 종합 분석하여 개인별 학습 경로를 제안하는 알고리즘을 핵심 요소로 한다. 이러한 맞춤형 평가 체제는 교사 주도 평가 방향과 통합되어, 교사가 자신의 교실 맥락에 맞게 인공지능 도구를 조정하고 통제할 수 있도록 설계되어야 한다.

정책적 제언: 시스템 구축을 넘어 교사의 평가 역량 강화로

인공지능 활용 평가의 성공적 정착을 위해서는 기술 인프라 구축과 연구 개발뿐 아니라 교사의 평가 역량 강화가 반드시 병행되어야 한다.

첫째, 인공지능 활용 평가에 대한 국가 차원의 체계적 가이드라인 개발이 시급하다. 인공지능 평가 도구의 사용 범위, 윤리적 고려 사항, 결과 해석 방법 등을 명시한 가이드라인이 마련되어야 하며, 여기에는 기술 사용 매뉴얼을 넘어 교육 맥락에서 인공지능 기반 평가 도구를 어떻게 활용하고 통제할 것인지에 대한 철학적·윤리적 원칙이 포함되어야 한다. UNESCO TTF가 제시한 교사―인공지능 상보성 원칙과 투명하고 윤리적인 인공지능 거버넌스 권고사항을 반영하여, 인공지능이 교사의 전문적 판단을 침해하지 않으면서 의사결정을 매개하는 방안을 구체화할 필요가 있다.

둘째, 교사의 평가 문식성 강화를 위한 연수가 필수적이다. TEAM 프레임워크에 기반하여 교사는 인공지능 기반 평가 도구의 작동 원리와 강점, 한계, 편향 가능성을 이해하고, HITL 접근을 통해 인공지능 산출물을 비판적으로 검토·조정할 수 있는 역량을 갖추어야 한다. 기초-실습-전문 단계로 구성된 차별화된 연수 체계를 통해 평가 문식성과 인공지능 활용 역량을 함께 갖춘 교사를 양성할 필요가 있다.

셋째, 인공지능 활용 평가의 윤리적·법적 가이드라인에 대한 교육 수요자의 인식 전환을 위한 지속적인 소통이 필요하다. 데이터 프라이버시, 알고리즘 편향 방지, 책임 소재 명확화 등을 포함한 제도적 장치를 마련하고, 인공지능 활용 평가의 목적과 한계, 교사의 대체 불가능한 역할을 명확히 안내해야 한다. 충분한 설명과 신뢰 형성 없이 도입된 기술 기반 정책이 실패로 귀결된 사례는 이미 여러 차례 확인된 바 있다. 인공지능 활용 평가 정책은 교육 수요자의 우려를 적극적으로 반영하며, 교육의 본래 목적을 실현하는 방향으로 신중하게 추진되어야 할 것이다.

요컨대 향후 인공지능 활용 평가 연구와 정책은 기술 중심이 아니라 교육 중심으로, 상업적 솔루션 의존이 아니라 교사 주도를 원칙으로 삼아야 한다. 탑다운 방식의 획일화가 아닌 다양성을 보장하는 방향에서 접근할 때, 우리 교육 맥락에 적합한 지속

가능한 인공지능 평가 생태계를 구축할 수 있을 것이다.

참고문헌

2) Dardick, W., & Choi, J. (2016). Teacher empowered assessment system: Assessment for the 21st century. Journal of Applied Educational and Policy Research, 2(2).Choi, J. (2025). Teacher Empowered Assessment Movement (TEAM)−Educators as Agentic AI Makers. In Collective AI on the foundation AI: The pathway of digital transformation of intelligence. CAFA Lab, Inc.

3) DeLuca, C., LaPointe−McEwan, D., & Luhanga, U. (2016). Teacher assessment literacy: A review of international standards and measures. Educational Assessment, Evaluation and Accountability, 28(3), 251−272.Xu, Y., & Brown, G. T. (2016). Teacher assessment literacy in practice: A reconceptualization. Teaching and teacher education, 58, 149− 162.

4) Ng, D. T. K., Leung, J. K. L., Chu, S. K. W., & Qiao, M. S. (2021). Conceptualizing AI literacy: An exploratory review. Computers and Education: Artificial Intelligence, 2, 100041.Ng, D. T. K., Wu, W., Leung, J. K. L., Chiu, T. K. F., & Chu, S. K. W. (2024). Design and validation of the AI literacy questionnaire: The affective, behavioural, cognitive and ethical approach. British Journal of Educational Technology, 55(3), 1082− 1104.Carolus, A., Koch, M. J., Straka, S., Latoschik, M. E., & Wienrich, C. (2023). MAILS−Meta AI literacy scale: Development and testing of an AI literacy questionnaire based on well−founded competency models and psychological change−and meta− competencies. Computers in Human Behavior: Artificial Humans, 1(2), 100014.

5) Gierl, M. J., & Haladyna, T. M. (Eds.). (2012). Automatic item generation: Theory and practice. Routledge.

6) Bormuth, J. (1969). On a theory of achievement test items. Chicago, IL: University of Chicago Press.

7) Gierl, M. J., & Haladyna, T. M. (Eds.). (2012). Automatic item generation: Theory and practice. Routledge.

8) Mislevy, R. J., Behrens, J. T., Bennett, R. E., Demark, S. F., Frezzo, D. C., Levy, R., ... & Winters, F. I. (2010). On the roles of external knowledge representations in assessment design. The Journal of Technology, Learning and Assessment, 8(2).

9) Polanyi, M. (1966). The Tacit Dimension Doubleday and Co. Garden City, NY.

10) Gierl M. J., Zhou J., Alves C. (2008). Developing a taxonomy of item model types to promote assessment engineering. Journal of Technology, Learning, and Assessment, 72(2), 1−52.

11) Lee, U., Jung, H., Jeon, Y., Sohn, Y., Hwang, W., Moon, J., & Kim, H. (2024). Few−shot is enough: exploring ChatGPT prompt engineering method for automatic question generation in english education. Education and Information Technologies, 29(9), 11483−11515.Wang, L., Song, R., Guo, W., & Yang, H. (2025). Exploring prompt pattern for generative artificial intelligence in automatic question generation. Interactive Learning Environments, 33(3), 2559−2584.

12) Bulathwela, S., Muse, H., & Yilmaz, E. (2023, June). Scalable educational question generation with pre−trained language models. In International Conference on Artificial Intelligence in Education (pp. 327−339). Cham: Springer Nature Switzerland.Maity, S., Deroy, A., & Sarkar, S. (2024, December). Leveraging in−context learning and retrieval−augmented generation for automatic question generation in educational domains. In Proceedings of the 16th Annual Meeting of the Forum for Information Retrieval Evaluation (pp. 40−47).

13) Circi, R., Hicks, J., & Sikali, E. (2023, May). Automatic item generation: foundations and machine learning−based approaches for assessments. In Frontiers in Education (Vol. 8, p. 858273). Frontiers Media SA.

14) Shermis, M. D., & Burstein, J. (2013). Handbook of automated essay evaluation. NY: Routledge.

15) Page, E. B. (1966). The imminence of... grading essays by computer. The Phi Delta Kappan, 47(5), 238−243.

16) Landauer, T. K., Laham, D., & Foltz, P. W. (2003). Automated scoring and annotation of essays with the Intelligent Essay AssessorTM. Automated essay scoring: A cross−disciplinary perspective, 87−112.

17) Burstein, J. (2003). The e−rater scoring engine: Automated essay scoring with natural language processing. Automated essay scoring: A cross−disciplinary perspective, 113121.

18) Dong, F., & Zhang, Y. (2016, November). Automatic features for essay scoring−an

empirical study. In Proceedings of the 2016 conference on empirical methods in natural language processing (pp. 1072−1077).Taghipour, K., & Ng, H. T. (2016, November). A neural approach to automated essay scoring. In Proceedings of the 2016 conference on empirical methods in natural language processing (pp. 1882−1891).

19) Yancey, K. P., Laflair, G., Verardi, A., & Burstein, J. (2023, July). Rating short L2 essays on the CEFR scale with GPT−4. In Proceedings of the 18th workshop on innovative use of NLP for building educational applications (BEA 2023, pp. 576−584. Lee, S., Cai, Y., Meng, D., Wang, Z., & Wu, Y. (2024). Unleashing large language models' proficiency in zero−shot essay scoring. arXiv preprint arXiv:2404.04941.

20) Atkinson, J., & Palma, D. (2025). An LLM−based hybrid approach for enhanced automated essay scoring. Scientific Reports, 15(1), 14551.

21) Hackl, V., M?ller, A. E., Granitzer, M., & Sailer, M. (2023, December). Is GPT−4 a reliable rater? Evaluating consistency in GPT−4's text ratings. In Frontiers in Education (Vol. 8, p. 1272229). Frontiers Media SA.

22) Xia, W., Mao, S., & Zheng, C. (2024). Empirical study of large language models as automated essay scoring tools in english composition_taking toefl independent writing task for example. arXiv preprint arXiv:2401.03401.

23) Manning, J., Baldwin, J., & Powell, N. (2025). Human versus machine: The effectiveness of ChatGPT in automated essay scoring. Innovations in Education and Teaching International, 1−14.

24) Su, J., Yan, Y., Fu, F., Han, Z., Ye, J., Liu, X., ... & Hu, X. (2025, July). Essayjudge: A multi−granular benchmark for assessing automated essay scoring capabilities of multimodal large language models. In Findings of the Association for Computational Linguistics: ACL 2025 (pp. 6363−6389).

25) Attali, Y., & Burstein, J. (2006). Automated essay scoring with e−rater® V. 2. The Journal of Technology, Learning and Assessment, 4(3).

26) Wang, Z., & von Davier, A. (2014). Monitoring of scoring using the e−rater® automated scoring system and human raters on a writing test. ETS Research Report Series, 2014(1), 1−21.

27) https://news.unn.net/news/articleView.html?idxno=582157https://www.pearsonassessments.com/large−scale−assessments/k−12−large−scale−assessments/automated−scoring.html

28) Singh, A., Karayev, S., Gutowski, K., & Abbeel, P. (2017, April). Gradescope: a fast, flexible, and fair system for scalable assessment of handwritten work. In Proceedings of the fourth (2017) acm conference on learning@ scale. pp. 81−88.

29) https://www.goe.go.kr/goe/na/ntt/selectNttInfo.do?mi=10102&nttSn=108626https://www.mk.co.kr/news/special−edition/11475744https://www.imaeil.com/page/

view/2025022517051588899

30) https://www.waltonfamilyfoundation.org/the-ai-dividend-new-survey-shows-ai-is-helping-teachers-reclaim-valuable-time

31) Foltz, P. W., & Rosenstein, M. (2015, March). Analysis of a large-scale formative writing assessment system with automated feedback. In Proceedings of the Second (2015) ACM Conference on Learning@ Scale (pp. 339-342).Wu, T. T., Lee, H. Y., Li, P. H., Huang, C. N., & Huang, Y. M. (2024). Promoting self-regulation progress and knowledge construction in blended learning via ChatGPT-based learning aid. Journal of Educational Computing Research, 61(8), 1539-1567.

32) Hawanti, S., & Zubaydulloevna, K. M. (2023). AI chatbot-based learning: Alleviating students' anxiety in English writing classroom. Bulletin of Social Informatics Theory and Application, 7(2), 182-192.

33) Banerjee, S., Agarwal, A., & Singla, S. (2025, August). Llms will always hallucinate, and we need to live with this. In Intelligent Systems Conference (pp. 624-648). Cham: Springer Nature Switzerland.

34) Schaller, N. J., Ding, Y., Horbach, A., Meyer, J., & Jansen, T. (2024, June). Fairness in automated essay scoring: A comparative analysis of algorithms on German learner essays from secondary education. In Proceedings of the 19th workshop on innovative use of nlp for building educational applications (bea 2024) (pp. 210-221).

35) Ofqual. (2020). Awarding GCSE, AS, A level and vocational qualifications in summer 2020: Interim report.https://www.bbc.com/news/technology-53836453

36) Silveira, I. C., Barbosa, A., da Costa, D. S. L., & Mauá, D. D. (2024, November). Investigating Universal Adversarial Attacks Against Transformers-Based Automatic Essay Scoring Systems. In Brazilian Conference on Intelligent Systems (pp. 169-183). Cham: Springer Nature Switzerland.

37) Atkinson, J., & Palma, D. (2025). An LLM-based hybrid approach for enhanced automated essay scoring. Scientific Reports, 15(1), 14551.

38) Messick, S. (1996). Validity and washback in language testing. Language testing, 13(3), 241-256.

39) McNamara, T. (2006). Validity in language testing: The challenge of Sam Messick's legacy. Language Assessment Quarterly: An International Journal, 3(1), 31-51.

40) Digital Education Council. (2025). Global AI faculty survey 2025. https://www.digitaleducationcouncil.com/post/digital-education-council-global-ai-faculty-survey

41) 이항구 & 이철현. (2023). 중학교 교사의 인공지능 활용 교육에 대한 인식조사. 인공지능 연구 논문지, 4(3), 76-92.김현진, 박정호, 홍선주, 박연정, 김은영, 최정윤 and 김유리. (2020). 학교교육에서 AI 활용에 대한 교사의 인식. 교육공학연구, 36(3), 905-930.

42) International Task Force on Teachers for Education 2030. (2025). Promoting and

protecting teacher agency in the age of artificial intelligence: Position paper. United Nations Educational, Scientific and Cultural Organization (UNESCO)

43) Holstein, K., Aleven, V., & Rummel, N. (2020, June). A conceptual framework for human?AI hybrid adaptivity in education. In International conference on artificial intelligence in education (pp. 240–254). Cham: Springer International Publishing.

44) Choi, J. (2025). Teacher Empowered Assessment Movement (TEAM)–Educators as Agentic AI Makers. In Collective AI on the foundation AI: The pathway of digital transformation of intelligence. CAFA Lab, Inc.

45) https://ai.cafalab.com/ai 참조.

46) https://www.ibo.org/programmes/artificial–intelligence–ai–in–learning–teaching–and–assessment/https://www.ibo.org/news/news–about–the–ib/statement–from–the–ib–about–chatgpt–and–artificial–intelligence–in–assessment–and–education/

47) IBO. (2023). Artificial intelligence (AI) tools–common questions and concerns https://www.ibo.org/globalassets/new–structure/programmes/shared–resources/pdfs/artificial–intelligence–questions–and–concerns–en.pdf

48) Choi, J. (2025). Curriculum Ontology Reservoir for Education with AI(COREA). In Collective AI on the foundation AI: The pathway of digital transformation of intelligence. CAFA Lab, Inc

Part

3

DIGITAL EDUCATION
TREND REPORT 2026

 특집

AI가 가르치는 시대라는
착각에 대하여

공존의 조건: AI 전환에 대한 정밀한 이해
_ 이동국 (경북대학교 정보 · 컴퓨터교육과 교수)

공생지능의 시대, 교사의 역할은 더 중요해졌다
_ 이은상 (서울시교육청 장학사)

지금 교사가 지켜야 할, 판단의 자리에 대하여
_ 조기성 (계성초등학교 교사)

공존의 조건

: AI 전환에 대한 정밀한 이해

이동국 (경북대학교 정보 · 컴퓨터교육과 교수)

1. 열광과 우려
2. 필요한 것은 도입이 아니라 전환이다
3. 전환의 과도기, 아직 해소되지 않은 오해들
4. 교사 주도성의 구체적인 모습들

최근 학교 교육에서 AI 활용은 '환영'과 '우려'라는 상반된 관점에서 활발한 논의가 이루어지고 있다. 어떤 장면에서 AI는 학습을 돕는 강력한 도구로 칭송받지만, 다른 장면에서는 공정성, 학습의 질, 교사의 역할 측면에서 다양한 논쟁을 유발하고 있다. 이 글은 학교 교육의 AI 도입이 아니라 전환에 초점을 두어 살펴보고, 이 전환의 과정에서 아직 해소되지 않은 오해들에 대해 논의하며, 교사의 새로운 주도성의 모습과 성격에 대해 제언하고자 한다.

1. 열광과 우려

학교 현장에서 AI가 빠르게 확산되는 이유는 단순히 새로운 기술이 등장했기 때문만은 아니다. AI는 인지적 도구로서 인간의 사고 체계를 재구성할 수 있는 잠재력을 지니고 있기 때문이다. 이를 이해하는 데 도움이 되는 관점이 분산인지(Distributed Cognition)다. 이 관점에서 인지는 사람·도구·환경에 분산되어 작동한다. 학습은 개인의 머릿속에서만 일어나지 않는다. 학습자는 교과서, 필기, 칠판, 동료와의 대화, 교사의 질문과 피드백, 교실 문화 같은 다양한 환경과 상호작용하며 사고한다. 이때 AI는 학습자의 사고를 둘러싼 인지 생태계에 새롭게 들어온 강력한 인지적 도구가 된다.

분산인지 관점에서 AI 활용에 대한 기대는 다음과 같다. 첫째, 학습자의 인지 부하를 줄여 고차원적 사고에 집중하도록 돕는다. 기존 학습 과정에서 학습자는 자료 탐색, 정리, 단순 계산 등의 반복적인 활동에 많은 노력을 기울였다. 그러나 AI는 요약, 비교 정리, 예시 생성, 초안 작성 등을 통해 이러한 부담을 덜어주고, 그만큼의 인지적 노력을 개념의 의미를 따져보는 일, 근거를 점검하는 일, 다른 맥락에 개념을 전이하는 일과 같은 고차원적 사고에 적용할 기회를 제공한다.

둘째, 생각을 드러나게 하여 협력적 문제해결을 가능하게 한다. 학습 과정에서 개인의 이해가 말, 글, 그림, 도표 같은 형태로 시각화되고, 그 결과물이 공동체 안에서 비교·조정될 때 학습은 한층 깊어진다. AI는 개념을 비유, 그림 설명, 단계별 풀이처럼 다양한 방식으로 제시하고, 토론의 쟁점을 정리하거나 다른 관점을 제안함으로써 모둠원이 함께 검토할 수 있는 공통의 작업물을 빠르게 만들어준다. 결과적으로 AI는 협력이 작동할 수 있는 자원을 마련하여 협력적 문제해결을 가능하게 한다.

셋째, 즉각적 피드백으로 학습의 즉시성과 개별성을 높인다. 분산인지 관점에서 피드백은 학습자의 머릿속에서만 생성되는 것이 아니라 환경이 제공하는 중요한 인지적 단서다. AI는 학습자의 질문과 산출물에 즉각 반응하며, 이해가 어려운 부분을 다시 설명하거나 추가 예시를 제시해 학습 과정의 빈틈을 빠르게 메운다. 특히 질문을 망설이거나 학습 속도가 느린 학생에게는 힌트와 재도전의 기회를 제공해 참여를 유지하게 하고, 설명의 난이도와 속도를 조절해 학습 경로를 다양화한다. 다만 이 피드백은 학생이 정답이 아니라 근거를 확인하고 자신의 이해를 수정·설명하도록 설계될 때, AI가 개인 튜터를 넘어 학습 환경의 질을 높이는 분산된 지원 자원으로 기능한다.

한편 AI라는 강력한 인지적 도구가 학습에 들어오면서 학습의 질을 걱정하는 우려도 늘고 있다. 첫째, '학습한 것 같은 느낌'이 실제 학습을 대체할 수 있다. AI는 요약, 해설, 정답을 빠르게 제시한다. 그럴듯한 산출물을 빠르게 만들어주고 과제 완수에 대한 긍정적 피드백을 제공한다. 이러한 과제 완수 경험은 학습자에게 '나는 잘하고 있다'라는 확신을 갖게 한다. 문제는 이 확신이 학습에 대한 실제 노력에서 나온 것이 아니라, 도구가 만들어 주는 '완료감'에서 비롯될 수 있다는 점이다. 그 결과 추가 학습이나 재검토가 필요한 상황에서도 스스로 학습을 완료했다고 판단해 학습을 조기에 종료하는 현상이 나타날 수 있다[11].

둘째, 인지적 외주화가 과도해질 수 있다. AI 활용이 많아지면 학습자는 '내가 어떻게 과제를 해결할까'가 아니라 'AI에게 무엇을 물어볼지'를 고민하게 된다. 인지적 활동을 과도하게 분산함으로써 학업의 많은 부분을 AI에 의존하게 되는 인지적 외주화 현상이 일어나는 것이다[2]. 인지적 외주화는 기억, 계산, 추론, 판단 같은 인지 작업을 외부 도구나 환경에 위탁하는 현상을 의미한다. AI가 과제를 쉽게 만들어주는 만큼 학습자는 고차원적 사고 과정에 집중할 수 있지만, 그 고차원적 사고 과정마저 AI에게 위탁할 수 있다. 이때 학습은 '해결'이 아니라 '선택'의 연속 형태로 재구성된다. 학습자는 AI가 제시한 옵션을 선택하고 추가 질문을 이어가는 방식으로 과제를 수행하게 된다. 인지 부하를 줄여주는 AI의 장점이 어느 순간 깊이 있는 사고 자체를 회피하는 습관을 유발할 수 있다.

셋째, 자기조절과 메타인지가 약화될 수 있다. AI가 과제를 대신해준다는 '쉬움의 환상'이 학습자에게 형성되면, 학습자는 과제를 미루고 마감 직전에 급하게 완성하면서 피상적 완성에 만족하기 쉽다. 특히 AI를 과제 해결사로 활용하면서 학습에 대한 인지, 태도, 행동의 조절 전략이 약화될 수 있다. 또한 학습자가 과제 수행의 핵심 단계를 AI에 맡기면, 무엇을 알고 무엇을 모르는지를 스스로 파악하기 어려워져 메타인지가 약해진다.

AI에 대한 이러한 열광과 우려가 교차하면서 학교 현장의 논쟁이 AI를 쓰느냐 마느냐에 대한 찬반으로 단순화되는 경우도 있다. 그러나 중요한 것은 찬반 논쟁을 넘어, 이미 일상으로 들어온

AI를 학습자의 성장을 위해 어떻게 교육에 통합할 것인가를 논의하는 일이다.

2. 필요한 것은 도입이 아니라 전환이다

과거에 에듀테크는 대체로 기존 수업의 큰 틀을 유지한 채, 일부 기능을 디지털로 옮기거나 보완하는 방식으로 확산되어 왔다. 과제 제출을 온라인으로 하고, 형성평가를 퀴즈 앱으로 진행하고, 자료를 플랫폼으로 공유하는 활동은 새로움을 주기는 했지만 수업의 일상적 흐름에는 큰 영향을 주지 않았다.

하지만 AI는 이와 다르다. AI는 설명, 요약, 글쓰기, 문제 풀이, 코딩, 창작까지 학습 활동의 상당 부분을 대신할 수 있다. 그래서 기존 과제와 활동에 AI만 추가한다면 학생이 배운 것이 무

---

1) Fan, L., Deng, K., & Liu, F. (2025). Educational impacts of generative artificial intelligence on learning and performance of engineering students in China. Scientific reports, 15(1), 26521.
2) Benedek, M., & Sziklai, B. R. (2025). Impact of AI Tools on Learning Outcomes: Decreasing Knowledge and Over-Reliance. arXivpreprint arXiv:2510.16019.

엇인지를 판단하기 어렵고, 과제 수행을 위해 거쳐야 하는 탐구, 추론, 표현, 성찰과 같은 깊은 사고 활동이 AI의 생성으로 대체되면서 학습의 의미가 흔들린다. 즉, AI 도입은 무엇을 학습으로 볼 것인가와 어떤 증거를 학습의 결과로 인정할 것인가를 다시 설계하라는 전환의 요구에 가깝다.

이 전환을 이해하는 데 유용한 틀이 SAMR 모델이다. SAMR 모델은 기술 활용이 기존 수업에 미치는 변화를 네 가지 수준으로 구분한다[3]. 대체(Substitution)는 기존 활동에 변화가 없고 도구만 바뀐 수준을 가리킨다(종이 과제를 온라인 제출로 바꾸는 등). 증강(Augmentation)은 기존 활동에 거의 변화가 없고 기능이 조금 강화된 수준이다(자동 채점 퀴즈, 즉시 결과 제공 등). 반면 수정(Modification)과 재정의(Redefinition)는 기술 활용으로 학습 활동이 변화하는 수준이다. 수정은 활동 과제가 본질적으로 재설계되는 단계이고, 재정의는 학습 경험 자체가 변화되는 단계다.

핵심은 AI가 대체와 증강 수준에 해당하는 기술 활용을 너무 쉽게 만들어 버렸다는 데 있다. 글 요약, 문장 다듬기, 풀이 제시, 코드 생성 같은 기능이 일반화되면서 학습자가 AI를 활용해 단순 산출물을 만들어내는 일들이 학습을 담보하기 어려워졌다. 이 때문에 과제 자체를 재설계하고 새로운 활동을 설계해야 한다. 즉, 수업의 중심을 결과물 생성에서 과정의 설계와 증거의 축적으로 이동시키고, 학생이 해야 할 사고를 더 분명하게 드러내는 방향으로 수업과 활동을 재설계해야 한다.

이를 위해 교사는 SAMR 관점에서 수업을 점검하는 질문을 던질 필요가 있다. 첫째, 이 활동을 AI가 대신할 때 학습자의 지식 구성이 이루어지는가? 지식 구성이 이루어지지 않는다면, 과제는 대체나 증강에 머무른 것이다. 둘째, 학생이 스스로 했다는 학습의 증거는 어디에 남는가? 초안, 수정본, 근거 목록, 오류 수정 기록, 토론의 주장·반박·재구성, 성찰 기록처럼 과정 증거를 어떻게 마련할 것인지 설계해야 한다. 셋째, AI와 학습자의 역할은 어떻게 구분되는가? AI를 정답 제공자가 아니라 코치이자 메타인지 도구로 배치할 때 활동은 수정과 재정의 수준으로 올라갈 수 있다.

정리하면 AI는 교실에 하나의 도구로 추가된 것이 아니라, 수업의 기본 전제, 과제의 의미, 평가의 근거, 교사와 학생의 역할을 흔드는 교육 전환을 이끄는 기술로 들어왔다. 이 전환의 개념을 충분히 숙고하지 않은 채 AI를 둘러싼 찬반 논쟁에 머무르거나 무비판적으로 도입하는 경우에 대해서는 심각하게 우려해야 한다. 전환의 과도기 시점에는 새로운 오해가 등장할 수도 있다.

---

3) Romrell, D., Kidder, L. C., & Wood, E. (2014). The SAMR model as a framework for evaluating mLearning. Journal of Asynchronous Learning Networks, 18(2), n2.

다음 장에서는 그 오해들이 어떻게 생기고, 왜 위험하며, 무엇으로 대응할 수 있는지 구체적으로 살펴보고자 한다.

3. 전환의 과도기, 아직 해소되지 않은 오해들

학교 현장은 지금 AI 전환이 진행되는 과도기를 경험하고 있다. 많은 경우 AI 활용이 즉각적인 해답을 '생성'하는 데 집중되면서, 학습의 과정과 평가의 기준, 교사와 학생의 역할에 대한 기존의 상식이 흔들리고 있다. 특히 다양한 생성형 AI, 에이전틱 AI가 도입되면서 자동화와 효율화에 초점이 맞춰졌고, 그 과정에서 AI를 둘러싼 여러 오해가 발생하고 있다.

첫 번째 오해. AI가 교사의 판단을 대신해 준다

AI는 그럴듯한 설명과 답을 빠르게 제시한다. 그 때문에 AI의 출력을 정답으로 받아들이기 쉽다. 문제는 중요한 판단의 순간에 '판단의 위임'이 이어질 수 있다는 점이다. 예컨대 학생의 과제를 평가하는 상황에서 AI가 보고서나 서술형 답안을 채점하고 피드백을 제시하면, 교사는 그 결과를 그대로 수용해 점수를 입력할 수 있다. 그러나 AI의 평가는 수업에서 강조한 성취기준이나 학생의 사고 과정, 맥락을 충분히 반영하지 못할 수 있다. 판단이 형식적 완성도에 쏠릴 위험도 있다. 잘못된 평가는 학습자의 학업과 진로에 큰 영향을 미칠 수 있다.

또한 진로 · 진학 상담에서도 유사한 문제가 발생한다. AI에 학생의 일부 정보만을 입력한 상태로 추천받은 특정 전공이나 진학 경로를 객관적 결론처럼 받아들이기 쉽다. 특히 학생들이 교사의 상담보다 AI의 추천을 더 신뢰로운 판단으로 여길 경우, AI가 추천한 분야로 자신의 진로를 한정할 수 있다. 그러나 진로 · 진학 상담은 성적과 생활기록부 활동의 단순 매칭이 아니라, 학생의 최근 흥미, 학습 습관과 정서, 가정 환경과 맥락 등을 종합적으로 고려해 이루어져야 한다.

즉 AI는 교사의 판단을 대신할 수 없다. 판단의 주체는 교사이다. AI의 산출물은 최종 결론이 아니라 교사의 검토를 돕는 초안이고, 판단과 교육적 책임은 AI가 아니라 교사에게 있음을 더욱 분명히 할 필요가 있다. 교사는 여전히 어떤 판단을 왜 했는지에 대해 근거를 들어 설명할 수 있어야 한다. 이를 위해 AI가 제시한 결과를 그대로 채택하는 것이 아니라, 핵심 전제와 근거를 확인하고 AI에 제공되지 않은 정보와 대안의 가능성을 점검하며 맥락에 맞게 수정 · 보완해 검증과 조정의 대상으로 삼아야 한다.

두 번째 오해. 교사가 AI의 보조자다

이 오해는 자료 제작, 문항 생성, 피드백 초안 등 수업의 여러 작업을 생성형 AI가 신속하게 처리하면서, 때로 교사의 수업 준비 활동 중 일부 활동이 AI가 만든 결과물을 전달하는 행동으로 축소되는 것처럼 보이는 데서 비롯된다. 예컨대 맞춤형 플랫폼에서 AI가 추천하는 학습 경로와 콘텐츠를 그대로 학습자에게 전달하거나, 추천된 평가 문항과 피드백을 검토 없이 일괄 출력해 배포하는 행위는 교사를 교수·학습의 주체라기보다 AI 산출물을 전달하는 '매개자'로 오해하게 만들 수 있다. 이는 교사의 전문성이 '적절한 설계와 판단'이 아니라 '빠른 생성과 전달'에 있는 것처럼 인식되는 혼란과 맞닿아 있다. 이 인식이 고착될수록 수업이 학생의 이해와 맥락에 맞춰 조정되는 과정은 약화될 수 있다.

하지만 교사는 AI가 제시한 결과물이 성취기준과 수업 목표에 부합하는지, 근거와 타당성이 충분한지, 학생의 수준과 정서에 적절한지를 점검한 뒤 적절한 학습 경험으로 전환하는 설계자다. 'AI를 잘 활용한다'는 것은 빠르게 생성하고 전달하는 능력이 아니라, AI 산출물을 교육적으로 재구성하는 전문성을 의미한다. AI는 교사가 확보한 시간과 에너지를 진단, 코칭, 재설계, 피드백에 투자하도록 돕는 전문성 확장 도구이며, 자동화와 효율화는 목적이 아니라 수단이다.

세 번째 오해. 교사가 하는 교육활동의 범주와 양이 줄어든다

AI는 자료 제작, 채점 보조, 피드백 생성, 행정 문서 작성 등 교사의 반복 업무를 빠르게 처리한다. AI를 활용해 자동화할 수 있는 작업이 늘어난 한편, 교사가 새롭게 수행해야 할 교육활동도 증가했다. 예컨대 AI로 학습 자료 초안을 만들어 기존의 준비 시간을 줄일 수 있지만, 그 자료의 정확성과 적절성을 점검하고 오류나 과장, 편향이 없는지 확인하는 데 상당한 노력이 필요하다. 또한 해당 자료가 학생의 깊이 있는 사고를 촉진하고 활발한 참여를 이끌어낼 수 있도록 활동과 질문, 협력 구조, 평가 방식까지 전반을 조정하며 재설계해야 한다.

나아가 AI 활용이 확대될수록 출처 표기, 개인정보 보호, 편향 점검, 공정성 확보 같은 윤리적 요소는 수업 운영의 부수적 고려가 아니라 핵심 과제가 된다. AI가 제시한 자료나 피드백이 어떤 근거에서 나왔는지 확인하고, 민감 정보가 불필요하게 수집되지 않도록 관리하며, 특정 집단에 불리한 판단이 개입되지 않도록 점검해야 한다.

교사의 교육활동은 줄어들지 않았다. 교사의 역할이 단순한 자료 생산자였던 적이 없고 항상 고차원적 교육활동을 설계하는 조정자였던 만큼, AI로 인하여 교육활동의 범주가 달라진 것이다. 이러한 변화를 수행하지 않는 경우에 교육활동의 범주와 양이 줄어든 것처럼 오해할 수 있다. AI는 교사의 일을 가져간 존재가 아니라, 반복 업무를 덜어 주어 교사가 더 본질적인 교육활동에 집중하고 전에 없던 새로운 교육적 가능성을 모색할 여지를 교사에게 확보해 주었다.

4. 교사 주도성의 구체적인 모습들

앞서 살펴본 오해들은 하나의 공통된 원인에서 비롯된다. 교사와 AI의 역할과 관계가 아직 충분히 정립되지 않았기 때문이다. AI의 산출물이 정답처럼 여겨지고, 교사는 AI 산출물의 전달자처럼 보이는 혼란에서 아직 충분히 벗어나지 못한 것이다. 오해를 극복하기 위한 핵심은 AI를 적절하게 활용하는 교사의 주도성을 분명히 세우는 데 있다.

이를 위해 교사의 역할을 다음과 같이 재정의해 볼 필요가 있다. AI는 빠르게 생성하고 자동화하지만, 교육에서 무엇을 목표로 삼고 어떤 근거로 판단하며 학습 경험을 어떤 방식으로 조직할지에 대한 책임은 언제나 사람에게 있다.

첫째, 교사는 오케스트레이터(orchestrator)로서 학습 환경을 조율한다

AI, 디지털 플랫폼, 교과 자료, 학습 공간 등 다양한 자원이 동시에 작동하는 교실에서 교사의 과제는 새로운 도구를 계속 더하는 것이 아니라, 학습 목표에 비추어 자원을 적절히 배치하고 유기적으로 연결하는 데 있다. 교사는 학생의 지식 구성 과정에서 AI를 언제, 어떤 목적으로 활용할지 결정하고, AI가 학습에 개입하는 수준을 스캐폴딩 전략 등을 통해 조절해야 한다. 즉, AI가 단순히 정답을 생성해 학습을 대체하지 않도록 교수·학습 활동을 정교화하고 재설계해야 한다. 결국 교사는 분산된 여러 자원이 학생의 사고를 약화시키지 않고, 오히려 깊이 있는 사고를 촉진하도록 조화로운 '연주'를 이끄는 오케스트레이터로서 주도성을 발휘해야 한다.

둘째, 교사는 교수·학습에서 AI가 무엇을, 어떤 기준으로, 어디까지 해야 하는지를 명확히 알려주는 AI의 스승 역할을 한다

범용적인 AI는 교실에 최적화되어 있지 않기 때문에 그대로 투입하면 의도와 다르게 작동할 수 있다. 예컨대 정확하지 않은 피드백을 확신 있게 제시하거나, 학생의 감정과 상황을 충분히 고려하지 못한 추천을 내놓는 식의 오작동이 발생하면 교사와 학생의 학습에 큰 영향을 줄 수 있다. 이를 위해 필요한 기반이 교수·학습에 대한 온톨로지(ontology) 구축과 교수·학습 디지털 트윈(digital twin) 구축이다.

온톨로지는 교실에서 중요한 개념과 관계를 AI가 이해할 수 있도록 정리한 공통 언어다. 교육과정, 교과의 개념, 교수·학습 활동과 평가를 연결해 무엇을 다루어야 하는지에 대한 체계를 제공한다. 다음으로 교실에서 일어나는 다양한 교수·학습 상황과 활동을 디지털 트윈으로 구축해, 교수·학습 흐름과 학습 데이터를 함께 모델링할 필요가 있다. 디지털 트윈은 수업 운영의 디지털 모델을 구현하는 일이다. 이를 통해 AI가 언제, 어떤 방식으로 개입해야 하는지를 수업 운영 구조 속에 명시할 수 있다. 즉, AI가 교육적으로 작동하도록 하는 기준과 운영 구조를 교사가 AI에게 가르쳐 주어야 한다.

셋째, 교사는 AI와 함께 새로운 교수·학습 모형을 만들어내는 설계자이다

지금까지 우리는 AI가 만들어내는 생성에 초점을 둔 나머지, AI와 함께 이루어지는 인간의 지식 구성이 어떻게 달라져야 하는지에 대해서는 충분히 다루지 못했다. 이러한 측면에서 AI를 정답 제공자가 아니라 메타인지 파트너로 재정의할 필요가 있다. 즉, AI를 활용해 학습자가 자신의 이해 수준을 점검하고("내가 아는 것과 모르는 것은 무엇인가"), 학습 계획을 세우며("오늘 학습 목표와 전략은 무엇인가?"), 수행 중에 모니터링하고("근거는 충분한가?"), 학습 후 성찰을 통해 전략을 조정하는("무엇이 바뀌었고 다음에는 어떻게 할까") 흐름을 수업 안에 설계해야 한다.

이때 AI가 제공하는 요약, 풀이, 글은 정답이 아니라 하나의 자료이자 초안으로만 취급되도록 하고, 수업에서는 AI가 제공한 답을 비판·수정·비교하는 활동을 의도적으로 포함해야 한다. 또한 AI의 역할을 튜터 또는 코치로 설정하고, 학생이 반드시 수행해야 할 사고 활동을 과제와 평가에 포함시키는 방식으로 생성 자체가 학습을 대체하지 않도록 모형을 재설계해야 한다.

끝으로 OECD의 Teaching Compass[4]가 강조하는 공동주도성 (co-agency)은 지금까지 논의한 교사의 주도성과도 정확히 연결된다. 공동주도성은 교사 혼자, 혹은 기술이 단독으로 교육을 이끄는 구도가 아니라, 교육 주체들이 서로 영향을 주고받으며 학

---

4) OECD. (2025). OECD Teaching Compass. Retrieved from https://www.oecd.org/en/publications/oecd-teaching-compass_8297a24a-en.html

습을 만들어가는 역동적 관계를 전제로 한다. 여기서 AI는 교사를 대체하는 존재가 아니라, 교육 주체들의 설계와 실행을 돕고 연결을 촉진하는 새로운 행위자로 들어온다. 이것이 교사와 AI의 바람직한 역할 관계다. 우리가 당면한 중요한 질문은 AI와 교육 주체가 어떻게 상호작용할 때 학습이 더 깊어지는가이다. 결국 AI 전환기 학교 교육은 주도성을 가진 교사가 AI와의 적극적인 협력 방안을 설계해 학습자의 주도성을 개발하는 방향으로 나아가야 한다.

공생지능의 시대, 교사의 역할은 더 중요해졌다

이은상 (서울시교육청 장학사)

1. 요즘 교실 풍경에 대한 기대와 우려

2. 학습자의 지식과 경험을 확장하는 교사

3. 준비 없이 AI와 공존할 수 없는 시대, 지금 필요한 것들

4. 그리고, 함께 고민해야 하는 것들

1. 요즘 교실 풍경에 대한 기대와 우려

"우리가 교육해야 하는 대상은 AI가 없는 세상을 경험하지 못한 세대가 될 것이다. 이들은 생성형 AI 혹은 그 이상의 인공지능과 함께 살아갈 세대이다." 필자가 2년 전 본서의 이전 편《디지털 교육 트렌드 리포트 2024》에 글을 수록하며 서문에서 언급했던 문장이다. AI의 교육적 가능성에 대한 의견은 여전히 분분하다. AI의 한계도 여전히 많다. 그럼에도 불구하고, 2024년에 비해 인간과 AI가 효과적으로 협업하고 조화롭게 공존하는 공생지능 시대가 되었음에 동의하는 사람들은 더 많아지고 있다.

교육계에서도 많은 선생님들이 수업을 준비하고, 실행하고, 평가 및 기록하는 상황에서 AI를 활용하고 있다. 기존의 도구들보다 학생 개개인의 학습과정을 관찰하고, 개별 피드백하기가 좋아졌다는 사례들도 많다. 수업 준비와 평가 업무 부담이 줄어서 더 좋은 수업을 연구하거나 학생들과의 개별 접촉 시간이 늘었다는 사례들도 있다. 인공지능을 한 번도 써보지 않은 선생님은 있을 수 있으나 한 번만 써본 선생님은 없다고 할 정도로 수업, 업무, 학급운영 등에서 AI는 유용하게 활용되고 있다.

AI 활용도가 높아지면서 우려도 높아지고 있다. 우선, 높은 AI 의존으로 인한 '학습의 외주화' 우려이다. 'AI 활용 시 학생들은 진짜 학습을 하고 있는가? AI에 자신의 사고 작용을 모조리 맡기는 것은 아닌가?' 하는 질문이 제기되고 있다. 2025년 MIT 미디어랩 연구진은 '생성형 AI 도구를 쓰는 것이 단기적으로는 편리하고 결과물이 빠르게 나올 수 있지만 인지 참여도, 비판적 사고, 창의성 측면에서 부정적 영향을 미칠 수 있다[1].'고 밝힌 바 있다. AI를 활용한 부정행위 사례들은 도덕성 문제를 떠나 학습의 외주화에 익숙한 학생들이 자연스럽게 평가를 외주화한 결과라 할 것이다. 그뿐 아니다. 학생들이 AI와 같은 도구에 의존하게 되면서 사유와 성찰, 그리고 사람 간 관계 등에 소홀해지고 있다는 비판도 제기되고 있다.

우리 사회는 묻고 있다. AI 시대, 교사는 어떤 역할을 해야 할까? 혹자는 AI가 수업 설계, 자료 개발, 학생평가와 기록 등을 대신해주기 때문에 선생님들이 편해졌다고 말한다. 교사 연수에서도 AI의 편리함을 부각시켜서 소개하는 경우가 종종 있다. 그러나 편리함에 대한 강조는 교사들이 현재 직면한 열악한 현실에 기인한 것이지, 자신에게 주어진 역할을 AI로 대체하겠다는 의도는 아닐 것이다. 즉 기술의 변화가 교사의 삶 또한 편리하게 만드는 것은 자연스러운 일인데, 그 편리함이 교사의 역할 축소를 의미하는 것은 아니라는 말이다. 시대적 변화에 따라 교사들에게 새로운 역할이 부과되기도 하고, 그 역할을 수행하기 위해 새롭게 연구하고 실천해야 하는 일들이 수반되기 때문이다. AI가 우리 사회에 미치는 영향이 크다면, 교사의 역할 또한 커졌다고 말할 수 있다. AI가 우리의 삶에 중요한 도구가 되었다면, 교사의 역할 또한 더욱 중요해졌다고 말할 수밖에 없다. 이러한 기대와 우려는 결국 하나의 질문으로 수렴된다. AI와 인간이 함께 발전해 나가는 시대, 교사는 무엇을 해야 하며, 무엇을 반드시 지켜야 하는가이다.

2. 학습자의 지식과 경험을 확장하는 교사

AI 시대의 교육, AI가 주는 답에 의존할 것인가, AI와의 상호작용을 통해 더욱 확장될 것인가? 시대를 막론하고, 교사의 역할은

---

1) Kosmyna, N., Hauptmann, E., Yuan, Y. T., Situ, J., Liao, X.-H., Beresnitzky, A. V., Braunstein, I., & Maes, P. (2025). Your brain on ChatGPT: Accumulation of cognitive debt when using an AI assistant for essay writing task (Preprint). arXiv.

학생의 인지적·경험적 확장을 설계하고 촉진하는 것이었다. 학생들의 학습활동을 '질문-탐색-적용·해결-성찰'의 과정이라고 할 때, 교사는 각각의 단계에서 학생으로부터 확장 경험을 이끌어 내는 역할을 한다. 질문 단계는 '나'로부터 '지식'세계로 확장하고, 탐색 단계에서는 '지식'세계 또는 '타인'의 세계 안으로 확장하고, 적용 단계는 실제 문제 해결로 확장한다. 마지막 성찰 단계는 더 성장한 나로 확장한다. AI를 잘 활용하는 교실에서는 이러한 확장이 일어나고 있다.

질문 단계에서 교사는 학생이 '자신'으로부터 '지식'세계로의 확장을 욕망할 수 있도록 이끌어 낸다. 우리는 이 단계를 '흥미유발', '동기부여'라는 오래된 용어로 이름 붙여 왔다. 교사들이 수업을 준비할 때 가장 많이 고민하는 활동이다. 가장 어려운 활동이기도 하다. AI가 풍부한 자료들을 제공해줄 수는 있으나 학생에게 지적 탐구에 대한 '욕망' 자체를 갖게 할 수는 없다. 학생들은 교사가 이미 경험한 지적 탐구의 '욕망'과 그 욕망의 실현 과정을 통해서 자신의 '욕망'을 품게 된다. 욕망을 지닌 혹은 지녔던 인간 간의 상호작용이 중요한 이유이다. 교사는 끊임없는 연구, 학생들과의 만남을 통해 학생들의 눈높이에 맞게 욕망을 끌어내야 한다.

탐색 단계에서는 '지식'세계 안으로 확장하는 경험을 설계해야한다. 탐색 단계와 질문 단계는 끊임없이 순환한다. 동료, 교사, AI 간의 상호작용 속에서 새로운 질문을 추가하며 학생들은 지적 탐구과정을 경험하게 된다. 하나의 질문 혹은 요청으로 하나의 답을 그대로 채택하는 것이 아니라 추가 질문, 반론과 검증, 새로운 가능성 등을 지속적으로 질문하면서 깊이 있게 탐색하는 과정이 필요하다. 이때, AI를 어느 정도로, 어떤 역할로 사용하게 할지는 교사의 설계에 따라 달라질 수 있다. 과거에는 교사와 학생, 학생과 학생 간의 상호작용에만 의존해야 했다면 이제는 AI라는 강력한 협업 도구는 학생이 지식 세계 안으로 확장하는 데 도움을 줄 수 있다. AI가 없던 시절, 토론 수업 시 학생 간 질문과 답변 프로세스를 설계하던 교사의 역할은 AI가 일상화된 시대에도 여전히 유용하다. 이제는 AI를 언제, 어떻게 활용할 것인지 혹은 활용하지 않을 것인지를 사전에 설계해야 한다.

적용 단계에서는 문제 해결로 확장하는 경험을 제공해야 한다. 지식의 세계와 실제의 세계가 만나는 단계이다. 학생은 자신이 질문하고 탐색한 내용을 바탕으로 문제를 해결하는 데 집중하고, 그 외의 활동과 형식은 AI와 협업할 수 있다. 다만, 질문과 탐색 단계에서 학생 스스로 '확장' 경험을 하지 않았다면 적용 단계에서 AI에 의존할 수 밖에 없다. 교실 수업에서 과정과 피드백 없이 결과와 정답만을 요구해서는 안 되는 이유이다.

성찰 단계에서는 더 성장한 '나'로 확장함과 동시에 학습을 통해 얻은 지식을 내면화해야 한다. 질문-탐색-적용 과정에서 나는 어떻게 지식을 확장했고, 그 결과는 어떠한지를 따져보는 활동이다. AI를 활용한 학습에서는 AI를 적절하게 활용했는지, 나의 지적 확장 과정에 어떻게 기여했는지 등도 함께 성찰할 필요가 있다. 교사는 학생들이 탐구한 지식을 내면화했는지 관찰하고, 적절하게 피드백하는 역할이 더 강조되고 있다.

앞에서 언급한 질문-탐색-적용-성찰 과정은 새로운 활동이 아니다. 그럼에도 불구하고, 이러한 과정이 최근 더욱 부각되고 있는 이유는 AI가 인간의 기본적인 학습활동을 대체하는 것 아닌가에 대한 우려 때문이다. 결국, AI 시대에 더 중요해진 질문은 '교육의 본질이 무엇인가'이며 '그 본질을 더욱 강화하기 위해 우리는 무엇을 실천해야 하는가'이다. 결국 AI 시대의 수업 혁신은 새로운 도구의 도입이 아니라, 교사가 학습의 확장 구조를 어떻게 설계하느냐의 문제로 귀결된다.

3. 준비 없이 AI와 공존할 수 없는 시대, 지금 필요한 것들

그동안 필자가 매년 《디지털 교육 트렌드 리포트》에 제안해온 교사의 역할은 '연구자이자 실천가로서의 교사'이다. 앞에서 언급한 학습활동에서의 확장 경험은 끊임없는 연구를 통해 이뤄질 수 있다. 사회가 변화하고, 기술이 변화하고, 학생이 변화하고 있다. 무엇이 변화하는지, 변화 속 가능성과 우려할 점은 무엇인지를 살펴보는 일은 교사가 교육의 본질을 실행하는 데 반드시 물어야 하는 질문이다. 학생들이 학습과 평가를 외주화하지 않고 질문-탐색-적용-성찰 과정을 주도하게 하는 방법은 무엇인가? 이 과정에서 AI의 가능성과 한계, 그리고 위험성은 무엇인가를 이해해야 한다. 우리는 사전 연구 없이 AI의 달콤함에 취할 수 없는 시점에 있다.

연구자이자 실천가로서의 교사상을 실현하기 위해서는 다양한 차원의 협력이 필요하다. 교사 간 협력을 통해 교육의 본질을 강화하는 수업에 대해 고민하고, AI의 안전한 활용에 대해 토론해야 한다. 그리고, 학교, 학년, 교과 교육과정을 함께 설계하고 실행해야 한다. 수업 혁신이라는 것은 공동체의 성취이다. 협력을 통한 문화적 전환이 일어날 때 비로소 AI 시대, 교육의 본질은 더욱 강화될 것이다. 또한 학부모나 전문가와의 협력도 활발히 해야 한다. AI 시대에 학교와 수업은 어떻게 달라지고 있는지 상호 간 공감대를 형성해야 하고, 실제 그 변화를 학부모들도 체감하게 해야 한다. 나아가 빠르게 변화하는 사회의 흐름을 이해하고, 교육적으로 대응하기 위해 외부 전문가와 협력해야 한다. AI의 안전성, 안정성, 적합성 등에 대해 전문가와 협의하는 과정은 교육적 신뢰와 타당성을 높이는 일이다. 교사 간의 협력을 넘어 외부 전문가와의 협력이 필요한 지점이다.

서울시교육청에서는 교육의 본질을 실현하는 교사, 연구자이자 실천가로서의 교사, 협력하는 교사를 돕기 위해 AI · 디지털 기반 수업 실천 가이드북《성장하는 교사, 다섯 가지 질문》이라는 책을 2025년에 발간한 바 있다[2]. 이 책은 AI 시대, 소위 AI · 디지털 기반 수업은 무엇이 중요하고, 무엇부터 시작해야 하며, 어떻게 실천하고, 지속할 수 있는지에 대해 이야기하는 책으로 이를 위해 교사의 수업 실천 전반을 이론적 · 경험적 근거에 따라

이북 〈성장하는 교사, 다섯 가지 질문〉

체계적으로 설명하고 있다. 이 책이 발간된 후 많은 선생님들이 호평한 이유는 결국 '본질'에서 시작했다는 것, 그 본질을 실현하기 위한 길잡이와 학습거리가 생겼다는 점이었다. 기술의 변화를 소개하고, 활용법을 안내

하는 책과 연수 못지않게 교사들이 교육의 본질을 깊이 있게 고민하고, 체계적으로 실천할 수 있는 학습의 장이 앞으로 더 많아져야 한다.

4. 그리고, 함께 고민해야 하는 것들

허친스(Hutchins, 1995)[3]는 인간의 인지가 개인 내에만 존재하는 것이 아니라 사회적·물리적 환경에 분산되어 있다는 '분산인지' 이론을 제시한 바 있다. 분산인지 이론은 개인 내부의 과정만으로 인지를 일으킨다는 전제에 의문을 제기하며 환경에 존재하는 사회적 맥락과 인공물(도구)이 개인의 인지를 초월하는 인지 시스템을 만들어 낸다고 주장했다. 즉, 개인의 인지는 자신이 속한 사회의 구성원들에게도 분산되고, 자신이 처한 환경 및 공간과 사용하는 도구 등에도 분산된다. 교육도 일종의 분산인지시스템으

2] 서울시교육청(2025). 성장하는 교사, 다섯 가지 질문: AI·디지털 기반 수업 실천 가이드북.
3] Hutchins, E. (1995). How a cockpit remembers its speeds. Cognitive Science, 19, 265-288.

로 작동한다. 교사와 학생은 자신의 인지를 수업자료, 동료교사, 공간, 소프트웨어 등에 분산한다. 인지가 분산된 주체와 객체들이 활발한 상호작용을 할 때, 분산인지시스템은 성공적으로 작동한다.

그렇다면 AI는 분산인지시스템에서 좋은 협업파트너가 될 것인가? 교사와 학생의 불필요한 인지부담을 낮춰주고, 집중해야 할 것에 집중하게 할 것인가? 교사와 학생이 교수·학습 장면에서 AI를 잘 쓴다는 것은 분산인지시스템을 잘 설계하고 실행했는가의 문제이다. 성공적인 분산인지시스템은 단순히 역할을 분배하는 것으로 끝나지 않는다. 끊임없이 의사소통하고 서로의 활동을 조정한다. 계속적으로 지식과 정보를 수정하고 결합하는 과정을 거친다.

우리 교실에 필요한 것은 끊임없는 상호작용을 유도할 수 있는 여유가 아닐까. 쉽고 빠르게 답을 요구하는 환경에서는 주체 간의 깊이 있는 상호작용을 확보하기 어렵다. 학습과 평가의 외주화는 개인의 문제를 넘어 구조적 문제에 기인한다. 따라서 우리는 교육의 체질과 문화가 어떻게 변화해야 할 것인가에 대한 논의를 함께 진행해야 한다. 분산인지시스템은 교실 안에서만이 아니라 우리 교육계 전반에서 작동하기 때문이다. 외부 시스템의 변화가 작동하지 않는 상황에서 교실 수업의 분산인지시스템이 효과적으로 작동할 수 없음은 너무도 당연하다.

인공지능 전환이라고 할 때, 전환이 이뤄져야 하는 것이 기술만은 아닐 것이다. 일 자체에 대한 고민과 더불어, 일하는 방식의 전환, 기술과 인간과의 관계의 전환, 일하는 환경과 문화의 전환이 수반될 때 인공지능 전환이 효과적으로 이뤄질 것이다. 교육의 인공지능 전환도 다르지 않다. 교육의 본질은 무엇인가에 대한 고민, 교수 · 학습평가 방식의 전환, 교사–학생–AI 간의 관계의 전환, AI 기반 교육환경과 문화의 전환이 함께 논의되어야 할 시점이다. 아직 도래하지 않은 변화에 대한 불안 속에서도, 많은 교사들은 자신의 교실과 학교에서 이미 의미 있는 전환을 만들어가고 있다. AI 시대 교육의 변화는 거창한 선언이 아니라, 이러한 일상의 실천에서 시작되고 있다.

지금 교사가 지켜야 할, 판단의 자리에 대하여

조기성 (계성초등학교 교사)

1. 오해의 출발점

학교 현장에서 인공지능을 둘러싼 오해는 생각보다 뿌리가 깊다. 특히 AI를 챗GPT, 제미나이와 같은 생성형 AI로 처음 제대로 경험한 교사가 많은 탓에, AI를 만능의 존재로 여기고 의존하거나 염려하는 분위기가 짙게 형성되었다. 어떤 질문이나 요청을 하더라도 답을 제공받는 경험은 강력했다. 문제는 그 경험이 곧바로 교육에서의 AI와 등치되었다는 데 있다. 그 결과 "교사 대신 AI가 판단도 해준다", "교사는 AI의 보조자가 되는 것이 아닌가", "AI가 들어오면 교사의 자리가 줄어든다" 같은 서사가 확산되었다. AI 활용이 교육의 본질과 반대편에 있는 것처럼 대립항을 세우는 담론도 있다.

그런데 우리 교육에서 기대해 온 AI의 가능성은 애초에 생성형 AI의 무한한 생산력이 아니었다. 교육에서 AI를 주목할 수밖에 없던 이유는 '개인별 맞춤형 학습'을 곧 실현할 수 있는 것이 아닌지에 대한 기대, 실질적으로는 학습 데이터 분석을 통한 어댑티브 러닝(Adaptive Learning)에 대한 기대 때문이었다. 정해진 데이터를 빠르게 분석해 무엇이 부족한지 분석하고 추론하는 능력에서 AI는 탁월한 도구다. 그러나 정작 많은 교사는 이 '교육용 AI'를 충분히 경험해 볼 기회가 거의 없었다. 그러니 생성형 AI의 인상만 남고 오해가 증폭된 것이다. 'AI가 교육에 적용되면, 선생님이 "이 아이가 어때?" 하고 묻기만 하면 AI가 답을 바로 내놓을 것이다'라는 상상은 이렇게 만들어졌다.

2. 교사에 관한 세 가지 오해

"교사 대신 AI가 판단도 해준다"

교육에서 AI가 잘하는 일은 명확하다. 다른 학생과 비교했을 때 이 학생의 학습 속도가 어떤지, 같은 문제를 풀 때 걸리는 시간이 얼마나 차이 나는지 비교하고, 특정 문항 유형에서 반복되는 오류가 무엇인지 같은 패턴을 빠르게 잡아낸다. 즉 교사에게 AI는 대시보드 형식을 통해 아이들의 학습 현상을 정리해 보여주는 역할을 훌륭하게 해내는 도구다. 그래서 "AI가 교육에 들어오면 교사의 자리가 줄어든다"는 말은 출발부터 방향이 어긋나 있다. 교사는 더 정교한 교육적 판단을 내릴 책임을 맡게 된 것이다. AI는 자료를 채워 주는 도구로서, 교사가 자료를 채우는 데 쓰던 시간을 비워 주고 더 정교한 교육적 판단을 내릴 시간을 확보해 준다.

교실에서 데이터 기반 도구를 써 본 교사는 안다. 대시보드는 아이의 학습 현상을 한눈에 보여준다. 아이가 어느 단원에서 오래 머무는지, 문제 풀이 시간이 얼마나 걸리는지, 어떤 유형에서 반복해 틀리는지, '겉으로 드러난 신호'는 데이터로 포착된다. 여기까지가 AI가 아주 잘하는 영역이다.

그러나 여기서 바로 "그래서 이 아이는 이렇다"라는 일반화, 즉 평가를 내리는 순간부터는 교사의 판단이 필요해진다. 두 학생이 동일한 문제 풀이에서 오답을 냈을 때 현상이 같더라도 원인은 사실상 제각기 다르다. 어떤 아이는 개념이 약하고, 어떤 아이는 수업 태도가 무너져 있고, 어떤 아이는 관심 자체가 없다. 어떤 것을 해주어도 학습 습관이 형성되지 않은 아이는 '그대로'인 경우도 빈번하다. 데이터는 현상을 보여주지만, 현장을 함께 살아온 교사는 아이의 성향과 태도, 맥락과 환경을 안다. 결국 판단은 데이터만으로 이끌어낼 수 없다.

이 지점에서 의학과 교육의 차이는 선명하다. 의학에서도 AI 진단 보조가 발전해 왔다. 예컨대 방대한 진단 데이터를 비교해 '가능성'을 제시하는 기술은 의학과 교육 모두에서 점점 정교해지고 있다. 다만 의료에서는 병이 무엇인지를 구분하여 특정하는 일이 우선이고, 원인 규명은 상대적으로 덜 강조되는 경우도 있다. 약을 투입하거나 환부에 물리적으로 접근하는 방식으로 '결과'에 접근하는 치료가 가능하기 때문이다.

교육은 다르다. 결과가 나쁘면 원인을 알아야 해결이 된다. 약으로 증상을 완화하고 수치를 낮추어도 끝나지 않는다. 습관, 태도, 관계, 언어 환경 같은 원인을 하나하나 살펴서 바꾸지 않으면 변화가 어렵다. 그래서 교육에서 AI가 정교해질수록 교사의 역할은 줄어드는 것이 아니라 오히려 더 정교해진다. 의학에서 로봇 시술이 가능해져도 시술을 결정하는 책임은 의사에게 남듯, 학습 데이터를 바탕으로 어떤 교육적 처방을 선택할지, 어떤 관계와 대화를 개입시켜 습관과 인식을 바꾸어 줄 것인지는 교사의 몫이다. AI는 진단을 정교화할 수 있지만, 처방의 책임까지 가져갈 수는 없다.

"교사는 AI의 보조자가 되는 것이 아닌가"

AI가 도와줄 수 있는 일들이 교사의 일 가운데 교육의 본질에 해당하는 일인지를 생각하면 답을 얻을 수 있다. 의사가 MRI 기계의 보조자인가? 그렇지 않다. 진단 도구가 고도화될수록 전문가의 역할은 '도구를 다루는 기술자'가 아니라 '도구의 결과를 해석하고 최종 결과를 책임지는 판단자'임이 더욱 분명해진다. 교육도 같다. AI가 제공하는 객관적 분석이 교사의 결정을 돕는다. 그리고 그 분석을 학생의 실제 삶과 연결해 해석하고 교육적 행위를 더해 교육적 결과로 이끌어 가는 것은 교사다.

AI나 디지털에 대한 거부감을 가지고 있는 교사들은 "나는 디지털 없이도 아이들을 잘 가르칠 수 있다"는 자신감을 가지고 있다. 이들은 교실을 운영하고 관계를 만들고 학습 습관을 길러내는 힘을 자신이 가지고 있다는 점을 분명히 알고 있는 것이다. 이런 분들일수록 단순 채점, 단순 질문, 반복 확인 같은 업무를 덜어 주고 아이들에 대한 기본 정보를 정리해 알려주는 보조 도구를 사용하기 시작하면, 자신이 지향하는 교육의 본질을 더 깊이 있게 실현할 가능성이 커진다. 학원에서 강사가 조교를 쓰는 이유가 무엇인가. 조교는 단순한 질문과 채점, 기본 설명을 맡고 강사는 수업의 핵심을 설계하고 실행하는 데 집중하기 위해서다. AI는 조교처럼 교사를 보조하는 구조다.

데이터가 교사로 하여금 교육 행위를 촉발하는 보조자로서의 장면들이 실제로 있다. 예컨대 나는 몇 년 전 한 학부모와 상담을 진행하며 대시보드를 보여 주었다. "다른 친구들은 한두 번에 마무리하는 문제들을 아이가 꼭 세 번씩 시도하며 정답에 이르고 있다. 다만 끝까지 마스터하는 모습을 보인다"와 같이 행동 데이터를 근거로 기능과 태도, 끈기에 대해 공유했고, 학부모는 "사실 아이가 해외에서 태어나 한글 이해가 약하다"는 교사가 몰랐던 맥락을 제공했다. 데이터가 사실을 전면화하고, 교사의 해석이 대화를 열며, 학부모의 정보가 다시 처방을 정교하게 만든 것이다. AI가 하는 일은 이 '해석의 소스'를 교사에게 제공하는 것까지다. 교사는 그 소스를 받아 이후의 교육 행위를 진행한다.

"AI가 들어오면 교사의 자리가 줄어든다"

교사의 역할이 100이라면 AI가 80 정도는 차지하는 게 아니냐는
오해가 있다. 어떤 교사는 "편해지겠네"라고 기대하고, 어떤 교사
는 "나는 못 따라가서 교사를 못 하겠다"라고 두려워한다. 방향은
다르지만 전제는 같다. AI가 교사의 대부분을 대체할 수 있다는
믿음이다.

실제 일어나고 있는 변화는 총량의 감소가 아니라 업무의 성격
변화에 가깝다. 데이터가 들어오면 교사는 데이터를 읽고, 아이
의 성향과 환경과 연결해 해석하고, 필요하면 AI의 분석을 보정
해야 한다. 이는 전에 없던 추가 업무다. 이를 위해 데이터 리터
러시가 필요해진다. 무엇보다 'AI의 제안을 그대로 따르지 않는
힘'이 필요해진다. 그럼에도 이 변화는 위협이 아니라 기회가 될
수 있다. 데이터 리터러시가 교사 전문성을 이루는 핵심 소양으
로 부상할 것이기 때문이다. 단, 데이터 리터러시에 기반한 교사
의 전문성은 기계를 잘 다루는 능숙함이 아니라 데이터를 이용해
학습자를 해석하고 진단하여 처방하는 능력에서 나온다.

이와 관련하여 기술이 확보해 준 시간을 어떤 '다른 일'로 흡수

시킬 것인가라는 쟁점이 생길 수는 있다. 예컨대 학교가 학생 지원을 강화하는 과정에서 교사의 역할이 과도하게 확대되거나, 교사의 역할이 생활 전반까지 직접 책임지는 것으로 오해될 때는 현장에서 부담과 반감이 커질 수밖에 없다. 중요한 것은 AI와 디지털 환경, 데이터 등을 바탕으로 아이의 어려움을 더 빨리 포착하고, 필요한 지원을 더 빠르게 연결할 수 있는 공교육의 역할이 재설계되는 것이다. 이 취지를 중심에 두고 현장과 함께 숙고하며, 구체적인 공교육의 역할과 범위를 조정해 나가야 한다.

3. 'AI를 못 쓰는 교사'는 도구를 못 다루는 교사가 아니다

교육에서 "AI를 잘 못 쓴다"는 말은 도구를 원활하게 다루지 못한다는 의미와는 다르다. 핵심은 세 가지다.

첫째, 진단(데이터 읽기)이 안 되는 경우다. 학습 데이터와 대시보드를 읽지 못하면 교사는 아이의 상태를 빠르게 파악하기 어렵다. 데이터는 교사의 눈을 넓혀 주는 도구인데, 그 눈을 쓰지 못하면 '개별화'의 출발점이 흔들린다.

둘째, 데이터를 아이와 연결해 매핑하지 못하는 경우다. 데이터의 총합이 곧 아이가 되는 것은 아니다. 아이의 성향, 학습 태도, 가정환경과 사건의 맥락은 데이터에 담기지 않거나 불완전하게 반영된다. 교사는 데이터와 아이의 실제를 연결해 해석해야 한다. 이 매칭이 되지 않으면 처방은 엇나간다.

셋째, AI의 제안을 그대로 따라가는 경우다. AI가 시키는 대로만 하면 '클릭 교사'와 다를 바 없다. 예전에는 영상만 틀어 놓고 수업 시간을 보내는 방식이 비판받았다. 이제는 AI가 제시한 자료와 활동을 그대로 복사해 1년 내내 적용하는 방식이 같은 문제를 만든다. 아이는 개별화되지 않고, 흥미도 떨어지며, 학습이 더 어려워질 수 있다. AI와 특정 학생 사이의 차이를 '보정'해 주지 않으면 결국 교사가 데이터를 왜곡되게 쓰는 결과로 이어질 수 있다.

4. 오해들이 여전히 남아 있는 이유

오해가 남는 이유는 교사가 디지털이나 AI를 받아들이는 데 보수적이어서가 아니다. 실체를 충분히 경험하지 못했기 때문이다.

지난 2년간 'AIDT 연수'라는 이름으로 관련 담론과 연수도 크게 있었다. 그러나 정작 현장에서는 실물을 보며 학생들과 교수·학습 과정을 경험해 본 교사가 거의 없다. 연수는 코스웨어나 소프트웨어 사용법, 업무 활용 중심으로 기울었고, '지금 단계에서는 여기까지가 성공'이라는 단계적 안내는 부족했다. 담론과 기대는 최종 완성된 경우의 이상적인 모습에 대한 이야기로 제한되었고, 중간 과정의 단계적 의미에 대한 설명도 시뮬레이션이나 검증 사례도 부족하다 보니 교사는 상상으로 빈칸을 채웠다. 그러면 실제로 구현될지, 구현된다면 언제가 될지 알기 어려운 이상적인 미래 상황을 떠올리며 교사의 역할에 대한 궁금증과 불안이 강화될 수밖에 없다.

새로운 기술이 들어올 때마다 반복되는 장면들도 있다. 코로나19 초기에 온라인 개학을 두고 화상도구를 활용한 실시간 수업을 권장할 때 "그걸 어떻게 하냐", "그것이 교육이 맞냐", "사생활 노출이다" 같은 반발이 컸다. 그러나 실시간 수업을 실제로 해 보니 생각보다 어렵지 않았고 효과도 있었다. 결국 경험이 오해를 걷어낸다. AI도 마찬가지다. 다만 지금은 '맛보기'의 기회가 부족하다. 새로운 음식점이 열렸을 때 괜찮은 맛보기 기회가 있어야 이후에도 선택할 수 있듯, 교사에게는 AI의 실제적이고 유의미한 쓸모를 안전하게 체감할 수 있는 작은 성공 경험이 필요하다.

한편 오해는 정책과 서비스의 커뮤니케이션 및 설계 방식에서도 강화될 수 있다. "AI가 알아서 맞춤형으로 해준다"는 말은 듣기 좋지만, 교사가 '원인'을 확인할 수 있는 데이터가 주어지지 않으면 교육은 작동하기 어렵다. 무엇이 부족한지, 왜 부족한지의 단서가 보여야 교사가 처방을 바꿀 수 있는데, 결과만 '추천' 형태로 제공되면 교사는 검증할 방법이 없다. 결국 그런 서비스는 교사의 시도를 이끌어 내기 어렵다. 교육에서 최소한의 원칙은 투명성이다. 교사가 볼 수 있는 대시보드, 교사가 개입할 수 있는 보정 지점이 확보되어야 한다.

AI는 계속 발전하지만 완전체가 아니라는 점을 교사는 인식하고 있고, 이 사실은 교사를 불안하게 만들 수 있다. 그래서 교사가 '컨트롤'을 놓지 않도록 해야 한다. AI가 내린 결론과 제안에는 비약이 섞일 가능성이 있고, 교실 맥락에 맞지 않는 추천도 충분히 일어날 수 있다는 점은 다소 모순처럼 보이더라도 함께 안내될 필요가 있다. 교사가 비판적 시선을 유지하고 "이 아이는 AI가 짐작한 그 원인도 있을 수 있지만, 사실 이런 원인이 더 있다" 하는 식의 보정을 제공하도록 하면 AI도 함께 학습한다. 교사가 AI의 사용자이면서 동시에 교육용 AI를 발달시키는 사람이라는 인식을 강화할 수 있다면 이용에 대한 불안감은 낮아질 수 있다.

5. 지금 필요한 세 가지 전환

지금 교육 현장에서 AI를 건강하게 활용하고 보다 확산되도록 하는 데 필요한 것은 거대한 구호가 아니라, 작은 성공을 만들 수 있는 단계적 경험과 검증 모델이다. 특히 AI 디지털 교수 · 학습 자료의 본래 타깃은 '잘하는 학생을 더 잘하게'가 아니라, 중간 이하에서 어려움을 겪는 학생을 성취기준 수준까지 끌어올리는 데 있다. 이 지점에서 실제로 어떤 학습 효과가 있었는지, 교사의 역할이 어떻게 변했는지, 어떤 데이터가 교사에게 의미 있게 제공되어야 하는지에 대한 검증이 축적되어야 한다. 그 근거가 쌓이면 오해는 자연히 줄어든다. 이를 위해 지금 해결이 필요한 세 가지 과제가 있다.

첫째, AI의 교육 현장 활용에 대한 단계 목표를 명확히 해야 한다. 1단계에서 무엇을 할 수 있으면 성공인지, 2단계로 가면 교사의 역할이 어떻게 바뀌는지, 교사가 어디에서 보정하고 책임지는지 등 '과정 지도'를 제시해야 한다.

둘째, 검증된 사례와 모델을 개발하여 보급해야 한다. 같은 교과, 유사한 학급에서 실제로 어떤 데이터가 들어오고 교사가 어떻게 해석하고 보정하며, 이를 통해 어떤 유의미한 변화가 일어날 수 있는지를 구체적인 수업의 장면과 데이터의 장면을 함께 보여주며 활용을 제안해야 한다.

셋째, 투명성과 윤리, 교사 주도성을 전제로 해야 한다. 학습 데이터가 어디에 저장되고 어떻게 활용되는지 불명확하면 교사는 교육적 이유와 별개로 불안을 느낀다. 교사가 볼 수 있는 데이터, 교사가 설명할 수 있는 결과, 교사가 개입하고 보정할 수 있는 장치, 그리고 판단하고 거부할 수 있는 경계가 확보될 때 신뢰가 생긴다.

AI가 교사를 대체한다는 상상은 교육과 기술 간 관계의 본질을 오해한 데서 비롯된다. 교육은 원인을 다루는 일이고, 습관을 바꾸는 일이며, 관계를 설계하는 사회적인 과정이다. AI는 진단을 돕고 시간을 벌어 줄 수 있다. 이 시간을 어디에 사용할지는 교육의 본질과 지금 우리가 어떤 가치를 지향할 것인지, 우리가 어떤 교사 전문성을 갖출 것인지에 대한 교사 집단의 건강한 합의와 판단에 달려 있다.